李盾◎著

中国城市服务业
集聚路径研究

Agglomeration Paths Studies on Service Industry of Cities in China

中国市场出版社
China Market Press

图书在版编目（CIP）数据

中国城市服务业集聚路径研究/李盾著. —北京：中国市场出版社，2013.9
ISBN 978 - 7 - 5092 - 1142 - 7

Ⅰ．①中… Ⅱ．①李… Ⅲ．①城市-服务业-经济发展-研究-中国
Ⅳ．①F719

中国版本图书馆 CIP 数据核字（2013）第 223103 号

书　　　名：中国城市服务业集聚路径研究
著　　　者：李　盾
责任编辑：辛慧蓉
出版发行：中国市场出版社
地　　　址：北京市西城区月坛北小街 2 号院 3 号楼（100837）
电　　　话：编辑部（010）68033692　读者服务部（010）68022950
　　　　　　发行部（010）68021338　68020340　68053489
　　　　　　　　　68024335　68033577　68033539
经　　　销：新华书店
印　　　刷：河北省高碑店市鑫宏源印刷包装有限公司
规　　　格：787×1 092 毫米　1/16　16.5 印张　300 千字
版　　　本：2013 年 9 月第 1 版
印　　　次：2013 年 9 月第 1 次印刷
书　　　号：ISBN 978 - 7 - 5092 - 1142 - 7
定　　　价：36.00 元

序　言

　　20 世纪 90 年代以来，全球经济呈现出由工业型经济向服务型经济转型的总趋势。全球服务业产出在整个经济中的比重从 1980 年的 56％上升到 2010 年的 70％，其中，发达国家已经超过 70％，发展中国家在 60％左右。全球服务业就业人数占总就业人数的比重，发达国家基本为 60％～75％，中等收入发展中国家为 45％～60％，低等收入发展中国家则为 30％～45％。2012 年美国服务业增加值占国内生产总值的比重高达 80.0％，服务业就业人数占总就业人数的比重也高达 80.9％。总体来看，无论是发达国家还是发展中国家，服务业在国民经济中的比重仍将处于不断上升的态势。发达经济体在寻求再工业化、再制造化的同时，着力保持服务业领先优势；发展中国家在推进工业化的过程中，也在着力弥补服务业发展的短板。传统服务业为就业提供大量岗位，研发、信息、物流等新兴服务业为发展增添动力。随着服务业发展日趋知识和技术密集化，服务业正取代工业在国民经济中的地位，成为全球经济增长最快的产业，成为衡量一国经济发展水平的重要标志，成为促进世界经济复苏、引领转型发展的新引擎、新方向。

　　1980—2011 年，我国服务业增加值占国内生产总值的比重从 21.6％提高到 43.4％，服务业就业人数占总就业人数的比重从 13.1％提高到 35.7％。2012 年，我国服务业占国内生产总值的比重达到 44.6％，与工业 45.3％的份额相差无几。2013 年上半年，我国服务业占国内生产总值的比重上升到 47.8％，虽然已超过工业经济所占的比重，就业人数已经超过农业，但仍有许多领域供给不足。增加服务业有效供给，提高服务业水平，可以释放巨大的内需潜力，形成稳定经济增长的有力支撑，也会对经济结构优化和质量价值提升产生放大效应。同时，服务业还是最大的就业容纳器。农业要现代化，工业要信息化，新增就业主要靠服务业来吸收。2013年5月29日，国务院总理李克强在第二届京交会暨全球服务论坛北京峰会上提出："大力发展服务业，既是当前稳增长、保就业的重要举措，也是调整优化结构、打造中国经济升级版的战略选择。"

国内外经济发展实践表明，发展服务业，促进服务业集聚已成为世界经济发展的重要模式，服务业集聚也成为我国经济转型升级实现途径及其结果，因此，研究我国服务业集聚的发展规律、演化路径成为一项具有现实意义的重要课题。

本书关于我国服务业集聚演化路径的研究，受到湖北省教育厅思政处课题《中国区域中心城市服务业集聚及其差异影响因素测评研究》（2012G109），以及湖北省教育厅科技处课题《湖北省服务业集聚与产业结构优化关系研究》（D20121901）的资助，同时也是这两项课题的综合研究成果。

感谢我的父母、亲人们一直以来的默默鼓励与支持，我也愧欠对您们的照顾和陪伴。感谢国际贸易学院的同事，你们的鼓励与帮助一直伴我前行，尤其是与同事张晓京交谈中获得的灵感使我深受启发。感谢在写作中帮助我收集、处理数据资料并进行计量分析的湖北经济学院金融学院2011级学生李恩成、2010级学生蔡骑鹏；首都经济贸易大学统计学院2010级学生李泽宇；以及湖北经济学院国际贸易学院2011级科研小组的同学们。

书中尽可能列出应用的参考文献，在此，谨向这些学术前行者表示诚挚的谢意，我的些许心得、观点都是在巨人的肩膀上获得的。虽然本人近几年一直对本论题进行跟踪研究，但学术水平有限，以及囿于研究条件的限制，错误和疏漏之处难免，一些问题也未能展开研究，如工业园区和现代服务业集聚区的服务业集聚发展的生命周期问题，不同规模城市内的不同服务行业集聚特征如何，城市之间服务业集聚的相互影响，中心城市服务业集聚对周边城市服务业发展的影响，都有待于进一步研究。在此，敬请各位专家、学者、同行们给予批评指正。

李盾

2013年8月

目 录

第四章　城市服务业集聚路径之二：基于城市功能区的现代服务业集聚

第一章

导　论

第一节　研究的背景与意义

一、研究的背景

（一）服务业集聚成为世界经济发展的重要模式

20 世纪 90 年代以来，全球经济呈现出从"工业型经济"向"服务型经济"转型的总趋势。全球服务业产出在整个经济中的比重从 1980 年的 56％，上升到 2010 年的 72％。[1]其中，发达国家已经超过 70％，发展中国家在 60％左右。全球服务业就业人数占总就业人数的比重，发达国家基本在 60％～75％，中等收入发展中国家在 45％～60％，低等收入发展中国家则在 30％～45％。2012 年美国服务业增加值占国内生产总值的比重高达 80.0％，服务业就业人数占总就业人数的比重也高达 80.9％。总体来看，无论是发达国家还是发展中国家，服务业在国民经济中的比重仍将处于不断上升的态势。随着服务业发展日趋知识和技术密集化，服务业正取代工业在国民经济中的地位，成为全球经济增长最快的产业，亦成为衡量一国经济发展水平的重要标志。

在全球经济一体化背景下，激烈的市场竞争、资源的全球自由流动，使得区域经济发展摒弃全面发展的思路，重点发展比较优势产业，区域经济呈现差异化发展趋势。与此同时，投资的自由化、全球价值链的形成，使得企业有可能在全球范围内选择最优布局点，许多产业突破地理区域限制，向最具发展条件的区域集中。因此，区域经济差异化和生产集中化直接导致了产

---

[1]　数据来源：世界银行 2012 年《World Development Indicators 2012》。

业集聚。但在工业经济时代，受交通工具和技术条件的限制，运输成本一直是制约产业集聚的主要因素，产业集聚主要发生在制造业。但是，随着全球服务业的快速发展，以及对经济增长拉动作用的增强，产业集聚从制造业转向服务业，出现了伦敦金融服务业集聚区、纽约曼哈顿中央商务区、巴黎拉德芳斯商务中心区，服务业集聚成为世界经济发展的重要模式。

（二）服务业集聚成为我国经济转型升级实现途径及其结果

1980—2011 年，我国服务业增加值占国内生产总值的比重从 21.6％提高到 43.4％，服务业就业人数占总就业人数的比重从 13.1％提高到 35.7％。2012 年，我国服务业占国内生产总值的比重达到 44.6％，与工业 45.3％的份额相差无几。国家统计局预测，2013 年我国服务业增长速度将更快，服务业占国内生产总值的比重将首次超过工业，达到 50％。尽管目前我国服务业占国内生产总值的比重与世界平均值 70％相比，仍然存在较大差距，但是我国中心城市和经济较发达地区服务业发展加速，服务业对其国内生产总值贡献增大。2012 年，北京市服务业增加值为 1.36 万亿元，服务业比重达到了 76.4％，高出全国 31.8 个百分点，甚至超过部分发达国家水平；2012 年，上海服务业增加值为 12 060.76 亿元[1]，比重达 60％，实现历史性突破；2012 年，南京市服务业增加值为 3 845 亿元，服务业比重达到 53.4％，服务业从业人员超过 260 万人，占全社会就业的比重达 53.2％。

无论在发达国家还是在发展中国家，产业集聚是提升产业竞争力和区域竞争力的一条有效途径，竞争优势比较强的产业都集中在某些特定地区。我国中心城市和经济较发达地区服务业发展加速，其背景与服务业集聚紧密相关。近年来，北京高端商务服务业和文化创意产业集聚、上海金融业和生产性服务业集聚、广州现代服务业集聚，这些中心城市和经济较发达地区服务业的集聚对经济拉动作用十分明显，服务业集聚成为我国经济转型升级实现途径及其结果。

（三）我国"十二五"时期促进服务业集聚发展

2012 年 12 月 1 日国务院颁布的《服务业发展"十二五"规划》提出，"十二五"期间，服务业增加值年均增速超过国内生产总值增速，服务业固定资产投资年均增速超过全社会固定资产投资和第二产业固定资产投资年均增速。2015 年，我国服务业增加值占国内生产总值的比重超过 47％，服务业就

---

[1] 原是上海市 2012 年第三产业增加值。由于服务业是第三产业的主要构成，故用此值作为服务业增加值。

业人数占全社会就业人数的比重接近39%。

在国际上，一般来说，如果一个国家或地区的服务业产出占国内生产总值总量的比重达50%，就意味着这个地区的产业结构开始以服务经济为主；比重达到60%，就可以认为基本形成了以服务经济为主的产业结构。我国《服务业发展"十二五"规划》特别提出，推动特大城市形成以服务经济为主的产业结构。这说明"十二五"期间，我国城市要大力发展低能耗、少污染的服务业，通过规划城市功能区，以及在城市功能区基础上规划服务业集聚区，实施支持性政策，促进服务业集聚发展，以充分发挥服务业集聚的外溢效应。

二、研究的意义

（一）为产业集聚理论提供新的系统化分析模式

服务业集聚进一步显示经济活动中的产业布局和产业关联以及产业配套都具有明显的空间集聚趋向。国内关于服务业集聚的研究是建立在产业集群和产业集聚基础之上的，大约始于2003年，"十二五"期间在国家和地方政府大力促进服务业发展的背景下，服务业集聚成为国内学界研究的热点问题。国内现有研究，或者关于具体服务行业的集聚，如金融业、文化创意产业；或者关于具体服务行业类别的集聚，如生产者服务业、现代服务业；或者关于具体空间区域服务业的集聚，如工业园区、生产者服务业集聚区、现代服务业的集聚区；或者关于具体地域服务业的集聚，如上海、北京、广东、全国。因此，研究视角趋于多元化，少有将上述研究纳入一个整体框架内，而本书尝试将服务业的行业集聚、行业类别集聚、城市集聚、区域集聚纳入一个整体框架内，进行系统化研究，为产业集聚理论提供新的系统化分析模式。

（二）对促进区域竞争力的形成与提升提供新的解释思路

传统的经济学对区域竞争力的解释是从资源禀赋角度研究一个区域的比较优势。随着科学技术的进步和知识经济的兴起，区域竞争力已经从比较优势转换为竞争优势，以资源禀赋为基础的比较优势理论已经不足以解释区域经济的优势问题。本书关于我国城市服务业集聚演化路径的研究，是沿着这样一条研究主线：工业园区的生产者服务业集聚——基于城市功能区的现代服务业集聚——基于城市总体规划的服务业集聚。政府在产业组织和区域管理中采取有效行动是服务业集聚的外在动力，服务业及其企业追求外部、内部规模经济效益是服务业集聚的内在动力，内外部力量的共同作用，促使地区服务业空间集聚演变、产业配套和经济社会协调发展，促进区域竞争力的

形成与提升。因此，关于我国城市服务业集聚演化路径的研究，将对区域竞争力的形成与提升提供新的解释思路。

（三）为区域经济发展的政策制定提供了新的方法

我国作为一个发展中国家，产业层次低，产业结构布局分散，区域之间的产业层次差别大，集聚效应差。服务业空间集聚促使同类和相关产业高度集聚，形成了具有整合优势、网络效应、相互学习、创新激励、知识溢出等的内在机制。服务业空间集聚的地方性与集中化提升了该区域的经济总量，拉动就业，增加税收，是区域经济发展的重要方式。因此，关于我国服务业集聚演化路径的研究，为区域经济发展的政策制定提供了新的方法。

第二节 研究的内容与框架及重点、难点与创新点

一、研究的内容与框架

全书共五章，各章主要内容如下：

第一章是导论。开篇阐述了研究背景、研究的理论与实践意义，介绍了本书的研究内容、框架，以及研究重点、难点和创新点，展示了基本思路和结构安排，并梳理了研究方法。

第二章是服务业集聚基本概念和理论。第一节从概念的界定、产业的分类及缘起视角，分析了国外、国内学界关于服务业与第三产业、生产者服务业与现代服务业、产业集聚与产业集群三组概念各自的联系与区别。第二节是服务业集聚相关理论综述，比较详尽地阐述了国外、国内文献关于服务业集聚研究的脉络和成果，这些文献的重要观点和研究方法对本书后三章内容的研究具有重要的启示意义。第三节对服务业集聚实证分析常用的测度指数进行了比较，考虑数据的可得性和测度结果的可比性，选择区位熵指数作为后三章工业园区、现代服务业集聚区、城市服务业集聚程度的测度指标。

第三章是城市服务业集聚路径之一：基于工业园区的生产者服务业集聚，这是我国服务业集聚路径演化的第一阶段。工业园区（industrial park）这一现象最早于19世纪末在工业化国家出现，我国工业园区是改革开放的产物。工业园区生产者服务业主要为所在园区制造业企业提供生产者服务，与城市生产者服务业在服务内容上存在错位性，其服务内容主要有科技研发、金融保险、商务、物流、中介咨询、人力资源服务等。工业园区生产者服务业的

空间集聚主要有五种模式：园区中心集中式分布、园区边缘集中式分布、园区边缘轴带状分布、散点式分布和综合式分布。政府政策推动工业园区产业转型升级是工业园区生产者服务业集聚的外在动因，制造业服务化则是其内在动因。产业链价值重心向产业链两端转移，促使传统制造企业积极向服务业渗透和转型。实证分析结果显示，在工业园区主要分布所在的国家级经济开发区，产业结构呈现向服务业方向调整的趋势，但是其服务业空间分布的区位熵小于1，集聚程度不高。

第四章是城市服务业集聚路径之二：基于城市功能区的现代服务业集聚，这是我国服务业集聚路径演化的第二阶段。城市功能区是能实现相关社会资源空间聚集、有效发挥某种特定城市功能的地域空间，集中地反映了城市的特性。城市功能区可分为非经济功能区和经济功能区。按照主导产业的不同，经济功能区又可细分为工业区、科技园区、商务区、商业区和旅游区等。现代服务业集聚区是指相互联系的现代服务企业及其相关机构在一定地域范围内集聚，它们相互协作、相互竞争，并根植于当地社会文化环境中的社会经济综合体。它具有根植于城市功能区、智力资源密集、竞合关系显著、创新性、地缘性强等主要特征。其主要种类有中央商务区、现代物流园、创意产业园、科技创业园、服务外包基地、文化商贸旅游区等。我国主要城市在城市主体功能区基础上，进一步规划建设现代服务业集聚区，集聚了城市具有比较优势地位的服务行业企业。其中，最具代表性的是北京市中央商务区集聚和文化创意产业集聚、上海金融业集聚、广州现代服务业集聚。并通过区位熵指数对其进行集聚程度的测度，结果显示，这些城市上述服务行业集聚程度均呈现平稳温和增长趋势。

第五章是城市服务业集聚路径之三：基于城市总体规划的服务业集聚，这是我国服务业集聚路径演化的第三阶段。早在2000年，全球各国家国内生产总值的90％就已经由城镇生产。而这90％中，又有50％以上由国家中心级别城市生产。我国中心城市现代服务业对区域经济具有辐射力，辐射力最大的是北京市和上海市。全国31个省、自治区、直辖市所辖市服务行业集聚程度与其经济总量和服务业发展水平有相关性。从三大经济区域看，东部城市服务业集聚程度高于中部，中部又高于西部。但是，从个别城市视角，出现服务业在经济相对落后的地区越密集，在经济相对发达地区反而越分散的现象。全国30个中心城市（详见第五章，不含拉萨）14个不同服务行业集聚程度与其行业特性密不可分，传统服务业比现代服务业集聚程度高，商业化程度高的服务行业比公益性服务行业集聚程度高。城市服务业集聚的主要原因有：区位地租是内生动力，城市经济和制度特征有利于服务业在城市的集聚。服务业集聚与城市经济发展具有互动效应，服务业集聚有利于低碳经济发展。城市生产者服务业集聚和制造业集聚存在互补和挤出效应。服务业集聚对服务业外商直接投资（Foreign Direct Investment，FDI）存在正向影响，政府应大力发展服务业集聚区，促进服务业外商直接投资与服务业集聚的互动式发展。本书的研究框架如图 1-1 所示。

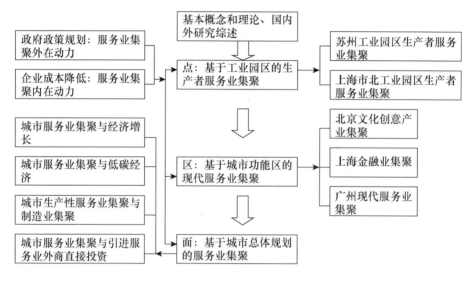

图 1-1　研究框架

二、研究的重点、难点与创新点

本书第三章、第四章、第五章的实证部分是研究重点。

第一，现有文献对工业园区服务业集聚更多侧重于理论研究，如工业园区的概念、特征、类型、空间布局模式，工业园区服务业集聚的内外在动力机制、外溢效应等。本书尝试用国家级经济开发区的数据，运用区位熵指数对工业园区服务业集聚程度进行测度。

第二，现有文献对以城市功能区为载体的服务业集聚区的研究同样也是侧重于理论研究，如服务业集聚区的概念、特征、种类，服务业集聚区对经济发展的促进作用等。由于规划建设服务业集聚区对我国城市而言，是一项至今仍未普遍开展的工作，至今我国城市仍没有服务业集聚区全面的统计数据，因此现有文献基本没有对其服务业集聚程度进行测定，但是，本书尝试用替代统计数据进行分析。首先，本书第四章选择北京文化产业作为研究对象，考虑到城市功能区是现代服务业集聚区的载体，因而用北京市城市功能区级统计数据替代现代服务业集聚区的统计数据，运用区位熵指数对其产业集聚程度进行测度。其次，选择上海金融业作为研究对象，受限于数据，只能用上海市级统计数据替代现代服务业集聚区的统计数据，运用区位熵指数对其集聚程度进行测度。最后，选择广州现代服务业作为研究对象，用广州市区县级统计数据替代现代服务业集聚区的统计数据，运用区位熵指数对其集聚程度进行测度。

第三，与上述两类有别的是，现有文献对全国、区域以及单个城市的服务业集聚、具体服务行业集聚，从理论与实证两方面进行了研究，主要涉及全国及东中西部服务业集聚、长三角和珠三角现代服务业集聚、服务业集聚对地区经济和外商直接投资的影响、城市生产者服务业集聚与制造业集聚相互影响等的研究。而本书尝试创新研究，创新点主要体现在两个方面：

创新点之一：运用区位熵指数，对全国 30 个中心城市（不含拉萨）的14 个服务行业集聚程度进行测度，以全面了解我国中心城市服务业的集聚现状，为政府制定政策提供参考。

创新点之二：对 4 个直辖市城市服务业集聚与低碳经济的相关性进行研究，服务业集聚对城市低碳经济发展有一定的促进作用。

第三节 研究的方法

一、规范研究方法

本书对服务业、第三产业、生产者服务业、现代服务业、服务业集聚、服务业集群，以及工业园区服务业集聚、现代服务业集聚区服务业集聚、中心城市服务业集聚的概念、特征、类型、空间布局模式、集聚内外在动力机制、集聚效应进行了规范研究，并提出了城市服务业集聚发展的对策建议。

二、实证研究方法

本书在收集大量服务业相关数据，计算出相关区位熵指数，继而对工业园区、现代服务业集聚区、中心城市的服务业行业集聚程度进行实证研究。尤其是从全市和市区两个口径、从服务业产值和从业人数两个方面，对中心城市及其所在地区服务业区位熵进行测度，从而得出一些新的观点。本书也结合苏州工业园区、上海市北工业园区生产者服务业集聚案例，以及通用电气、耐克公司等制造业服务化案例进行分析，为理论研究提供事实根据。

三、系统化研究方法

本书沿着我国城市服务业集聚演化路径：基于工业园区的生产者服务业集聚——基于城市功能区的现代服务业集聚——基于城市总体规划的服务业集聚，对服务业集聚路径的演化、动因、效应、对策进行了系统化的研究。

四、多学科综合研究方法

本书在研究中，运用了服务业集聚理论（古典区位理论、产业区理论、竞争经济理论、空间经济理论、集聚经济理论等），区域空间结构理论（增长极理论、点—轴理论、核心—边缘理论等），以及产业经济学、区域经济学、城市经济学等多学科综合研究方法。

第二章

服务业集聚基本概念和理论

第一节 基本概念的界定

服务业集聚涉及服务业与第三产业、生产者服务业与现代服务业、产业集聚与产业集群等三组重要概念，为了进一步探究服务业集聚路径，必须先厘清这三组相关而又有区别的概念。

一、服务业与第三产业

一般认为，服务（services）是对其他经济组织的个人、商品或劳务增加的价值，并主要以活动形式表现的使用价值或效用。[1]服务业是指专门生产服务产品的行业和部门的总称。服务业不但作为中间产业强化农业和工业的结合，而且为工农业和自身提供生产资料和消费资料。

由于不同服务业在产业性质、功能、生产技术以及经济发展关系等方面都存在较大的差异，迄今为止，关于服务业或服务部门的分类问题仍然是有争议的，正如富克斯所指出的，"甚至在同一个作者的著作中，也明显地有划分不一致的情况。"[2]为了明确不同服务业的经济性质，揭示服务业内部结构的变化以及与整体经济增长的关系，客观上要求对服务业进行分类。

（一）服务业的部门划分基于三类标准

综合国内外关于服务业划分的文献资料，服务业的部门划分基于三类标准（见表 2-1）。

---

[1] 汪素芹. 国际服务贸易 [M]. 北京：机械工业出版社，2012：3.
[2] 〔美〕富克斯. 服务经济学 [M]. 北京：商务印书馆，1987：25.

表 2-1   服务业（服务部门）分类概览

分类标准	作者	具体分类
生产基础分类（全部产业）（production-based classification)	费希尔（1935），克拉克（1940）	第一产业（primary）：农业、采掘业 第二产业（secondary）：制造业 第三产业（tertiary）：剩余产业
	富克斯（1968）	农业（agriculture） 工业（industry）：采掘业、制造业、交通运输业、公用事业 服务业（services）：商业、企业服务、政府服务
	Sabolo（1975）	第一产业：农业、饲养业、渔业 非第一产业（non-primary） 资本与技能高度使用产业：运输业、采掘业、制造业 资本与技能低度使用产业：贸易 技能高度使用、资本低度使用产业：金融
消费基础分类（服务业或服务部门）（consumption-based classification)	Singer（1971）	生产服务（production services）：商业、运输、通信、仓储 集体消费服务（collective consumption services）：政府、教育、健康及其他社会服务 个体消费服务（individual consumption services）：职业服务、家政服务、修理服务及其他专业性服务
功能基础分类（服务业或服务部门）（function-based classification)	Foote and Hatt（1953）	第三产业（tertiary）：餐饮、旅馆、维护、洗衣 第四产业（quarternary）：运输、通信、商业、金融 第五产业（quinary）：健康、教育、娱乐
	Greenfield（1966）	生产者服务（producer services for business use） 其他服务（other services for individual use）
	Katouzian（1970）	补充性服务（complementary services）：金融、运输、商业 新兴服务（new services）：健康、教育、娱乐 传统服务（old services）：家政服务
	布朗宁和辛格尔曼（1975）	分销服务（distributive services）：运输、通信、商业 生产者服务（producer services）：金融、专业服务 社会服务（social services）：健康、教育、国防 个人服务（personal services）：家政、旅馆、餐饮、娱乐

续表

分类标准	作者	具体分类
功能基础分类 （服务业或 服务部门） （function-based classification）	美国人口调查局 （U. S. Census Bureau） （1984）	运输、通信、公用事业 批发与零售贸易 金融、保险和房地产 服务（services）：个人与商务服务
	Riddle （1986）	基础设施服务（infrastructure） 贸易服务（trade services） 商业服务（business services） 社区服务（community services）：公共行政服务、社会/个人服务
	Ochel and Wegner （1987）	中间市场服务（services provided in intermediate markets）：金融服务（银行、保险、租赁）、航运与分销服务、专业服务与技术服务（技术许可、工程设计、建筑设计、管理服务、法律服务、会计服务）、其他中间服务（计算机/数据编程与通信服务、特许经营、广告等） 最终市场服务（services provided in final markets）：零售、健康护理、旅游与娱乐、教育、其他社会服务、其他个人服务

说明：（1）1995年，WTO统计和信息系统局（SISD）按照GNS（一般国家标准）服务部门分类法向WTO服务贸易理事会提供了一份国际服务贸易分类表，并经过评审认可。该分类表将全世界的服务部门分为12大类155个服务项目。各国对服务贸易的承诺减让就是按照这样的部门分类作出的。

（2）服务业的分类十分复杂，不仅仅限于表中所列举的几种。

资料来源：程大中. 生产者服务论 [M]. 上海：文汇出版社，2006：10-12. 转引自李慧中. 国际服务贸易 [M]. 北京：高等教育出版社，2012：21-24。

一是以生产为基础的针对全部产业的划分。这包括著名的费希尔和克拉克的三次产业划分，他们将第三产业看作"剩余产业"，其中涵盖了大部分服务部门。

二是以消费为基础的专门针对服务行业的分类。比如将商业、运输、通信、仓储等服务归为生产服务，将政府、教育、健康及其他社会服务看作集体消费服务，把职业服务、家政服务、修理服务及其他专业性服务划为个体消费服务。

三是以经济功能为基础的专门针对服务行业的分类。在这一分类框架下，研究者虽各有特点，但共同的点是强调各服务部门在国民经济中的不同作用。比如Ochel and Wegner（1987）将服务分为中间市场服务（即生产者服务）和最终市场服务（即消费者服务）；[1]布朗宁和辛格尔曼将服务部门划分为

---

[1] OCHEL W, WEGNER M. Service economy in Europe：opportunities for growth [M]. Boulder：West view Press，1987.

分销服务、生产者服务、社会服务和个人服务；[1]Foote and Hatt（1953）其至在第三产业的基础上提出了第四产业（包括运输、通信、商业、金融）和第五产业（包括健康、教育、娱乐）[2]；Katouzian（1970）提出了新兴服务的概念。[3]

（二）服务业与第三产业

服务业的提出与第三产业这一概念密切相关。20 世纪 30 年代，在新西兰和澳大利亚工作的英国经济学家费希尔和克拉克提出经济增长阶段的观点，认为经济中以农业为主的初级产品生产是第一产业，以工业为主的初级产品加工部门是第二产业，两者之外的所有其他经济部门属于第三产业。这种划分方法采用的是剩余法，即包括第一、第二产业以外的所有经济部门，经济学界后来也沿用了这一概念。目前在一些国家的产业分类表中，对第三产业的界定存在明显的差别，如建筑业，有的国家将其归属于第三产业，而我国依据 2003 年颁布的行业分类将其归属于第二产业。服务业这一概念的提出是以第三产业为基础的，虽然两者之间有着密切的联系，但并不等同，服务业所包含的行业要少于第三产业。[4]

首先，服务业与第三产业界定的方式不同。第三产业界定采用的是剩余法，这种方法界定的第三产业的范围往往难以确定。而服务业的界定是以其能否提供或生产各种类型的服务产品为标准的，提供不同服务产品的企业属于不同的产业部门。由于服务产品的界定是清晰的，根据服务产品来定义的服务业就比较稳定和明晰。

其次，三次产业划分思想的出发点是经济体系的供给分类，而服务业则是以经济系统的需求分类为基础的。三次产业本身暗含着高层次的产业发展单向地依赖于低层次产业的含义，即第二产业本身的发展依赖于第一产业提供的原材料，第三产业又依赖于第一产业和第二产业提供的产品和市场。而服务业是从服务产品满足消费者的消费需求角度出发的，强调服务产品的生产与消费的关系。所以，服务业同其他产品是一种相互依赖关系，不是单向的依赖关系。

[1] BROWNING H, SINGELMAN J. The emergence of a service society: demographic and sociological: aspects of the sectoral transformation of the labor force in the USA [M]. Springfield, VA: National Technical: Information Service, 1975.

[2] FOOTE N, HATT P. Social mobility and economic advancement [M]. American Economic Review, 1953, 43: 364-378.

[3] KATOUZIAN M. The development of service sector: a new approach [M]. Oxford Economic Papers, 1970, 22: 362-382.

[4] 毛传新. 国际服务贸易 [M]. 南京：东南大学出版社，2009: 13-14.

最后，第三产业的经济含义主要是相对于国内经济结构而言的，而服务业的经济含义以市场为基础，面向国内和国际两个市场。另外，第三产业是根据一国经济发展的进程和产业结构的变迁，从产业演化的角度提出的；而服务业是从产品的特性及生产与消费的相互关系方面提出的，所以服务产品的消费具有与其他商品不同的特点（见表2-2）。

表 2-2　　　　　　　　　　　　第三产业与服务业的区别

区别标准	第三产业	服务业
行业界定	剩余法，将第一、第二产业以外的所有经济活动统称为第三产业	以生产或提供服务来确定
产业分类	供给分类，与第一、第二产业之间是单向依赖关系	与农业、制造业的划分，以经济体系的需求分类为基础，同农业、制造业之间存在相互依赖关系
市场范围	对应于国内市场	面向国际和国内两大市场

二、生产者服务业与现代服务业

（一）生产者服务业的分类

生产者服务业（producer services，又称生产性服务业）是从国外引入的一个概念，其与消费者服务业（consumer services，又称消费性服务业）相对应。Machlup（1962）最早提出生产者服务业的概念，认为生产者服务业是知识密集行业。由于研究视角的不同，国内外学术界对生产者服务业还没有统一的定义，对生产者服务业形成了不同的概念界定，但是，对生产者服务业的内涵达成了一些共识。具体而言，可从三个方面对生产者服务业进行界定，即生产者服务是一种中间投入而非用于最终消费；生产者服务是服务于生产环节的产品；生产者服务业与制造业存在密切的联系。因此，生产者服务业是与制造业直接相关的配套性服务业，是从制造业内部生产服务部门派生出来而独立发展起来的新兴产业，其主要功能是通过贯穿企业生产的上游（如可行性研究、风险资本、产品概念设计、市场调研等）、中游（如质量控制、会计、法律咨询、保险等）和下游（如广告、物流等）诸多环节，为生产过程的不同阶段提供服务产品。生产者服务业由许多行业和部门组成，由于不同的研究目的和分类标准，不同学者对生产者服务业的类别产生了不同的看法。许多学者从服务对象和服务功能等角度，对生产者服务业进行了不同的分类（见表2-3）。

表 2-3　　　　　　　　　国内外学者对生产者服务业的不同分类

年份	学者	服务行业类型
1975	Browning & Singelman	金融、管理、保险、会计、法律、决策咨询、开发设计、研究开发、市场营销、产品维修、运输、仓储和通讯服务等
1978	Singelman	银行、信托及其他金融业、保险业、房地产、会计和出版业、法律服务和其他营业服务业
1978	Ashton & Sternal	广告、企业咨询及法律会计、研究开发、会计审计、工程测量与建筑服务
1985	Daniels	保险、银行、金融、其他商业服务业以及职业和科学服务等为其他公司提供服务的行业、货物储存与分配、办公清洁和安全服务业
1986	Howells & Green	保险、银行、金融、其他商业服务业（如广告和市场研究）以及职业和科学服务（如会计、法律服务、研究与开发）等行业
1987	Marshall et al.	信息加工服务（如银行、保险、营销、会计等）、与商品有关的服务（如销售、交通管理、基础设施维护与安装等）、人员支持的服务（如福利、食品提供等）
1989	Drennan	商务服务、法律与专业服务、金融、大众传播
1990	Hansen	金融、保险、运输、大众传播、会计、研发
1990	Geo	广告、商业银行、会计、不动产、法律服务、研发、技术咨询
1991	Ó. Huallacháin & Reid	工程服务、会计、审计、金融、保险、不动产服务
1991	Martinelli	与资源分配和流通等相关的业务（金融、培训、咨询和银行等）、与生产本身（如质量检查、维持秩序和后勤服务等）、生产组织和管理活动（如财务、法律咨询等）、与产品的销售相关的活动（如广告、营销等）
1992	Coffey & Bailly	工程服务、咨询、会计、设计、广告
1999	Beyers	金融保险、法律服务、设计、建筑设计、科研、广告、管理咨询、计算机服务、会计、建筑服务以及以商业或政府为市场的其他服务行业
2000	Coffey	会计、广告、计算机应用服务、科学技术服务、管理咨询、法律服务、猎头服务、投资服务、金融保险、房地产等
2001	Paddison	金融、法律、一般管理事务、创新、开发、设计、管理、人事、生产技术、维护、运输、通信、批发分配、广告、企业清洁服务、安保和储存等
2006	Rocco	银行、法律、会计、咨询、保险、广告以及通信技术、商务管理等服务

续表

年份	学者	服务行业类型
2007	Bryson & Daniels	法律、会计、市场调查、技术咨询等特色部门以及广大不同规模的企业
2009	Cregory et al.	会计、广告、金融、销售、研发等
1995	薛立敏等	国际贸易、水上运输、铁路运输、其他运输仓储、通信、金融、保险、经纪、法律工商服务、设备租赁
1997	边泰明	国际贸易、运输、仓储、通信、金融、保险、不动产服务、法律会计、顾问服务、资讯、广告、设计
2001	刘志彪	金融、工程技术、法律、广告、管理咨询、批发仓储运输、信息、教育培训等服务
2003	钟韵、阎小培	金融保险、房地产、信息咨询、计算机应用、科研综合技术等
2003	段杰、阎小培	金融保险、房地产、信息咨询服务、计算机应用服务、科学研究与综合技术服务、邮电通讯与交通运输、教育、文艺和广播电影、进出口贸易
2006	程大中等	金融服务、专业服务、信息服务、其他服务（如教育服务、生产性政府服务）
2008	方远平、闫小培	金融、保险、房地产、事务所、信息咨询与代理业、计算机综合服务、科学研究与综合技术服务等

资料来源：刘曙华. 生产性服务业集聚与区域空间重构［M］. 北京：经济科学出版社，2012：17-18.

与之相关，西方发达国家一般把生产者服务业分为金融、保险、不动产和商务服务业四大类，但对其行业细分则存在一定的差别（见表2-4）。中国香港贸易发展局则把生产者服务业的范围作了扩展，将其分为专业服务、信息和中介服务、金融和保险服务以及与贸易有关的服务等类别。上海市则将生产者服务业划分为资本服务、会计服务、信息服务、经营组织、研发技术、人为资源、法律服务等七大类别。

表2-4　　　　　西方发达国家或机构对生产者服务业的分类

国家或机构	分类
美国商务部（BEA）	商业及其专门技术（如电脑、工程、法律、广告、会计咨询服务）、教育、金融、保险、电子传讯、外国政府
美国统计局（BOC）	金融、保险、不动产、商业服务、法律服务、会员组织、其他专业服务
英国标准产业分类（SIC）	批发分配业、废弃物处理业、货运业、金融保险、广告、研发、贸易协会

续表

国家或机构	分类
德国	运输、仓储、销售及管理研发等
日本 EMI	管理服务、医疗、休闲、家政相关服务
经济发展与合作组织（OECD）	KIBS、会计、管理顾问、建筑工程服务、设备管理服务、研发服务、环境服务、计算机与信息科技服务（ICT）、法律、财务咨询、广告、人员培训

资料来源：刘曙华. 生产性服务业集聚与区域空间重构［M］. 北京：经济科学出版社，2012：19。

在《国民经济和社会发展第十一个五年规划纲要》中，将生产者服务业分为交通运输业、现代物流业、金融服务业、信息服务业和商务服务业。2003 年国家统计局公布的《三次产业划分规定》产业划分目录对生产者服务业的类型作了划分，具体包括六大类，即交通运输、仓储和邮政服务业，房地产业，租赁和商务服务业，金融服务业，信息传输、计算机服务和软件业，科学研究、技术服务业和地质勘查业（见表 2-5）。

表 2-5   国家统计局关于生产者服务业的行业分类

产业类别	细分服务行业
交通运输、仓储和邮政业	货物运输、仓储、邮政等
房地产业	不动产服务、土木建筑服务等
商务服务和租赁业	企业管理、会计、法律、咨询、调查、广告、知识产权服务、会展等
金融业	银行、证券、保险、信托、典当、担保、其他金融活动
信息传输、计算机服务和软件业	软件、电信和其他信息传输服务、计算机服务、互联网信息、广播电视、移动增值、数字音视频等
科学研究、技术服务和地质勘查业	研究与试验、专业技术服务、科技交流与推广、科技中介服务、地质勘查业等

资料来源：刘曙华. 生产性服务业集聚与区域空间重构［M］. 北京：经济科学出版社，2012：19。

由此可知，对生产者服务业的分类主要是探讨哪些服务行业属于生产性服务业的范畴，就目前服务行业的发展态势而言，其涵盖了为物质产品生产过程上游、中游和下游提供服务的各类行业，涉及金融保险服务、物流服务、工业房地产服务、管理咨询服务、研发服务、法律服务、会计服务、审计服务、市场营销服务、信息服务科学研究与综合技术服务等。与此同时，随着社会生产对服务需求的细化与深化，新的生产性服务行业将不断出现，其类型也会不断增多。

（二）现代服务业的分类

现代服务业（modern services）一词最早由我国提出，至今国内外并没有相关统一的界定。1997年9月党的十五大报告中首次提出现代服务业。[1]十五大报告明确提出：发展现代服务业，使服务业在国民经济中的比重不断上升。2000年十五届五中全会关于"十五计划"的建议中，明确提出：要发展现代服务业，改组和改造传统服务业。2002年党的"十六大报告"进一步强调指出：要加快发展现代服务业，提高第三产业在国民经济中的比重。虽然国内一些正式文件中已频繁出现现代服务业，但都没有给出过明确定义，在我国国民经济统计体系中也没有确定现代服务业的界定范围。

现代服务业是相对于传统服务业而言，具有为现代经济和社会活动服务的特定功能，这些功能随着现代经济和社会活动的发展而形成并不断延伸，具有明显的时代特征。由于此原因，国内对其概念产生了不同的解释。现代服务业是在工业化高度发展阶段产生的，主要依托电子信息技术和现代管理理念而发展起来的知识密集型的生产性服务业。它主要包括金融业、保险业、房地产业、咨询业、信息服务、科技开发、商务服务、教育培训等为生产、商务活动和政府管理，而非直接为最终消费提供的服务。[2]现代服务业是为了满足企业和其他社会组织商务活动与公务活动主体功能强化与职能外化的需要而发展起来的，主要为企业和其他社会组织的商务活动与公务活动降低成本、扩展功能、提升效率而提供专业化、社会性服务的相关产业部门。[3]现代服务业不仅包括现代生产者服务业，还包括经信息技术改造升级后的传统生产者服务业和现代消费者服务业。[4]

尽管不同的学者对现代服务业有不同的分类，但都一致认为，现代服务业是在工业化高度发展阶段，伴随科学技术进步特别是信息革命和高新技术对产业的渗透和运用而产生的，是相对于传统服务业而言的。从要素投入看，现代服务业主要运用知识为客户的生产过程提供中介服务（如通信和计算机服务），或者为商业企业提供支持性服务（如咨询服务）。娱乐服务数字化，数据与远程通信服务，管理、技术和工程的咨询服务等都包含了相当密集的

---

[1] 夏杰长，尚铁力. 西方现代服务经济研究综述 [J]. 国外社会科学，2006 (3)：43-47.

[2] 来有为，苏爱珍. 中国现代服务业差距何在 [J]. 科学决策，2004 (7)：12-16.

[3] 晁钢令. 服务产业与现代服务业 [M]. 上海：上海财经大学出版社，2004.

[4] 顾乃华. 对现代服务业基本内涵与发展政策的几点思考 [J]. 学习与探索，2007 (3)：123-126.

知识含量，服务活动知识化特征明显。因此，现代服务业不同于传统服务业的显著特征是其高科技、高人力资源、高劳动生产率和高附加值，以及在此基础上衍生出新知识技术、新经营业态、新增长方式、新服务内容和新管理理念，低资源消耗和低环境代价的经济社会发展态势。[1]现代服务业是伴随着信息技术和知识经济的发展而产生，以专业化分工和国民收入提高引发的需求为导向，基于新兴服务业成长壮大和传统服务业改造升级而形成的新型服务业体系，具体包括现代生产性服务业（包括经信息技术改造升级后的传统生产服务业）和现代消费性服务业。[2]

目前，按世贸组织制定的服务业 12 大类分类标准，其中可以归属到现代服务业的有 9 大类别，即商业服务、电讯服务、建筑及有关工程服务、教育服务、环境服务、金融服务、健康与社会服务、与旅游有关的服务以及娱乐、文化与体育服务。而根据主要功能和服务对象，现代服务业可划分为基础服务、生产和市场服务、个人消费服务和公共服务等四大类别（见表 2-6）。由此可知，对现代服务业进行实证分析时，在数据的获取上可采用统计年鉴上的分类方法，即可从金融保险、房地产服务、现代物流、中介服务、信息服务业、管理咨询、科研和综合技术服务、会议展览、国际商务、旅游服务、教育培训、医疗服务和社会服务等细类进行具体行业的分析。[3]

表 2-6　　　　基于主要功能和服务对象的现代服务业分类

类别划分	行业分类
基础服务类	通信服务、信息服务等
生产和市场服务类	金融、物流、批发、电子商务、农业支撑服务以及中介和咨询等专业服务
个人消费服务类	教育、医疗保健、住宿、餐饮、文化娱乐、旅游、房地产和商品零售等
公共服务类	政府的公共管理服务、基础教育、公共卫生、医疗以及公益性信息服务等

资料来源：刘曙华. 生产性服务业集聚与区域空间重构［M］. 北京：经济科学出版社，2012：15。

---

［1］刘荣明. 现代服务业统计指标体系及调查方法研究［M］. 上海：上海交通大学出版社，2006：2-3。
［2］任英华，邱碧槐，朱凤梅. 现代服务业发展评价指标体系及其应用［J］. 统计与决策，2009（7）：31-33。
［3］任英华. 现代服务业集聚统计模型及其应用［M］. 长沙：湖南大学出版社，2011：31。

三、产业集聚与产业集群

产业集聚问题的研究起源于 19 世纪末，马歇尔（Mashall）1890 年提出"内部经济"（internal economy）和"外部经济"（external economy）两个概念后，逐步出现了韦伯（Webber）的区位集聚论、胡佛（Hoover）的产业集聚最佳规模论、熊彼特（Schumpeter）的创新产业集聚论、波特（Porter）的企业竞争优势与钻石模型等产业集聚理论。

韦伯（Webber）1909 年指出产业集聚是各种因素的集中，以及彼此相互作用所带来的成本节约和经济收益增加驱动下的产业集中。[1]而克鲁格曼（Krugman）1991 年提出，产业集聚就是大量的产业集中。[2]从本质上讲，两者的定义就是将产业集聚等同于产业集中，其概念界定还有待商榷。而产业集聚概念的界定可从集聚时间段、集聚空间范围和集聚动力三个方面综合考量。因此，产业集聚（industrial agglomeration）概念可定义为，在一定时间段（集聚动力形成开始至消失之前），同类产业及其生产要素在特定地域范围内不断汇聚的过程，以共享基础设施，产生规模经济效益。这一概念特别注重产业从分散到集中的空间转变过程，是从集聚时间段、集聚空间范围和集聚动力三个方面考量加以界定的。

在研究产业集聚的文献中，与产业集聚类似的提法还有地方产业集群（local cluster of enterprises）、产业区（industrial districts）、新产业区（new industrial districts）和产业集群（industrial cluster）等。

集群概念源于生态学，原意是指以共生关系生活在同一栖所中的生物族群。在《牛津词典》（1979）中，集群（cluster）定义为一组在一起发育的相似的事物。而产业集群是作为提高生产力的商业环境、区域竞争力以及创新的决定因素而提出的。

新制度经济学家威廉姆森（O. Williamson）1975 年从生产组织形式的角度认为产业集群是基于专业化分工和协作的众多中小企业集合起来的组织，这种组织结构是介于纯市场组织和纯科层组织之间的中间性组织，它比市场稳定，比层级组织灵活。显然这是从企业组织形式的角度得出的定义。

波特（Porter）1990 年指出，产业集群是在特定区域中，具有竞争与合作关系且在地理上集中，有交互关联性的企业、专业化供应商、服务供应商、

---

[1] 〔德〕阿尔弗雷德·韦伯（ Alfred Weber）. 工业区位论 [M]. 李刚剑，陈志人，张英保，译. 北京：商务印书馆，1997.

[2] Krugman P. Geography and Trade [M]. Cambridge, M A：MIT Press, 1991：1-156.

金融机构、相关产业的厂商及其他相关机构（如大学、标准机构、行业协会等）等组成的群体。[1]

J. A. Theo, Rolelandt & Pimden Hertog（1998）指出，为了获取新的互补技术，从互补资产和知识联盟中获得利益，加快学习过程，降低交易成本，克服或构筑市场壁垒，取得协作经济效益，分散创新风险，相互依赖性很强的企业、知识生产机构、中介机构和客户通过增值链相互联系形成网络，这种网络就是集群。

产业集聚与产业集群关系密切，但两者又有区别。产业集聚强调同类产业内企业的集中，产业集群则强调不同产业的相互配合与分工协作，产业集群超越了产业集聚的框架，是多个产业相互融合、多种类型机构相互联结的共生体。从微观层面企业关联的角度进行分析，企业的集聚由于经济联系的建立及其强化而形成集群，这种经济联系集群涉及纵向经济联系集群（即一个企业的投入是另一个企业的产出，这种投入产出关系导致集群的产生）和横向经济联系集群（即围绕地区主导产业与部门形成产业集群体）。

由此可知，对产业集聚的分析既要考虑产业集聚的动因，又要预见产业集聚的发展方向（即是否能形成产业集群）。产业集群是集聚区内部大量企业以及相关支撑机构在空间上形成紧密的产业联系的产物，是产业集聚的高级形态。在一定程度上并不是所有的产业集聚都可发展成为产业集群，其关键在于集聚的过程中产业之间、行业之间、企业与其他机构之间是否形成了紧密的联系（如前向联系、后向联系和旁侧联系等）。如果产业集聚在一起，但相互之间没有内在联系，就不能称之为产业集群。国内许多实证分析将产业集聚等同于产业集群，这在学理上有悖于产业集聚和产业集群的内在含义，在实际运用中其指导性和操作性不会很强。[2]

第二节　服务业集聚相关理论综述

纵观目前国内外学界对服务业集聚的研究，主要集中在生产者服务业和现代服务业领域，一般从两个视角进行研究：一是服务业集聚的一般性理论

[1]　〔美〕迈克尔·波特（Michael E. Porter）. 国家竞争优势 [M]. 李明轩，邱如美，译. 北京：中信出版社，2007.

[2]　刘曙华. 生产性服务业集聚与区域空间重构 [M]. 北京：经济科学出版社，2012：11-13.

研究。其关注的重点是服务业集聚的原因、集聚的动力，集聚的功能、集聚的发展趋势以及哪些条件变量可能对其产生影响等。二是生产者服务业或现代服务业集聚的空间分布研究。此类研究基于对两者集聚的实证分析，关注的焦点是两者的集聚度及其影响因素和机制，两者与城市功能区是否存在互动关系。从空间角度而言，第二种研究一般又可分为全球视角、国家/区域视角和城市视角。但严格来讲，这两类研究并没有明确的界限，往往是综合在一起进行的，只不过侧重点有所不同而已。

一、国外研究概况

（一）产业集聚理论的发展：三个阶段

国外学者对产业集聚的研究主要集中在产业集聚的动因、技术和组织创新、产业政策对产业集聚的影响以及相关实证研究方面。大致历经古典时期、新古典时期、和新制度经济时期三个阶段。[1]

在古典经济理论时期，马歇尔最早对产业集聚现象进行研究，他所提出的产业区（industrial districs）形成三因素论（知识溢出、专业化的劳动力市场以及产业关联），已成为产业集聚理论的基石。韦伯分析了众多集聚理论并将其体系化。胡佛在细分运输成本的基础上修正了韦伯的理论。这一时期的产业集聚理论初步形成了以成本为核心、以空间距离为衡量手段的一般分析框架，学术界称之为规范区位理论。

在新古典经济理论时期，产业集聚理论在规范区位理论的研究基础上引入了"企业间关联性"这一因素，揭示产业专业化程度与产业集聚之间的关系。这一时期产业集聚理论的研究方向发生了变化，从研究外部环境对产业集聚的影响转为专注企业间关联性对产业集聚的影响，并且开始考察现实中表现出的产业集聚的外生性技术变量，这一时期产业集聚研究更具理论张性，也更具现实参考价值。

在新制度经济学时期，在世界范围内知识经济的出现和快速发展，高新技术企业和高端服务业集聚现象频现的背景下，制度经济理论修正了新古典经济模型中制度因素恒定的假设，设定制度变量也是影响经济的一个很重要的参数。20 世纪 80 年代以后，经济学家在经济分析中引入了社会学者用来分析社会群体行为规律的网络理论，研究企业间互动合作、协同发展的企业关系。

---

[1] 王曼怡. 北京金融产业集聚效应研究 [M]. 北京：中国金融出版社，2010：9-10.

产业集聚理论发展三个阶段的划分不是各自独立的，在不少研究中出现了相互交叉、重叠。因此，各种理论分析方法和模式对继续研究集聚现象都具有十分重要的价值。

（二）产业集聚理论研究的拓展：从制造业到服务业

以 Ota & Fujita（1993），Fujita & Thisse（2002），Fujita & Krugman（2004），Fujia，Krugman，Venables（2005），Krugman et al.（2007）为代表的一批理论经济学文献，在马歇尔研究的基础上，对产业集聚和产业空间进行了拓展研究。尽管上述研究是以制造业为对象，主要用来解释制造业空间分布和集聚现象的，但他们提出的离心力和向心力模型包含了非常丰富的内涵，其理论内核同样成为研究服务业集聚的重要基准点。

马库森（Markusen）[1]1996 年在马歇尔研究的基础上从产业集聚区新的视角进行了重要拓展。他研究了产业集聚区的类型划分，以及不同类型的集聚区所分别具有的性质和发展潜力，并按企业规模、供求联系、市场导向（内部的还是外部的）和规模经济的程度 4 个指标，将产业集聚区分为 4 种类型，分别是新产业区（new industrial district）、中心—轮辐型集聚区（hub-and-spoke）、卫星产业平台型集聚区（satellite platform）和锚型集聚区（state-anchored），且分别对这 4 种类型产业集聚区特性作了归纳，上升到理论层次予以解释（Pandit & Cook，2003；Yehua Dennis Wei & Chi Kin Leung，2005）。与马歇尔的产业集聚理论一样，马库森的产业集聚区理论同样是以制造业为研究对象，但其核心思想依然可适用于服务业。Pandit & Cook（2002）[2]对英国金融产业的空间分布作了实证研究，结果表明，金融产业在英国的分布表现出高度不均衡的特征，伦敦以及东南地区占有 50% 以上的金融企业；而在区域或城市内部，分布同样表现出高度的不均衡，伦敦金融产业主要集聚在金融城（City）和金丝雀码头[3]，而苏格兰的金融产业主要集中在爱丁堡和哥拉斯哥；西南部地区的金融产业主要集中在布里斯托。按 Markusen 的模型，布里斯托的金融产业集聚可归属于产业卫星平台型，而伦敦和爱丁堡则可归属于中心—轮辐型集聚区。Taylor [4]& Beaverstock

---

[1] Markusen A. Sticky places in slippery space：a typology of industrial districts [J]. Economic geography, 1996，72（3）：293-313.

[2] Pandit N R, Cook G. The benefits of industrial clustering：Insights from the British financial services industry at three locations [J]. Journal of Financial Services Marketing, 2003，7（3）：230-245.

[3] 即伦敦另一个 CBD 道克斯所在的区。

[4] Taylor P J. Financial services clustering and its significance for London [M]. London：Corporation of London, 2003：1-112.

(2003) 也作了类似的研究。

（三）生产者服务业集聚的原因、动力、竞争力、影响因素等研究

国外学者对服务业集聚的原因、动力、竞争力、影响因素等研究，多是从生产者服务业视角出发的。

O'Hara (1977)，Ota & Fujita (1993) 对生产者服务业在城市空间内部的分布进行了研究，前者主要考虑了交通成本，而后者则在此基础上增加了通讯成本，但二者得出近乎相同的结论：专业化程度高并且对面对面接触要求较高的企业集聚在 CBD，而其他类型的企业则分布在郊区。

Scott (1988) 从组织效率和核心竞争能力视角研究生产者服务业的集聚。为进一步增强核心竞争力，生产企业把不相关的技术、部门转移出去。而这些被转移出去的部门以商务服务业为主，由此形成弹性生产体系是理解服务经济形成和发展的关键（Wood，1991；Preey，1998）。服务外包和弹性生产体系要求企业同生产者服务业紧密接触，这样便产生了集聚的内在要求。

Gaspar & Glaeser (1998)、Esparza & Krmenec (1994) 则认为信息技术革命对生产者服务业的空间集聚产生了重要的影响，信息技术在促使某些产业和部门离开集聚区的同时，也增加了另外一部分行业和部门频繁接触的必要性和可能性，由此对集聚产生一种双重性的影响。

还有大量文献对其他影响生产者服务业集聚的原因作了理论上的分析和探索。研究者普遍认为，生产者服务业产生集聚的原因与制造业有很大的不同，成本因素不再成为主要因素，比较重要的影响因素包括：面对面接触（Baro & Soy，1993；Clapp，1980；Sassen，2001；Coffey et al.，1996）、外部收益递增（Keeble & Nachum，2001；Gordon & McCann，2000）、形成非正式网络和协作，从而获得新的知识和信息（Keeble & Nachum，2001）。

还有一些研究更关注服务业集聚的性质和功能、服务业集聚的竞争能力以及发展方向。较为重要的研究文献包括：Berghe & Verweie (2000) 从金融规制的角度研究了金融产业集聚的原因及影响因素；Taylor，Beaverstock & Cook (2003) 对伦敦金融产业集聚的优势和劣势、主要竞争能力、影响集聚进一步发展的因素作了深入而翔实的研究；Fisher Associates (2004) 研究了伦敦航运产业集聚的特点和规模，并分别研究了各个子行业所具有的竞争优势和竞争劣势。

（四）生产者服务业集聚理论的研究：多元化视角

陶纪明 (2009) 认为，国外学者从全球、国家（区域）、大都市、大都市

区中心—外围空间关系等多视角研究生产者服务业集聚。[1]

1. 全球视角下的生产者服务业集聚研究

丹尼尔（Daniels）1993 年用城市化经济和地方化经济的双重效应来解释服务企业在全球空间内的集聚。他认为，服务企业为了追求交通、通讯设施、住房和商务楼宇以及多元化的劳动力需要集聚在城市内（城市化经济），而为了降低不确定性需要同类似的企业集聚在一起（地方化经济），这两种效应使得服务企业在国际化过程中往往采取"跟随战略"（follow the leader），即跟随目标客户和行业内的标杆企业，从而使得这些企业更主要地集聚在城市，特别是大城市内。丹尼尔事实上是在用主导型服务企业的区位选择（它们更偏爱大都市）来解释整体服务企业的区位选择，沙森（Sassen）2001 年则从生产者服务企业的功能视角研究其在全球空间内的分布，对纽约、东京、伦敦的生产者服务业的集聚特征作了实证分析，并提出了一个假说性的命题，即在全球化背景下，生产者服务业，特别是金融、会计、广告、咨询等高等级的生产者服务业会高度集聚在为数不多的几个全球城市内。可能的解释是，全球化所导致的经济活动的分散化使得强化中心控制与管理功能的必要性大大增加，由此，承担中心控制功能的高级生产者服务业便高度集聚于全球城市之内。但沙森的研究立足于全球城市的功能，其研究对象仅仅是高级生产者服务业中的大型跨国公司的分布，对于一般性的生产者服务业整体在全球的分布尚未给出较严格的实证和理论分析。

2. 国家（区域）视角下的生产者服务业集聚研究

这方面的研究较多，且多以实证和比较研究为主，并且绝大多数研究的视角局限在以北美和欧洲为代表的发达国家内部。

Thompson（2004）对美国大都市区和非大都市区生产者服务业的集聚程度进行了实证分析。该研究表明，以就业份额计，2002 年前者是后者的 2 倍以上，生产者服务业仍高度集聚于大都市地区。Cuadrado Roura et al.（1992）对西班牙三个最大城市生产者服务业的研究表明，高级的生产者服务业，往往以特别集中的方式在大都市区域内集聚和增长。Bennett & Grahaml et al.（1999）对英国商务服务业的实证研究同样表明，商务服务业在英国的分布表现出高度不均衡性，主要集中在为数不多的几个中心城区内，其不均衡程度要高于其他产业。O'Connor & Hutton（1998）在对亚太地区生产者

---

[1] 陶纪明. 上海生产性服务业的空间集聚［M］. 上海：格致出版社，上海人民出版社，2009：6-15.

服务业进行研究后提出了同样的观点，即生产者服务业的空间分布主要集中在大城市，或者说是城市网络中的重要节点和门户城市。而 Oh Uallachain & Reid（1991）通过对美国大都市生产者服务业集聚的动态性进行研究，有了更深入的发现：1976—1986 年的 10 年间，尽管美国商务和专业服务业的就业仍高度集聚在纽约、洛杉矶、芝加哥等较大的大都市区，但其比重出现了一定程度的下降，与此同时，非大都市区的生产者服务业就业却出现了迅速的增长，而一些像底特律、丹佛、达拉斯、波士顿等规模较小的大都市区其商务和专业服务业则表现出温和增长的态势。

类似的研究还包括 Yusuf et al.（2005）对东亚地区、Keeble & Nachum（2001）对伦敦以及英格兰南部地区的研究。总体来看，这一方面的实证研究较为充分，结论也比较一致，生产者服务业高度集聚于大都市区已经被看作是一种程式化事实（Coffey，Drolet & Polese，1996），但集聚与分散共存也是一个普遍的特征。

3. 大都市视角下的生产者服务业集聚研究

相对而言，城市内部生产者服务业区位分布和空间集聚的研究较少（Coffey，2000），大多数研究都集中在某一类或某几类生产者服务业空间集聚的实证研究上，以生产者服务业整体为研究对象的文献不多。比如 Elliott（2005）对墨尔本图形设计业的实证研究，Sirat Morshidi（2000）对吉隆坡，Cuadrado-Roura et al.（1992）对西班牙的马德里和巴塞罗那的研究。这些研究都从空间角度对生产者服务业在城市内部的基本特征作了描述，对分布变迁的基本特征作了归纳。集中与分散并存是过去三四十年间生产者服务业空间分布及变迁的主要特征，但不同行业以及行业内不同部门的空间分布及变迁的特征是不同的。高等级的生产者服务业表现出持续集中的态势，特别是在大都市的中心地区；而较低级的行业、高级生产者服务业内部功能较低的部门以及规模较小的一些生产者服务企业出现了向外围转移、分散化的趋势。

4. 大都市区中心—外围空间关系视角下生产者服务业集聚

（1）生产者服务业"去中心/CBD化"（decentralization）的研究。

在 20 世纪 80 年代末，生产者服务业空间集聚研究的焦点逐渐转向其在大都市区内部的区位选择（Coffey et al.，1996），如生产者服务业"去中心化"现象的研究。

大多数的研究表明，"去中心化"趋势已经发生，只是程度有所不同而已。如 Frost & Spence（1991a，b）对伦敦的研究；Coffey，Drolet &

Polese（1996），Coffey & Shearmur（2002）对加拿大蒙特利尔的研究；Airoldi et al.（1997）对意大利米兰的研究；Anne Aguilera（2003）对法国里昂的研究等，都表明了这一点。究其原因，信息技术的变革以及土地成本的提高使得 CBD（中央商务区，Central Business District，简称 CBD）或中心城区对生产者服务企业不再具有吸引力。但 Sam & Kee（1998）以及 Myung & Seong（2002）的研究则表明，在发达国家国际大都市发生的"去 CBD 化"趋势在首尔以另外一种形式表现出来，即传统 CBD 的地位出现了一定程度的下降，但新兴的生产者服务业并未向郊区转移，而是在毗邻 CBD 的另外两个区域（同样分布在中心城区）出现显著增长，从而在中心城区内部形成了一种多中心的结构。

"去中心化"趋势不能一概而论，存在行业和部门的结构性特征。Code 的研究表明，以金融和保险服务、工程服务，以及最终需求为导向的企业出现了比较明显的郊区化倾向，而广告、管理咨询等行业以及以中间需求为导向的企业则继续留在中心城区（Coffey，Drolet & Polese，1996）。事实上，Boiteux Orain & Guillain（2004）对巴黎，Searle（1998）对悉尼，Coffey et al.（1996，2002）对蒙特利尔的研究均表明，不同行业和不同部门的"去中心化"的程度有差异，以金融、法律为代表的高级服务业并未实质性地离开 CBD，即使是离开也大多是流向了中心城区。"去中心化"趋势在较低级的生产者服务业中表现得比较明显。因此，CBD 或中心城区的核心地位并不会发生根本性的改变。

（2）生产者服务业在郊区发展的研究。

Beyers & Lindahl（1996a，b）研究了生产者服务业在大都市郊区以及非大都市地区的增长情况，分析了促使生产者服务业离开中心城区和大都市的因素，主要包括信息技术的影响、中心城区生活质量的下降，以及生产者服务业所具有的弹性生产的特点。

（3）生产者服务业区位与功能之间的关系的研究。

Coffey，Drolet & Polese（1996）的研究表明，生产者服务业企业的区位与其功能之间存在高度的相关性，不同区位的企业所承担的功能是不同的。比如 CBD 内的企业更多的是发挥一种管理职能，是否接近客户并不是主要考虑因素。另外，CBD 内的企业对成本和租金不敏感，相比较而言，CBD 内的企业更倾向于毗邻商业区。而非中心城区企业的选址因素则基本上与 CBD 内的企业相反。Guilera（2003）对法国里昂地区生产者服务业的研究，同样发现了相似的规律，即面向里昂地区的生产者服务企业主要集聚于客户周围，而以里昂地区以外为主要市场的企业则主要集聚于城市中心。Keeble & Nachum（2001）的研究则表明，面向全球的生产者服务企业往往集聚于世界性城市，面向区域的企业则集聚于区域性城市。Baro & Soy（1993）对巴塞罗那的实证研究表明，商务服务企业高度集聚于巴塞罗那市（巴塞罗那大都市区的中心），与周边区域分布的商务企业相比，中心区的企业更具创新性和战略性。Angela Airoldi et al.（1997）对米兰的研究表明，不同类型的生产者服务企业分布在不同的区域内，其结果导致了城市中心专业化程度的加深。

5. 生产者服务业具体行业集聚及比较研究

除了对生产者服务业整体进行研究以外，还有部分学者对某一行业的空间集聚现象进行了深入的实证和比较研究。Pandit，Cook & Swann（2002）通过对英国广播产业（Broadcasting）和金融产业的比较分析，认为两类产业的集聚与增长有显著的相关效应：集聚区域的在位企业的增长率往往要高于平均企业的增长率，而这又会诱使一个新企业进入，这种集聚区竞争优势的源泉来自企业在地理上的毗邻。但另一方面，研究也表明，与其他行业的企业集聚在一起并不一定能使企业受益，拥挤所带来的成本会抑制集聚的规模效应。

二、国内研究概况

（一）产业集聚理论研究

我国学者对产业集聚的研究是伴随着长三角、珠三角等地区出现产业集聚现象而产生的。仇保兴（1999）研究了小企业形成集群的内部机制及外部条件。梁琦（2004）[1]通过实证分析，研究了中国制造业的集聚。王缉慈（2005）[2]认为产业集群是同处特定产业领域的一组在地理上靠近的相互联系的公司及其关联机构，由于具有共性和互补性而联系在一起。安虎森（2008）[3]等认为产业集群是为获取某种竞争优势，具有同质性或互补性的企业和组织在地理空间上形成具有网络关系的集聚体，这个集聚体内的企业和组织具有地域上的邻近性和联系上的协同性特征，以此形成紧密的网络关系。

（二）服务业集聚研究

国内关于服务业集聚研究是建立在产业集群和产业集聚基础之上的，中

[1] 梁琦. 产业集聚论 [M]. 北京：商务印书馆，2004.
[2] 王缉慈，等. 创新的空间：企业集群与区域发展 [M]. 北京：北京大学出版社，2005.
[3] 安虎森. 新区域经济学 [M]. 大连：东北财经大学出版社，2008.

国知网文献信息显示大约起始于 2003 年。截至 2013 年 7 月 20 日，仅输入"服务业＋集聚"关键词，即可查询到近 1 400 篇学术论文，以及 32 篇硕博论文，另外有 40 多本专著论述服务业集聚问题。"十二五"期间，在国家和地方政府大力促进服务业发展的背景下，服务业集聚研究成为热点问题，研究视角同样呈多元化趋势。

1. 从全国（区域）视角研究服务业集聚

张世晓（2011）[1]的实证分析认为，区域金融集聚对经济增长、产业集聚，以及企业融资结构均有较为显著的影响，区域间基于金融集聚的竞争过程将有利于优化区域金融环境。任英华（2011）[2]构建了现代服务业的集聚现象测度模型、集聚演化模型、集聚形成机理统计模型、集聚竞争力统计模型，并进行实证分析，指出我国现代服务业集聚程度最高的是东部地区；现代服务业集聚主要存在市场主导型、市场和政府推动型、政府主导型三种演化路径；不同区域的现代服务业形成机理有着显著的差异；现代服务业集聚竞争力主要体现在市场效益、创新能力、集聚环境三个方面，东部地区的综合水平排名在最前面。刘曙华（2012）[3]研究了金融业、物流业和研发业集聚对区域空间集聚的重构作用，他的实证分析发现上海、浙江、江苏长三角地区生产者服务业与制造业空间分布呈现交叠，生产者服务业的空间功能出现分化，生产者服务业集聚城市的功能得以扩展。杨向阳，陈媛（2012）[4]运用区位熵、集中系数、空间基尼系数分别测算了全国 31 个省、直辖市、自治区 1978—2006 年服务业的集聚度，结果显示，服务业产值占国内生产总值的比重越大，其区位熵就越大；人均服务产值越高，则服务业集中系数就越大，从而集聚特征就越显著；空间基尼系数具有一定的波动性，中国服务业集聚程度有望在将来保持持续上升态势。

2. 从工业园区、开发区、服务业集聚区视角研究服务业集聚

段华君（2008）[5]认为国家级开发区与现代服务业集聚具有互动效应。一方面，国家级开发区经过多年发展，积淀了经济资源、技术资源、文化和政策等方面的优势，创造了适合研发机构、总部生存的环境，积极构建了现

[1] 张世晓. 区域金融集聚演化机制实证研究［M］. 武汉：湖北长江出版集团，湖北人民出版社，2011.
[2] 任英华. 现代服务业集聚统计模型及其应用［M］. 长沙：湖南大学出版社，2011.
[3] 刘曙华. 生产性服务业集聚与区域空间重构［M］. 北京：经济科学出版社，2012.
[4] 杨向阳，陈媛. 中国服务业集聚的理论与实证研究［M］. 南京：南京大学出版社，2012.
[5] 段华君. 国家级开发区与现代服务业互动关系研究［D］. 上海：同济大学，2008.

代服务业集聚的平台。另一方面，现代服务业集聚在提高国家级开发区经济水平，促进经济增长，提升国家级开发区环境竞争力和产业竞争力方面起到了巨大作用。高运胜（2009）[1]认为上海生产者服务业集聚区发展具有典型和创新两种模式。通过区位熵测度，得出上海生产者服务业集聚度大于传统服务业、上海中心城区服务业集聚度大于郊区的结论。上海建立生产性服务业集聚区后，生产者服务业得到快速发展，并提出发展生产者服务业集聚的政策建议。包晓雯（2011）[2]研究了上海市现代服务业集聚的形成机制和发展状态，提出与国外大都市相比，上海现代服务业的分布呈空间集聚形态，向郊区扩散的趋势并不显著。陈凯（2011）[3]认为工业园区中的生产者服务业倾向于在园区集中式发展。工业园区需加强园区内生产者服务业功能区的建设，以适应生产者服务业集聚发展对资源共享、技术交流等的要求，根据产业情况布局专业化服务业功能区，以及综合化生产者服务业功能区。

3. 从城市视角研究服务业集聚

从城市视角研究服务业集聚可分为两个阶段，研究集中在服务业发展处于领先地位的中心城市和地区。

第一阶段，主要集中研究城市生产者服务业集聚。宁越敏（2000）[4]分析了在城市转型背景下的上海生产者服务业和办公楼分布的特点，认为上海生产者服务业的发展现状与设计规划之间存在不匹配，并进一步剖析了导致这种不匹配的原因。刘强，李文雅（2007）[5]以同济大学周边设计创意产业集群为案例，研究了在城市更新背景下大学周边区域创意产业集群发展模式，并深入探索了"大学—创意产业集群—城区"三者互动发展的规律，揭示了大学周边创意产业集群的空间结构规律，包括企业集聚在同济大学周边的原因、迁离集聚区的企业特点及其原因、政府在集聚形成和发展中的作用等。王萍（2007）[6]对上海外资研发机构集聚区位的特点等进行了研究，认为上

[1] 高运胜. 上海生产性服务业集聚区发展模式研究［M］. 北京：对外经济贸易大学出版社，2009.

[2] 包晓雯. 大都市现代服务业集聚区理论与实践——以上海为例［M］. 北京：中国建筑工业出版社，2011.

[3] 陈凯. 工业园区生产性服务业发展和空间布局研究［D］. 苏州：苏州科技学院，2011.

[4] 宁越敏. 上海市区生产服务业及办公楼区位研究［J］. 城市规划，2000（8）：9-12.

[5] 刘强，李文雅. 创意产业的城市基础［J］. 同济大学学报（社会科学版），2008（4）：104-107.

[6] 王萍. 上海外资R&D机构区位类型研究［D］. 上海：华东师范大学，2007.

海外资研发机构偏好在各类开发区集聚，如从一般工业园区到高新技术园区。董路宁（2007）[1]同样对上海研发机构的空间集聚特征进行了实证研究，并按照引起空间集聚的动力机制的不同对其进行了分类。赵群毅（2007）[2]以"街区"为基本空间分析单元，研究了北京市 1996—2001 年 5 年间生产者服务业空间变动的特征及结构模式。该研究发现，5 年间北京生产者服务业"城八区集中分布，外围点状分布"的整体格局并未发生改变，空间集聚特征明显，并未表现出空间分散的趋势。李蕾蕾、张晓东和胡灵玲（2005）[3]运用 GIS 软件研究了深圳广告企业的空间分布和集群形态，归纳出六种广告业集群的形成和关联模式，提出由广告公司、广告主、广告媒介三方形成的博弈关系以及三方各自可能达到的地理空间范围的共同作用构成了广告公司生存、发展、区位选择、空间流动和地域拓展的核心动力机制。

第二阶段，主要集中研究城市现代服务业集聚。蒋三庚、王曼怡、张杰（2009）[4]探究了北京中央商务区（CBD）现代服务业集聚的演变规律、发展特色、存在问题及对策建议。陶纪明（2009）[5]对上海生产性服务业的空间集聚进行实证分析，研究了金融业、律师业、会计师业和广告业的空间演变规律，并对生产性服务业空间集聚的拓展进行了分析。王曼怡（2010）[6]分析了北京金融产业集聚的动因、优势、劣势，并对金融产业集聚的水平、效应进行研究，提出北京金融产业集聚发展的短期和长期战略。陈铭仁（2010）[7]从金融中心形成的视角探讨了上海金融服务产业集聚，提出上海是中国建设金融中心最优城市的观点。姚林青等（2013）[8]研究了北京地区文化创意产业集聚的水平与效应，分析了影响文化创意产业集聚的因素，并提出了发展政策建议。

---

[1] 董路宁. 上海企业研发机构的空间集聚特征 [D]. 上海：华东师范大学，2007.

[2] 赵群毅. 北京生产者服务业空间变动的特征与模式——基于单位普查数据的分析 [J]. 城市发展研究，2007（4）：70-77.

[3] 李蕾蕾，张晓东，胡灵玲. 城市广告业集聚模式——以深圳为例 [J]. 地理学报，2005（2）：257-265.

[4] 蒋三庚，王曼怡，张杰. 中央商务区现代服务业集聚路径研究 [M]. 北京：首都经贸大学出版社，2009.

[5] 陶纪明. 上海生产性服务业的空间集聚 [M]. 上海：格致出版社，上海人民出版社，2009.

[6] 王曼怡. 北京金融产业集聚效应研究 [M]. 北京：中国金融出版社，2010.

[7] 陈铭仁. 金融机构集聚论——金融中心形成的新视角 [M]. 北京：中国金融出版社，2010.

[8] 姚林青. 文化创意产业集聚与发展：北京地区研究报告 [M]. 北京：中国传媒大学出版社，2013.

另外，陈建军、陈国亮、黄洁（2009）[1]研究了城市规模与城市产业集聚的关系，他们通过对我国222个地级以上城市2006年的截面数据进行计量分析，认为我国城市规模对城市产业集聚的影响并非单调递增，而是存在一个"拐点"，即在一定范围内，城市规模的扩大才能促进生产性服务业的集聚。不是城市规模越大，越能促进产业集聚，两者均存在一个区间值，在这个区间范围内，两者是正相关，超出区间范围两者存在负相关关系，即服务业集聚和城市规模会呈现"倒U"型结构。并指出，目前我国东部地区的生产性服务业集聚与城市规模之间存在长期的线性关系，即东部地区城市将长期处于集聚效应递增阶段，而中西部地区的城市规模与生产性服务业集聚则表现出"倒U"型的形状，但大部分的中西部城市仍处在集聚效应递增阶段，当中西部的城市相对规模超过临界值时，集聚效应才开始降低。由于城市规模对于服务业集聚的特殊性，在政策方面应因地制宜，对于东部地区的城市，由于将长期存在集聚效应的实际状况，东部地区城市发展战略应侧重发展大城市，对于中西部城市而言，在强化人力资本、信息化水平加快集聚速度的同时，要注重挖掘城市内在的潜力，延长集聚效应。

第三节　服务业集聚测度指标

一、服务业集聚测度指标综述

近年来，国际上关于产业集聚程度的衡量指标不断优化，经历了包括集中率、赫芬达尔指数、空间基尼系数在内的第一代产业集聚程度测度方法，包括地理集中指数和MS指数（Maurel，Sedillot，1999）的第二代产业集聚程度测度方法，以及最前沿的第三代产业集聚程度测度方法：产业的共同集中指数（Duranton，Puga，2000[2]；Duranton，Overman，2005[3]）。这几代产业集聚测度方法都从实际数据中提取集聚因素的信息，在提炼信息的过程中，研究方法不断深化，均有各自的优缺点（乔彬，李国平，杨妮妮，

[1] 陈建军，陈国亮，黄洁. 新经济地理学视角下的生产性服务业集聚及其影响因素研究——来自中国222个城市的经验证据 [J]. 管理世界，2009（4）：83-95.

[2] Gilles Duranton, Diego Puga. Diversity and Specialation in Cities：Why, Where and When Does it Matter? Urban Studies, 2000，(7)：533-555.

[3] Gilles Duranton, Henry G Overman. Testing for Localization Using Micro-Geographic Data，Review of Economic Studies, 2005（10）：1077-1106.

2007 [1]）。各种测度方法评价总结如表 2-7 所示。

表 2-7   产业集聚测度方法总结表

分类	评价方法	主要的优缺点
第一代	市场集中度	计算简便，但忽略了其余地区的规模分布情况，不能反映最大几个企业或地区的个别情况，且 n 取值不同，得到结论也可能会不同
	区位熵	计算简便，但该方法具有严格的假设条件，即假设每一产业的劳动生产率在区域和国家两个层面上是相同的。且该指标不能识别产业集群的具体数目、大小、组成和集群内各产业之间的联系，也不能识别小的或新兴的产业集群
	赫芬达尔指数	公式意义直观，容易理解，但相关数据不易获得，这与一国的统计情况直接相关
	空间基尼指数	公式简便易理解，数据的获得性较高，但不能区分集聚是来自产业结构，还是来自自然优势和溢出效应所引致的地理集中
第二代	地理集中指数 γ_{EG}	充分考虑了企业规模和区域差异带来的影响，弥补了空间基尼系数的缺陷，使产业集聚程度进行跨产业、跨时间、跨国的比较成为可能，还能在一定程度上衡量服务行业的集聚结构。但不能处理行政区边界上的地域化产业
	MS 指数 γ_{MS}	在 γ_{EG} 的基础上考虑了企业规模的影响，可以更好地识别传统产业和集聚情况不明显产业的集聚程度。但不能处理行政区边界上的地域化产业
第三代	共同集中指数	不再使用行政区域为集聚单位，在连续的空间里研究集聚，能够评价偏离随机性的统计的显著性，避免了与规模和边界有关的问题。但涉及企业层面的数据导致该方法的可操作性较差

资料来源：任英华. 现代服务业集聚统计模型及其应用 ［M］. 长沙：湖南大学出版社，2011：54。

随着产业集聚理论的发展，有关产业集聚度的测度方法也不断改进，但仍存在不足之处：第一代集聚测度指标可操作性强，但往往偏误较大，只能大致判断集聚程度；而第二代集聚测度指标性质较优良，弥补了第一代集聚指标的缺陷，使我们能够进行跨产业、跨时间和跨国比较，但对采集数据的

---

［1］乔彬，李国平，杨妮妮. 产业聚集测度方法的演变和新发展 ［J］. 数量经济技术经济研究，2007（4）：124-133.

要求较高；数据的精密性在第三代集聚指标——共同集中指数中表现得更加突出，虽然它满足了产业集聚测度的众多测度要求，且测度集聚时越来越接近现实，但数据采集有较大难度。因此，数据容易获取且能准确反映集聚程度的指标还有待研究，相关集聚测度方法也有待完善。

服务业集聚程度是对服务产业在空间中的非均衡分布状况的描述，即服务产业在特定区域（或地理空间上）越集中，服务产业的集聚程度越高。从相关文献来看，现有服务业集聚测度研究主要是运用已有的生产值、就业数据或资产规模等数据从行业集聚的特征入手，利用空间基尼系数、赫芬达尔指数、区位熵、地理集中指数等指标对服务业集聚程度进行测度。

二、服务业集聚测度指标体系

国际上关于产业集聚程度的衡量指标不断优化，大致经历了三代产业集聚测度方法，从实际研究来看，均有各自的优缺点，但可操作性仍是集聚测度首要应考虑的。在充分考虑服务业集聚的特征，保障分析结果可靠性的条件下，可选取空间基尼系数、赫芬达尔指数、地理集中指数、区位熵等指标来测算服务业集聚程度。空间基尼系数可用于测算服务业各行业的区域集聚程度；赫芬达尔指数可用于测算服务业各行业内的企业集聚程度；地理集中指数可以对服务业集聚程度和结构进行综合评价；区位熵主要是从产业专业化的角度描述产业的集聚度。

（一）空间基尼系数

空间基尼系数是意大利经济学家基尼依据洛伦茨曲线提出的计算收入分配公平程度的指标，可用于测算服务业各行业的区域集聚程度。其计算公式为：

$$G = \sum_j (s_j - x_j)^2$$

式中，G 表示空间基尼系数，s_j 是 j 地区某产业就业人数占全国该产业总就业人数的比重，x_j 是该地区就业人数占全国总就业人数的比重。空间基尼系数的值介于 0 和 1 之间，G 越大，表明产业在地理上的集聚程度越高；当 $G=0$ 时，说明产业在空间的分布是平均的。

该指标简便直观，但 Ellison & Glaeser（1997）指出，基尼系数大于零并不一定表明有集群现象存在，因为它没考虑企业规模差异和地理区域大小差异。考虑一个极端的情况，如果一个地区存在一个规模很大的企业，可能就会造成该地区在该产业上有较高的基尼系数，但实际上，这个企业是由于自身内部的原因，如规模报酬递增、管理制度完善而使得就业人数或产值增大，并不是由于区域的自然条件、产业的技术外溢、当地需求和投入产出联系使得大量企业定位于这一区域，显然，后者才是我们所说的产业空间集聚。这种不能区分集聚来自产业结构还是来自自然优势和溢出效应所测算的空间系数，在表示产业集聚程度时就带有虚假成分，容易造成产业比较上的误差。

（二）赫芬达尔指数

赫芬达尔指数是由 Herfindal（1950）提出的用于测算行业集中度的指标。其计算公式为：

$$H = \sum_{i=1}^{n} s_i^2, \quad s_i = \frac{x_i}{T}$$

式中，x_i 为各企业的有关数值，T 为市场总规模，s_i 为第 i 个企业的市场份额，n 为该行业企业总数。一般来说，H 数值越大，说明行业内企业集聚程度越高。当所有企业都具有相同份额时，该指数为 $1/n$，表示绝对平均；当所有市场都集中在一个企业手中时，该指数为 1。

$$H = \sum_{i=1}^{n} \left(\frac{e_i}{c_i} \right)^2 \times c_i = \sum_{i=1}^{n} \left(\frac{e_i}{T} \right)^2 \times \frac{1}{c_i}$$

式中，e_i 指某地区某产业的就业人数，c_i 指某地区某产业的企业个数，分为 n 个地区，T 为市场总规模。

但赫芬达尔指数忽略了企业之间的关系，尤其是同种产业有业务往来的企业之间的联系和依赖；并且它只能度量绝对集中度而不能度量相对集中度，如果要比较不同行业的集聚程度，且某个行业只有少数的企业，可能这个行业是由于还处在起步阶段，但根据定义就会被认为该行业有集聚现象。

（三）地理集中指数

Ellison & Glaeser（1997）基于追求利润最大化的企业定位选择概率模型，分别建立了自然优势和产业内溢出效应模型，得出总溢出系数，建立了产业地理集中指数（EG 指数）。地理集中指数可以对服务行业集聚程度和结构进行综合评价，其计算公式如下：

$$\gamma_i = \frac{G_i - \left(1 - \sum_i x_i^2\right) H_i}{\left(1 - \sum_i x_i^2\right)(1 - H_i)} = \frac{\dfrac{G_i}{\left(1 - \sum_i x_i^2\right)^{-H_i}}}{1 - H_i}$$

式中，G_i 是行业 i 的空间基尼系数，H_i 是行业 i 的赫芬达尔指数，i 是地区数，x_i 表示该地区的就业人数占全国总就业人数的比重。一般根据 $\gamma < 0.02$、$0.02 \leqslant \gamma < 0.05$、$0.05 \leqslant \gamma$ 的标准将产业集聚程度分为低度、中度、高度三类。

地理集中指数由于充分考虑了企业规模和区域差异带来的影响，弥补了空间基尼系数的缺陷，使产业集聚程度进行跨产业、跨时间、跨国的比较成为可能。EG 指数还能在一定程度上衡量服务行业的集聚结构。比如需求定位型服务业，其产品的生产和需求的不可分割性使得其在发展到一定阶段后，有需求的地方就有服务提供，即行业的集聚程度应该呈现下降趋势，相反，行业内企业的垄断会加剧，使营业额逐步集中在少数大企业手中，也即行业内企业的集聚程度增加。这样必然导致 EG 指数逐渐减小甚至出现负数。因此，EG 指数的大小还能比较不同地区同一服务业的集聚结构的优劣。

（四）区位熵

区位熵，又称专门化率，它由哈盖特（Haggett）1965 年首先提出并运用于区位分析中，以衡量某一区域要素的空间分布情况，反映某一产业部门的专业化程度，以及某一区域在高层次区域中的地位和作用。在区域经济分析中，区位熵是一种十分有用的工具。由于区域规模有很大差异，在经济总量、生产要素禀赋各方面差别非常显著，直接进行市场绝对份额比较，显然无法显示区域规模不同地区的各自优势行业所在。而通过区位熵指标就排除了区域规模差异因素，有利于显示真正的区域优势行业，可以真实地反映地理要素的空间、主导经济部门的作用及其变化特点。区位熵在分析区域产业内部结构时，可以对比有关部门或产业的区位熵，研究区域优势行业的变动及趋向，明确各部门或产业在区域经济发展中的功能差异以及重点和薄弱环节所在，从而判断和确定区域经济发展的主导产业，为产业结构调整提供依据。

区位熵是用一个特定区域中某产业占有份额与整个经济中该产业占有份额的比值来测算的。其计算公式为：

$$LQ_{ij} = \frac{\left[\dfrac{e_{ij}}{\sum\limits_{i}^{n} e_{ij}} \right]}{\left[\dfrac{\sum\limits_{j=1}^{m} e_{ij}}{\sum\limits_{i=1}^{n} \sum\limits_{j=1}^{m} e_{ij}} \right]}$$

式中，n 为行业数，m 为地区数，e_{ij} 为 j 地区 i 行业的从业人数。一般认为，当行业区位熵 $LQ > 1$ 时，表明某产业在该区域的比较优势越显著，竞争能力就越强。区位熵也是常用来判别产业集聚存在的可能性的指标，$LQ > 1.4$ 就可认为具有产业集聚。

当然，区位熵是个相对指标，只是反映了区域产业专业化的相对程度，并不能完全反映区域产业的实际专业化程度。区位熵大于 1 的产业部门可能总体规模很小，这一产业部门的专业化产品在区内所占的比率将会非常小；或者是在实力较弱的区域，某些产业部门的区位熵很高，但由于总体经济规模较小，该产业的总量规模有可能很小。因此，在用区位熵分析地区产业专业化程度时，还要辅以其他指标来衡量。[1]

---

[1] 杨向阳，陈媛. 中国服务业集聚的理论与实证研究 [M]. 南京：南京大学出版社，2012：47-52.

第三章

城市服务业集聚路径之一:
基于工业园区的生产者
服务业集聚

19 世纪末，工业园区（industrial park）作为一种促进、规划和管理工业发展的手段在工业化国家出现。世界上最早出现的工业园区主要有英国的 Manchester 工业中心和美国的 Stanford 工业园。此后，工业园区在欧美等发达国家快速地发展起来。

中国工业园区是改革开放的产物。1979 年，随着我国第一个工业园区——蛇口工业园区开工建设，中国工业园区经历了从无到有、从分散到集中的发展过程。工业园区内的工业类型从单一的出口加工型产业，向现代化、专业化的高新技术产业转变。其发展历程主要经历了三个阶段：第一阶段（1984—1991 年），是工业园区的创建及探索时期，多数园区以土地为生产要素，主要集中在沿海城市，以"三来一补"（来料加工、来样加工、来件装配、补偿贸易）为主要开发模式。第二阶段（1992—1996 年），是工业园区的高速推进时期，园区企业发展以科技进步为主要特征。第三阶段（1997 年至今），是工业园区向产业园区转变的发展时期，园区以科技为引领、商务为核心、功能集聚、土地集约，三次产业融合发展，呈现新型城市综合体发展模式。[1] 以工业园区为载体的生产者服务业集聚发展，使得服务业产值占其国内生产总值的比重稳定增加，促进了工业园区向产业园区的结构性转型。因此，基于工业园区的生产者服务业集聚成为城市服务业集聚演化路径的第一步。

第一节　工业园区生产者服务业集聚的基础研究

一、工业园区基础研究

工业园区作为一种成功的工业产业载体，特别是它作为能有效推动产业

---

[1] 黄春燕. 工业园区向生产者服务业功能区转型中商业配套服务的发展研究 [D]. 上海：华东理工大学，2012：16.

集聚、促进园区内企业协调发展的工业空间组织模式，正在被世界越来越多的国家和地区所重视。但作为经济实践的产物，目前关于工业园区理论上的解释并不是很多。何健（2001）[1]将工业园区定义为，一群相互联系的工业企业开展生产经营活动所在的特定地理区域，在此区域内，由于工业化已趋成熟，企业间紧密联系，不断创新，整体经济效率很高。工业园区内的企业有如下几点特征：企业间紧密联系，劳动力分工成熟，拥有共同的社会价值观，竞争与合作并存。顾强，王缉慈（2003）[2]认为，二次大战后许多发达国家为了发展经济、改善城市布局，制定各种工业区域开发政策所建立的各种类型的特殊经济区域，如免税区、出口加工区、自由贸易区、企业区、保税区、工业区、工业村、工业园地、科学园、技术园、技术城等，基本上都是通过完整而周全的规划来建设适于工业实体进驻和发展的区位环境，是一种普遍采用的区域发展政策工具。并提出工业园区定义，即指一个国家或一个区域的政府通过行政或市场化等多种手段，划出一块区域，制定长期和短期发展规划和政策，建设或完善适于工业企业进驻和发展的各种环境，聚集大量企业或产业，使之成为产业集约化程度高、产业特色鲜明、集群优势明显、功能布局完整的现代化产业分工协作区和实施工业化的有效载体。另外，蔡宁，杨闩柱（2003）[3]认为，工业园区是指一个国家或者一个区域的政府，根据经济发展阶段和自身经济发展的需求，借助行政的、市场的手段，集聚各种生产要素，并在一定的空间范围内进行科学整合，使之成为功能布局优化、结构层次合理、产业特色鲜明的工业聚集发展区或者产业集群。而程玉鸿，阎小培，林耿（2003）[4]则指出，工业园区是一个较为宽泛的概念，是指根据地方工业发展水平，为发展区域（国家）经济，按照经济发展规律，尤其是产业集聚发展的客观要求，在一定的地域空间范围内，通过集中配置基础设施并制定一系列相关优惠政策，吸引或引导工业企业及相关配套产业向该地域集聚的一种产业空间组织形式。工业园区通常具有明确的空间界限，具有不同的行政归属，并以不同等级的城镇为依托，以满足各种相关服务需求。

---

[1] 何健. 企业群理论的形成与演进 [J]. 经济与管理，2001（10）：25-29.

[2] 顾强，王缉慈. 产业集群、工业园区发展与新型工业化（国家经贸委行业规划司新型工业化研究报告之六）[R]. 2003.

[3] 蔡宁，杨闩柱. 基于企业集群的工业园区发展研究 [J]. 中国农村经济，2003（1）：53-59.

[4] 程玉鸿，阎小培，林耿. 珠江三角洲工业园区发展的问题、成因与对策——基于企业集群的思考 [J]. 城市规划，2003（6）：37-43.

由于类型的多样，工业园区目前还没有一个统一的定义。联合国环境规划署（UNEP）认为，工业园区是在一大片的土地上聚集若干工业企业的区域。它具有如下特征：开发较大面积的土地；大面积的土地上有多个建筑物、工厂以及各种公共设施和娱乐设施；对常驻公司、土地利用率和建筑物类型实施限制；详细的区域规划对园区环境规定了执行标准和限制条件；为履行合同与协议、控制与适应公司进入园区、制定园区长期发展政策与计划等提供必要的管理条件。一般而言，工业园区是包含有若干类不同性质的工业企业、相对独立的区域，而这些相对集中的工业企业共同拥有一个行政主管单位或公司，而后者对进入园区的企业提供必要的基础设施、服务、管理等[1]。

根据当前我国各地的工业园设立和建设的情况，结合联合国环境规划署的定义，对工业园区可以定义为：一个国家或一个区域的政府通过行政或市场化等多种手段，划出一块区域，制定长期和短期发展规划和政策，建设或完善适宜工业企业进驻和发展的各种环境，聚集大量企业或产业，使之成为产业集约化程度高、产业特色鲜明、集群优势明显、功能布局完整的现代化产业分工协作区和实施工业化的有效载体，包括各类高新技术产业开发区、经济技术开发区、特色工业小区、技术示范区等。[2]

二、工业园区生产者服务业特征

工业园区生产者服务业是指分布在园区，主要为所在园区制造业企业提供生产者服务的产业，它以营利为目的。同时也包括工业园区管理机构所提供的生产者服务，这类服务一般具有非营利性质。如工业园区管理机构为促进本园区制造业与生产者服务业快速发展，通过建立共享科技平台、产品检测平台等虚拟公共服务平台，为园区制造业转型升级及其发展创造良好环境。工业园区生产者服务业相对于城市中心而言，更贴近制造业生产一线，为制造业提供近距离的服务，有利于优化完善现代先进制造业产业链，与工业园区中的制造业互动发展。

工业园区生产者服务业除具有一般生产者服务业特性外，由于其分布在工业园区，还具有不同于城市中大规模集聚的生产者服务业的特征，包括服务范围特定性，服务功能关联性以及服务内容错位性。[3]

---

[1] Porter. M. E. Clusters and new economics of competition，Harvard Business Review，1998，11：77~92.

[2] 雷鹏. 产业集聚与工业园区发展研究 [M]. 南京：东南大学出版社，2009：66~68.

[3] 陈凯. 工业园区生产者服务业发展和空间布局研究 [D]. 苏州：苏州科技学院，2011：17~18.

（一）服务范围特定性

服务范围特定性是指工业园区生产者服务业主要服务范围为所在工业园区，为园区内现代制造业提供服务，与园区内的制造业企业互动发展。相对于城市中的生产者服务业服务范围之广，工业园区生产者服务业服务范围要窄得多。由于工业园区生产者服务业是围绕园区产业链逐渐积聚形成的，与工业园区主导产业的关联性较大，因此，工业园区生产者服务业多为园区制造业企业以及服务业企业提供相关的服务。

（二）服务功能关联性

服务功能关联性是指工业园区生产者服务业的功能、类型与园区的功能定位、产业类型有着密切关系。工业园区生产者服务业是伴随着园区制造业企业将非核心产业环节，如仓储、运输等外包给专业企业而产生的，与园区主导产业类型关系密切，这是工业园区生产者服务业与城市中的生产者服务业不同的另一个显著特征。因工业园区入驻的产业和功能定位不同，分布着不同类型的生产者服务业，这也导致了工业园区空间分布的差异性。

（三）服务内容错位性

服务内容错位性是指工业园区生产者服务业与母城中的生产者服务业错位发展，形成分工。通常一些生产者服务业企业，如大型企业总部、大型金融保险机构、高端商务服务机构倾向于分布在人气更旺、信息交流便利、交通发达的城市中心区，导致生产者服务业在城市中心以及工业园区均有分布。一方面，工业园区要充分依托母城中生产者服务业优势，为园区产业转型及完善产业集群提供服务。另一方面应积极发展适合本园区制造业的生产者服务业，这样更贴近目标客户，有利于双边交流，在工业园区形成产业链完整、产业凝聚力强的产业集群。

三、工业园区生产者服务业类型

工业园区的生产者服务业与城市中的生产者服务业相比，服务范围有差异，功能定位有区别，可以分为两种类型。一是更适宜在园区中分布的类型，包括孵化服务业、中试服务业和物流服务业。这三类生产者服务业与园区制造业关联性大，不宜在城市中心区、城市 CBD 等分布，而更适宜在园区发展。二是宜与母城错位发展的类型，包括科技研发服务业、金融保险服务业、商务服务业、中介咨询服务业、人力资源服务业（见表 3-1）。由于产业自身特点，这些产业更倾向于在城市中心区、城市 CBD 等核心区域分布，工业园区宜结合自身产业实际情况，重点发展这些生产者服务业的分支机构和营业部门。

表 3-1 工业园区生产者服务业类型

产业划分标准	产业类型	产业细分
更适宜在园区中发展的类型	孵化服务	中小企业科技成果孵化服务
		人才创业服务
	中试服务	样品制造服务
		产品试验服务
	物流服务	仓储服务
		运输服务
		客货运代理服务
宜与母城错位发展的类型	科技研发服务	产品研发服务
		数据处理服务
		技术检测服务
		工程设计服务
	金融保险服务	银行机构
		保险机构
		证券机构
		基金机构
宜与母城错位发展的类型	商务服务	设备租赁服务
		设备维修检测服务
		会展服务
		包装服务
	中介咨询服务	法律服务
		会计、审计及税务服务
		工业地产中介服务
		市场调查服务
		管理咨询服务
	人力资源服务	人才招聘服务
		人才培训服务

资料来源：陈凯. 工业园区生产者服务业发展和空间布局研究［D］. 苏州：苏州科技学院，2011：17-18。

（一）更适宜在工业园区发展的生产者服务业类型

1. 孵化服务业

工业园区孵化服务业主要为拥有发明、技术专利、新的科研成果的研发者提供系列服务，如提供创业指导、场地和资金等支持，以促使创新产品转化为商品。目前我国工业园区孵化服务业多以孵化器形式存在。许多工业园区均设有孵化器，尤其在高科技工业园区分布较为普遍。工业园区科技孵化器更有利于在孵企业利用产业集群的优势，以及园区提供的优惠政策而迅速投入生产，形成规模并发展壮大。孵化服务业按照提供对象不同，可以分为创业服务中心、专业孵化器、留学人员创业园、大学科技园等。孵化服务业主要由工业园区管理部门提供并进行建设和管理。

2. 中试服务业

中试是产品在实验室研发成功后、正式投入大批量生产前，所进行的小规模生产，以测试产品的性能、优缺点等，从而判断创新产品是否达到大规模生产的条件及要求。中试是衔接研发和生产的重要环节，对中试工程师专业能力要求较高，一般由专门的服务部门或企业来完成。工业园区中的中试服务主要包括两种类型：一是样品制造服务，二是产品试验服务。工业园区应促进中试服务发展，使中试机构在地理位置上更接近制造业企业，便于双方信息及时沟通与反馈。

3. 物流服务业

工业园区作为制造业基地，大量物资流需要物流服务。一方面，制造业企业的原材料与产品的储存与运输对现代物流业产生巨大需求，为园区物流业发展提供了强大支撑，使物流业成为工业园区必不可少的生产者服务业行业。另一方面，工业园区物流业提供的服务，能有效地降低制造业生产成本，促进制造业的发展，因此，工业园区应大力促进物流服务业的发展。工业园区物流服务业可以提供三种类型服务：运输服务、仓储服务和客货运代理服务。其中，运输服务和仓储服务虽为传统服务类型，但现代信息技术、通讯技术、运输技术正快速应用于物流服务业，大幅提高物流服务的技术含量、运营效率。客货运代理服务则是知识含量较多的服务类型。

（二）宜与母城错位发展的类型

1. 科技研发服务业

科技研发可以分为基础研究和应用研究。一般而言，基础研究更倾向分布于城市层面的大学、科研院所，而工业园区应结合自身产业实际，发展与园区产业相关联的应用研究。[1]工业园区应用型科技研发主要有产品研发服务、数据处理服务、技术检测服务、工艺流程、工程技术设计服务等。工业园区发展科技研发产业，要围绕园区制造业升级和高新技术产业发展进行针

---

[1] 邓丽姝. 开发区发展服务业的战略思考——以北京经济技术开发区和天津经济技术开发区为例 [J]. 特区经济，2007（6）：51-53.

对性研究，促进产业间的交流与合作，形成产学研相结合的良好氛围。

2. 金融保险服务业

资金链条的优良程度一定程度上左右着制造业企业的发展速度和规模，工业园区制造业和高新技术产业的发展，离不开资金的支持和对金融保险服务的需求，借此带动了母城金融保险业的发展。另一方面，金融保险机构大多会在工业园区设立分支机构，向园区企业提供便利服务。工业园区金融保险服务业主要包括银行、保险、证券和基金机构。作为金融保险服务业的园区分支机构，其与城市层面的金融保险机构总部，共同构成了完整的金融保险产业链。[1]工业园区的金融保险机构，通过开发契合于园区企业实际需求的金融保险业务，不断创新服务手段和拓展服务领域，为园区企业的发展提供资金上的支持和保障。

3. 商务服务业

工业园区商务服务业与城市层面的相比，后者规模大、集聚程度更高、服务更高端化。而两者类型也有不同，工业园区类型更贴近于园区制造业层次，一般规模不大，为园区制造业提供专业化、个性化的商务服务，与城市层面的高端商务服务业共同构成相对完整的商务服务产业链。[1]工业园区商务服务业主要提供设备租赁、设备维修检测、包装、会展服务等。制造业生产过程中往往会产生设备租赁、维修检测服务的需求。中小型企业对于一些不常用的设备进行租赁比购买更能节约生产成本；而大型企业生产设备对检测和维修专业化技术要求较高，检测和维修机构分布于园区能提供上门服务，省去设备拆卸、运输环节，能有效降低企业生产成本。园区商务服务临近制造业发展，能够为企业产品后期包装提供更便捷的服务。园区专业会展服务提供商在园区提供的会展场地对企业产品进行展示。因此，工业园区商务服务在园区制造业企业生产过程中，起到了保障和促进作用，可以提高园区制造业企业的生产效率，降低生产成本，优化生产环节，使传统制造业向现代制造业加速转变。

4. 中介咨询服务业

中介咨询服务业作为智力密集型产业类型，大多分布在城市中央商务区及中心区域。而工业园区中介咨询服务，多为大型中介咨询机构的分支机构或者营业部，主要为园区企业提供知识产权代理服务、管理咨询服务，为园

---

[1] 邓丽姝. 开发区发展服务业的战略思考——以北京经济技术开发区和天津经济技术开发区为例 [J]. 特区经济，2007 (6)：51-53.

区制造业企业提供会计、法律、资产评估等服务。工业园区中介咨询服务在园区起着桥梁和辅助作用，因此，应重点培育与园区产业密切相关的服务产品，为工业园区发展提供支持。

5. 人力资源服务业

工业园区发展离不开人才的支撑，应重视工业园区人力资源服务业发展，通过人才招聘和职业技能培训，为园区生产者服务业企业提供高端服务人才，为制造业企业输入大量高级技工人才，以满足园区各类企业人才需求。工业园区职业技能培训服务有两种形式，一是可以进行固定地点的专业培训，二是培训机构可组织技术人员进入企业进行现场的培训指导。

第二节　工业园区生产者服务业空间布局模式

工业园区生产者服务业的空间布局主要有五种模式：园区中心集中式分布、园区边缘集中式分布、园区边缘轴带状分布、散点式分布和综合式分布。其中，综合式分布又可分为点面综合式、线面综合式和点线面综合式（见表3-2）。[1]

表3-2　　　　　　　工业园区生产者服务业空间布局模式

分布模式	结构分析图	空间特点	优缺点
园区中心集中式分布		集中分布于工业园区中心区域，产业呈集聚分布态势，多在工业园区中心形成综合性的生产者服务业集聚中心	为园区企业提供较为综合的生产者服务，有利于提高生产效率。集聚发展易形成一定规模，有利于其自身发展。不利于位于园区边缘的企业对于生产者服务业需求的满足
园区边缘集中式分布		集中分布于工业园区的边缘，多为工业园区的主要入口处等区域	提供综合的生产者服务，有利于充分利用交通优势，并且容易形成良好的开发区空间形象，但会给园区内部距离较远的企业使用生产者服务带来些许不便

---

[1] 陈凯. 工业园区生产者服务业发展和空间布局研究 [D]. 苏州：苏州科技学院，2011：50−59.

续表

分布模式		结构分析图	空间特点	优缺点
园区边缘轴带状分布		IP　PS　EN	沿工业园区边缘以轴带状分布，多为沿主要道路或河流分布	交通便捷，方便服务，形成良好城市景观。但会对另一边界的制造业企业使用生产者服务产生一定的距离成本和不经济
散点式分布		PS　IP　PS　EN　PS	散布在工业园区中形成多个小的生产者服务业功能节点	便于充分利用园区的闲置空间进行生产者服务的布局，分布灵活，不利于生产者服务业自身集聚
综合式分布	点面	PS　PS　PS　EN　PS	既有位于园区中心或边缘的规模较大的集聚分布的功能区，又有散布于各工业组团中较为零散的生产者服务业，形成工业园区—工业组团两级分布	可以为园区不同企业提供不同层次的生产者服务，分布较为灵活，提供的生产者服务类型较为丰富，便于工业园区企业就近选择合适的生产者服务
	线面	PS　EN　IP	既有集中布局的生产者服务业集聚区，又有呈轴带状布局的生产者服务业发展轴	可以形成整个园区的核心，还可以随着生产者服务业发展轴的不断开发而逐渐带动周边地块的产业开发，有利于分期规划和建设实施
综合式分布	点线面	PS　PS　PS　EN　IP	既有集聚分布形成集聚功能区，又有轴带状的分布，同时兼具散点式分布	分布灵活，可结合园区用地情况合理布局

资料来源：陈凯. 工业园区生产者服务业发展和空间布局研究［D］. 苏州：苏州科技学院，2011：51-52。

一、生产者服务业在工业园区中心集中式分布

该种分布是指工业园区生产者服务业集中分布在工业园区中心区域，在工业园区中心形成综合性的生产者服务业集聚中心，为园区企业提供综合性的生产者服务。

这种模式可以为工业园区制造业企业提供综合性生产者服务，使其在一个地方获得较为完善的生产者服务，有利于生产效率的提高。这种空间布局也促使生产者服务业集聚发展，获得规模效应，形成品牌效应，增强生产者服务业企业自身竞争力。由于园区基础设施等资源共享，便于企业间进行正式或非正式交流，从而促进科技成果、高新技术、管理经验等快速转化和推广，既有利于园区制造业企业发展，也有利于生产者服务业企业发展。但是对于园区边缘的企业，这类分布模式较难满足其对生产者服务的需求。尤其对于规划用地面积较大的工业园区，距离上的延伸会导致园区边缘制造业企业去寻求周边更为便捷的生产者服务。

例如，太原经济技术开发区于1992年经太原市人民政府批准成立，2001年6月经国务院批准为国家级经济技术开区，主产业有食品加工、医药电子、机电轻工包装、精细化工、农产品加工等。其生产者服务业主要分布在工业园区的中心地区，形成整个园区的服务中心。

二、生产者服务业在工业园区边缘集中式分布

这种分布是指工业园区生产者服务业集中分布在园区边缘，多为工业园区主要入口处等区域，以其便捷的交通条件，较大的物资流、信息流等优势吸引生产者服务业集聚，为工业园区制造业企业提供生产者服务。

这种模式有利于充分利用交通优势，这一点对于物流业尤为重要。并且容易向投资者展示良好的园区空间形象，使投资者能够直观地了解园区投资环境。这种空间布局可为园区制造业企业提供综合性生产者服务，有利于园区生产者服务业自身发展，但会给园区内距离较远的企业使用生产者服务带来不便。

例如，上海海港综合经济开发区是2003年4月批准设立的区级开发区，主导产业定位为汽车零配件制造业、物流装备制造业、电子电器等精密制造业以及生产者服务业中的物流仓储业。其生产者服务业集中布置在开发区东南区域，主要提供物流、科研、商务服务等。

三、生产者服务业在工业园区边缘轴带状分布

这种分布是指工业园区生产者服务业沿园区边缘以轴带状分布，多出现在以主要道路或者自然河流等为边界的工业园区。生产者服务业沿工业园区边界的主要道路分布，不仅可以为园区制造业企业提供生产者服务业，因其对外可达性高，还可为园区周边产业提供生产者服务支持。另外，生产者服务业的建筑形式往往丰富多样，沿主要道路分布也起到丰富城市道路景观的作用，增加城市线性景观的可识别性。其边界为河流的工业园区，一是对于非通航河流，可利用河边优美的自然环境规划布局对于环境要求较高的科研等生产者服务业；二是对于通航的河流，可利用对外水运便捷的条件，规划布局物流类生产者服务业。这类工业园区规模一般不大，用地规模较大的工业园区若采取这种模式，则会对另一边界的制造业企业使用生产者服务产生一定的距离成本和不经济。

例如，2003年济南出口加工区成立，2005年通过国家九部委联合验收封关运作，成为国家级出口加工区，主要经营对外出口加工业务，综合保税业务。其生产者服务业呈轴带状沿园区的东北边界分布，主要提供商务、金融保险服务等。

四、生产者服务业在工业园区散点式分布

这种分布是指工业园区生产者服务业散布在园区形成多个小的生产者服务业功能节点，提供一种或者几种特定的生产者服务业，未形成生产者服务业集聚。这种分布模式呈现出组团分布态势，即园区中一定数量的制造业企业周边分布一些规模较小的生产者服务产业，形成几个产业链相对完善的、小的工业组团。

这种模式充分利用园区闲置空间进行生产者服务业布局，分布灵活，因其贴近制造业企业，容易与周边制造业建立互动机制，充分了解周边产业对生产者服务业的需求，并及时予以调整、发展。但是这种较为零散的空间布局也削弱了生产者服务业本身的集聚效益，不利于生产者服务业的信息交流和发展壮大。

例如，淮南经济技术开发区始建于1988年，1993年经安徽省人民政府批准为省级开发区。其生产者服务业主要散布在四个区域，分别对应着被主干道分割开的六个工业组团，为周边制造业企业提供相对应的生产者服务。

五、生产者服务业在工业园区综合式分布

综合式分布是指兼有上述两种以上的空间布局模式。由于生产者服务业在园区布置的灵活性，采用这种分布模式的工业园区较多，按照综合类型的不同，可以分为点面综合模式、线面综合模式和点线面综合模式三种。

（一）点面综合模式

点面综合模式是指工业园区生产者服务业分布，既有位于园区中心或边缘规模较大的生产者服务业集聚区，又有散布于各工业组团中的生产者服务业。采用该种分布模式的一般是一区多园型的工业园区，即工业园区由若干个小的工业组团组成，各工业组团之间既相互独立又有一定联系。这种模式一般是在工业园区内形成一个或几个较为集中的生产者服务业集聚区，例如物流园区等，为整个园区提供服务。而各工业组团中又零散分布有生产者服务业，为其提供规模较小的服务。这些分散的生产者服务业有时结合工业组团中心设置，形成工业邻里中心的模式。整个工业园区的生产者服务业按照园区级——工业组团级的等级模式进行分布。

这种模式可以为园区不同企业提供不同层次的生产者服务，服务产品较为丰富，分布较为灵活，便于工业园区企业就近选择合适的生产者服务。

例如，天津经济技术开发区（西区）于 2004 年 12 月经国务院批准建设，生产者服务业分布形成五个主要集聚区，并在各工业组团中形成 8 个小的生产者服务业邻里中心（见图 3-1）。

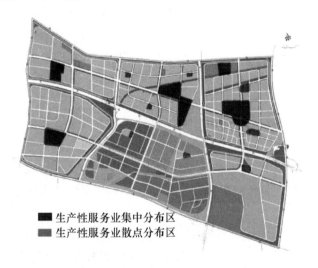

■ 生产性服务业集中分布区
■ 生产性服务业散点分布区

图 3-1　天津经济技术开发区西区生产者服务业分布

（二）线面综合模式

线面综合模式是指工业园区既有集中布局的生产者服务业集聚区，又有呈轴带状布局的生产者服务业发展轴。生产者服务集聚区一般分布在园区中心，形成为整个园区服务的生产者服务业综合片区，一般用地规模较大，生产者服务业的发展轴贯穿其集聚区。工业园区生产者服务产品类型多样化，以满足园区企业不同的需求。

这种模式一方面可以促使整个工业园区核心区的形成，使园区功能结构清晰，另一方面随着生产者服务业发展轴的不断拓展，逐渐带动周边地区经济开发。

例如，南京浦口经济开发区江北新型工业化基地，是南京浦口经济开发区转战桥林开辟的新区，于 2009 年正式开工建设。其生产者服务业主要分布于一心一轴。一心即园区的中心组团，分布有金融、保险、中介等各种生产者服务业，一轴指沿双峰的生产者服务业轴线，主要提供科研等生产者服务（见图 3-2）。

图 3-2 南京浦口经济开发区江北新型工业化基地生产者服务业分布

（三）点线面综合模式

点线面综合模式是指工业园区既有生产者服务业集聚区，又有轴带状区，

同时兼具散点式分布，多存在于规模较大，产业类型较为复杂的工业园区。这类分布模式与点面综合式有相似之处，但加强了集聚区和零散分布之间的联系，形成网状式空间布局，便于为园区制造业企业提供充分的生产者服务。由于一些工业园区土地存量不足，难以进行大规模生产者服务业集聚区建设，于是充分利用存量土地，因地制宜，结合工业企业沿道路进行小规模生产者服务业的布局，以弥补用地上的不足。

例如，芜湖经济技术开发区，是1993年4月经国务院批准设立的国家级经济技术开发区，也是安徽省第一个国家级经济技术开发区。其生产者服务业除集中分布于龙山西侧，形成生产者服务业集聚区外，还在A区有一定的散布，主要提供科研设计服务、商务服务等（见图3-3）。

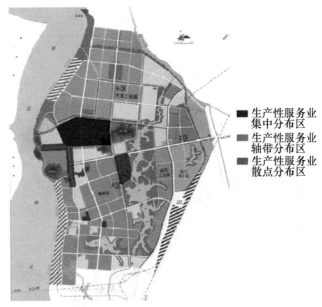

图 3-3　芜湖经济技术开发区生产者服务业分布

第三节　政府助推工业园区转型：工业园区生产者服务业集聚外生动因

我国工业园区转型大致始于20世纪90年代中后期。随着我国经济发展，传统工业园区产业关联性不强、发展后劲不足，土地、水资源供需矛盾尖锐，所在城市环境日益恶化。因此，工业园区转型成为其可持续发展的必然选择，而政府的规划及其政策支持在工业园区向产业园区升级、制造业向服务业转型、工业园区服务业集聚过程中起到了重要推动作用，成为工业园区生产者服务业集聚的外在动因。典型案例是苏州工业园区和上海市北工业园区的转型。

一、苏州工业园区生产者服务业集聚

苏州工业园区于 1994 年 2 月经国务院批准设立，同年 5 月 12 日奠基，地处苏州城东金鸡湖畔，行政区域面积 288 平方公里，其中中新合作区 80 平方公里。目前，工业园区以占苏州市 3.4% 的土地、5.2% 的人口创造了 15% 左右的经济总量。1994—2013 年的 19 年间，苏州工业园区主要经济数据年均增长 30% 左右，综合发展指数位居国家级开发区第二位。工业园发展经历了三个阶段：20 世纪 90 年代大规模集聚外资企业；21 世纪初高新技术产业优化升级；2004 年之后产业结构转型调整，现代服务业快速倍增。[1]

（一）政府规划助推工业园向产业园转型升级

在国家级经济开发区中，苏州工业园区把服务经济作为转型的战略重点，促进工业园向产业园升级。2005 年 5 月 12 日，园区正式发布出台《苏州工业园区 2005—2010 年服务业指导意见》，并同时启动了包含载体倍增、项目倍增、贡献倍增为主要内容的"服务业倍增计划"。先后制定和完善了 300 多项专业规划，目前服务业形成了独具特色的"一二三四五"服务业规划体系，具体内容是：一个核心区：中央商贸区；二大行业：生产服务业、生活服务业；三大亲水商圈：金鸡湖、独墅湖、阳澄湖；四个生活服务功能点：高教区、国际科技园、现代物流园、国际博览中心；五个特色商业街：李公堤商业水街、中央河步行街、蔚谊商业街、斜塘商业街、浅水湾商业街。将现代物流、软件业、会展业、科教服务业、专业服务业等生产者服务业，房产楼宇、商贸业、文体服务业、社区服务业等生活性服务业确定为重点发展对象，有计划、有目的地推进服务业发展。苏州工业园成为全国首个综合保税区、首个"服务贸易创新示范基地"、首个"鼓励技术先进型服务企业发展试点"。

（二）工业园区服务业以倍增速度发展

2005 年以来，苏州工业园区服务业增加值占园区国内生产总值的比重，每年以 2 个百分点的速度提高，园区产业结构向服务业升级转化。2004 年，园区服务业增加值为 117.00 亿元，占国内生产总值的比重为 23.27%；2010

---

[1]　资料来源：苏州工业园区网站，http://www.sipac.gov.cn/，截至 2013 年 6 月。

年，服务业增加值为448.41亿元，占国内生产总值的比重为33.71％，2012年，这一比重升至37.7％；到2015年，服务业增加值占园区生产总值目标比重将达到44％（见表3-3）。

表3-3 　　　　　　　2006—2010年苏州工业园区三次产业结构　　金额单位：亿元

年份	地区生产总值	第一产业	第二产业	第三产业	三次产业比例（％）
1994	11.32	2.93	6.06	2.33	25.88∶53.53∶20.58
1999	74.40	2.97	56.05	15.38	3.99∶75.34∶20.67
2000	130.48	2.96	99.89	27.63	2.27∶76.56∶21.17
2001	180.15	4.10	137.00	39.05	2.28∶76.05∶21.68
2002	251.70	3.40	192.49	55.81	1.35∶76.48∶22.17
2003	365.10	3.30	279.02	82.78	0.90∶76.42∶22.67
2004	502.70	2.80	382.90	117.00	0.56∶76.17∶23.27
2005	580.70	1.80	435.80	143.10	0.31∶75.05∶24.64
2006	679.52	2.00	498.52	179.00	0.29∶73.36∶26.34
2007	836.01	1.80	597.10	237.11	0.22∶71.42∶28.36
2008	1 001.52	1.74	693.95	305.83	0.17∶69.29∶30.54
2009	1 085.00	1.77	730.61	352.62	0.16∶67.34∶32.50
2010	1 330.19	1.88	879.90	448.41	0.14∶66.15∶33.71

数据来源：根据中国开发区网站，http∶//www.cadz.org.cn，以及http∶//wenku.baidu.com/view/db9ff30b4a7302768e99396b.html数据整理。

工业园区实施"服务业倍增计划"后，服务业以倍增速度发展。2004年，园区服务业就业人口为4.5万人，占总就业的比重为21.63％；2011年，服务业就业总数达到24.3万人，占总就业的比重为37.97％。2004—2011年间，服务业就业人数增长4.4倍，在园区吸纳就业的能力凸显（见表3-4）。

表3-4 　　　　　　　2004—2011年苏州工业园第三产业就业

年份	工业园总就业人数（万人）	服务业就业人数（万人）	占比（％）
2004	20.8[1]	4.5[2]	21.63
2005	33.5[1]	5.8[2]	17.31
2006	42.2[1]	7.9[2]	18.72
2007	50.2[1]	10.0[2]	19.92

续表

年份	工业园总就业人数（万人）	服务业就业人数（万人）	占比（%）
2008	49.3[1]	12.0[2]	24.34
2009	50.4[1]	—	—
2010	60.0[1]	22.0[1]	36.67
2011	64.0[3]	24.3[3]	37.97

[1] http://wenku.baidu.com/view/db9ff30b4a7302768e99396b.html.
[2] 苏州工业园区经贸发展局. 苏州工业园区服务业倍增发展情况汇报［R］. 2009.
[3] 2011 苏州工业园区人力资源情况统计报告, http://www.docin.com/p-545165927.html.

　　2004—2008 年，工业园区服务业固定资产投资总额由 117 亿元增加到 306 亿元，服务业投资额占固定资产投资总额的比重从 54.3% 上升到 62%，远高于园区其他产业投资的比重，有效地促进了园区服务业产值增加，仅是 2008 年园区服务业产值就比 2005 年增加 1.14 倍，提前实现服务业倍增目标，并且经预测园区服务业产值有进一步大幅提高的趋势（见表 3-5）。

表 3-5　　　　　　　　2004—2008 年苏州工业园区服务业发展概况

年份	服务业增加值（亿元）	占比（%）	服务业固定资产（亿元）	占比（%）	服务业注册外资（亿美元）	占比（%）	服务业注册内资（亿元）	占比（%）
2004	117	23.3	153.2	54.3	—	—	—	—
2005	143	24.6	185.4	52	4.3	11.3	41.7	17.8
2006	179	26.3	223	56.4	1.4	3.7	54.9	30
2007	237	28.4	244	58.7	18	37.1	128	52.3
2008	306	30.5	282	62	11.3	37.4	74.4	40.2

　　数据来源：根据苏州工业园区经贸发展局. 苏州工业园区服务业倍增发展情况汇报［R］. 2009. 以及 http://wenku.baidu.com/view/db9ff30b4a7302768e99396b.html 数据整理。

　　截止到 2010 年底，工业园区内资项目中，外资对服务业注资远超过制造业的 20.95%，高达 64.43%。从服务业项目个数看，批发和零售贸易、餐饮业项目所占的比重最大，为 28.66%；其次是科学研究和综合技术服务业，为 10.20%；房地产业第三，为 4.95%。而重要的交通运输、仓储和邮电通信业，金融、保险业的比重分别为 2.31%、0.97%。外资在园区内资项目中不同程度地注资，其中，外资注资较多的是房地产业，交通运输、仓储和邮电通信业，前者超过制造业，后者与制造业相当，表明园区内资项目引资导向倾向于服务业（见表 3-6）。

表 3-6   苏州工业园内资项目按行业分类统计（截至 2010 年底）

行业	项目个数（个）	占比（%）	注册外资（万元）	占比（%）
总　　计	15 523	100.00	15 712 803	100.00
农林牧渔业	19	0.12	14 460	0.09
采掘业	3	0.02	4 155	0.03
制造业	4 993	32.17	3 292 128	20.95
电力、煤气及水的生产和供应业	10	0.06	77 008	0.49
建筑业	1 349	8.69	941 881	5.99
地质勘察业、水利管理业	50	0.32	25 520	0.16
交通运输、仓储和邮电通信业	358	2.31	350 443	2.23
批发和零售贸易、餐饮业	4 449	28.66	3 257 771	20.73
金融、保险业	150	0.97	280 154	1.78
房地产业	769	4.95	5 518 102	35.12
社会服务业	330	2.13	192 973	1.23
卫生、体育和社会福利业	17	0.11	32 625	0.21
教育、文艺及广播电影电视业	97	0.62	269 569	1.72
科学研究和综合技术服务业	1 584	10.20	195 703	1.25
其他行业	1 345	8.66	260 311	1.66

数据来源：http：//wenku. baidu. com/view/db9ff30b4a7302768e99396b. html.

然而，工业园区外资项目中，外资对制造业注资仍远高于服务业，占比高达 81.1%。服务业中，外资注资较高的行业是房地产业，租赁和商务服务业，仅占 8.5% 和 3.2%。因此，园区制造业引入外资规模大于服务业的格局依然没有改变，当然这是园区制造业引进外资存量累积效应的结果，并不能否定苏州工业园向产业园转型的趋势。事实上，园区引进服务业外资的比重逐年增长（见表 3-7）。

表 3-7   苏州工业园外资项目按行业分类统计（截至 2010 年年底）

行业	项目个数（个）	占比（%）	注册外资（万美元）	占比（%）
总计	4 209	100.0	3 327 350.8	100.0
农林牧渔业	8	0.2	2 379.3	0.1
制造业	2 974	70.7	2 698 029.9	81.1
电力、燃气及水的生产和供应业	14	0.3	25 104.8	0.8
建筑业	24	0.6	5 857.9	0.2

续表

行业	项目个数（个）	占比（%）	注册外资（万美元）	占比（%）
交通运输、仓储和邮政业	21	0.5	13 531.2	0.4
信息传输、计算机服务和软件业	221	5.3	40 649.0	1.2
批发和零售业	252	6.0	58 765.3	1.8
住宿和餐饮业	69	1.6	11 881.7	0.4
金融业	6	0.1	16 012.5	0.5
房地产业	67	1.6	283 499.0	8.5
租赁和商务服务业	377	9.0	107 807.0	3.2
科学研究、技术服务和地质勘察业	112	2.7	26 330.8	0.8
水利、环境和公共设施管理业	6	0.1	10 505.7	0.3
居民服务和其他服务业	43	1.0	20 794.9	0.6
教育	2	0.0	2 176.9	0.1
卫生、社会保障和社会福利业	3	0.1	1 258.5	0.1
文化、体育和娱乐业	10	0.2	2 766.4	0.1

数据来源：http：//wenku.baidu.com/view/db9ff30b4a7302768e99396b.html.

（三）工业园区引进世界级服务业跨国公司

汇丰银行、渣打银行、香港东亚银行、英菲尼迪——中新创投等外资金融机构入驻园区。美国 UPS、日本近铁集团、宏高等国内外知名物流公司入驻园区保税物流中心。以普华永道、美国沃顿投资咨询为代表的会计、咨询、职业介绍等专业服务机构在园区开展业务。新加坡仁恒置业等房地产公司在园区增加投资规模，家乐福等国际知名零售企业在园区开设分店，新加坡晋合酒店、法国艾蒂安餐饮、台湾安驿乡村俱乐部等外资餐饮、酒店进驻园区。

（四）工业园区服务业集聚效应初显

截至 2012 年底，工业园区已集聚银行、保险公司等金融、准金融机构近 500 家，其中外资金融机构 26 家，集聚度在江苏省最高。2012 年，工业园区实现服务外包合同额 26 亿美元、离岸外包执行金额 17.5 亿美元，两项分别增长 46%、43%，完成离岸外包执行金额 8 亿美元，位居"中国服务外包十强园区"前三甲。2012 年，综合保税区实现监管货值 1 080 亿美元。

工业园区国际科技园等可用于技术先进型服务业的专业载体面积达 350 万平方米，集聚了承接各类服务业务的企业，其中包括承接软件外包的新宇软件、宏智科技、方舟信息技术；承接研发设计外包的松下研发、奇梦达资讯、艾默生研发；承接动漫制作外包的泰山动漫、宏图卡通、宏广动画；承接供应链管理外包的锦海捷亚、得尔达、恒莱国际等。

工业园区实施了智能公交、数字城管、智慧环保、国科数据中心等一批重点信息化项目，政务信息化、社会信息化、公众信息化、企业信息化水平显著提升，成为全国首个"数字城市建设示范区"、江苏省首个"两化融合示范区"。

工业园区创新设立了中小企业服务中心和培训管理中心，重点加强对创新创业型企业和人才的服务。

苏州工业园区总规划如图 3-4 所示。

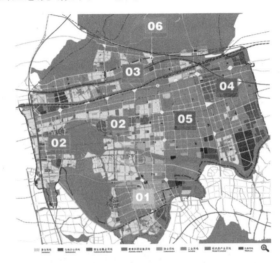

图 3-4　苏州工业园区总规划

注：六个转型发展主阵地：01. 独墅湖科教创新；02. 金鸡湖中央商务区；03. 中新生态科技城；04. 综合保税区；05. 三期高新产业区；06. 阳澄湖生态旅游度假区。

资料来源：苏州工业园区网站，http：//www.sipac.gov.cn/，截至 2013 年 6 月。

二、上海市北工业园区生产者服务业集聚

（一）产业结构逐步从制造业转型升级为服务业

20 世纪 80 年代末，在靠近彭浦机电工业区的走马塘地区，闸北区所属的集体工业在此布点，成立走马塘工业区。随后，在南厂北移的产业调整过程中，一些纺织系统企业和轻工系统企业先后迁入，成为离上海市中心最近的一块加工制造基地。在此基础上，1992 年经上海市人民政府计划委员会批准成立，由闸北区人民政府组建和统一规划开发市北工业园区。[1]

---

[1]　资料来源：根据上海市北高新园区网站，"以小见大"老工业区的涅槃，http：//news.yunnan.cn/html/2012-03/16/content _ 2107912.htm 以及上海开发区网站，http：//www.sidp.gov.cn/2009/0805/5071.html 资料整理。

1998 年，市北工业园区成为上海高新技术产业区（现为张江高新技术产业开发区）的组成部分；2003 年，园区在全市率先提出发展生产者服务业；2006 年，园区被国家发改委命名为第四批省级园区，成为上海市中心城区唯一的市级开发区；2008 年，园区相继完成都市信息园、前沿产业园、总部经济园和市北半岛国际中心、市北半岛商务会所的建设，被上海张江高新技术产业开发区领导小组办公室和市科委命名为上海市级高新技术产业开发区。

（二）成为上海市首批生产者服务业集聚区之一

2009 年 6 月 9 日，上海市经济信息化委、发展改革委、规划国土资源局和环保局联合认定首批 19 家生产者服务业集聚区，总用地规模近3 000 公顷，全力打造生产者服务业的经济新"引擎"。19 家生产者服务业集聚区主要分布在上海市闸北、普陀等 10 个区和金桥出口加工区、张江高科技园区、漕河泾新兴技术开发区 3 个国家级开发区。这些功能区分为三种类型：一是转型类，即工业开发区和核销的老工业区转型为以研发设计、总部经济等为主的生产者服务业；二是调整类，即高能耗、高污染的老工业企业调整为主要发展国际节能环保产业的生产者服务业；三是提升类，即提升开发区能级，为开发区提供综合配套服务。其中，上海市北工业园是 19 个集聚区之一，并被上海市发改委命名为国家高技术产业基地。

2010 年，市北高新集团与南通港闸区签约共同打造面积 5.24 平方公里的市北高新（南通）科技城，园区的后续发展空间和开发潜力得到了进一步提升。同年，上海市国产基础软件产业基地、上海市云计算产业基地相继落户园区，与金融后台服务业共同构成了园区三大产业集聚发展平台，使园区成为上海市首批生产者服务业功能区、国家服务业综合改革试点区。

（三）生产者服务业集聚效应显现

上海市北高新技术服务业园区地理位置优越，坐落于上海两根交通大动脉——中环线北沿和南北中轴线（共和新路南北高架路）两翼，园区 10 公里范围内可至外滩、南京路、五角场、静安寺等繁华商业中心；20 公里范围内则可达虹桥航空枢纽、张华浜国际货运码头。东临泗塘河，西至彭越浦河，北至走马塘河、场中路，南至汶水路，规划面积 3.13 平方公里，成为实现国家战略和提升闸北区区域经济的重要增长极。

上海市北高新技术服务业园区围绕产业结构调整，不断强化园区形态和环境建设，推进产业集聚，加快园区服务理念和功能的转型。2011 年在园区集聚的 1 750 家企业当中，制造业企业只占了 11％左右，生产者服务业所占的比重超过 80％。目前，园区专注于打造上海金融后台服务产业基地、上海国产基础软件产业基地和上海云计算产业基地三大平台，大部分企业通过产业结构调整已经转向生产者服务业。上海市北高新技术服务业园区实现了从传统的工业园区向以信息服务业、金融服务业、科技服务业、人力资源服务业、节能环保服务业为主导的生产者服务业集聚区的转变，园区产业调整和生产者服务业集聚效应逐步显现。

上海市北工业园总规划如图 3-5 所示。

图 3-5　上海市北工业园总规划

资料来源：根据上海市北高新园区网站，"以小见大"老工业区的涅槃，http：//news. yunnan. cn/html/2012-03/16/content _ 2107912. htm 以及上海开发区网站，http：//www. sidp. gov. cn/2009/0805/5071. html 资料整理。

第四节　制造业服务化升级：工业园区生产者服务业集聚内生动因

20 世纪后期，顺应全球经济由产品经济向服务经济转型的趋势，国际上一些大型的传统制造企业积极向服务业渗透和转型。目前世界排名前几位、传统上属于制造业的企业，如通用电气、IBM 公司、耐克公司等都宣称自己是服务商。制造业服务化成为当今世界制造业发展的趋势，同样也成为工业园区生产者服务业集聚的内在动因。

一、制造业服务化的概念

"服务化"（servitization）一词由 Vandemerve & Rada（1988）[1]最先提出，简单地说就是制造业企业发生由仅仅提供物品——物品＋附加服务——物品＋服务包的转变。完整的"包"包括物品、服务、支持、自我服务和知识，并且服务在整个"包"中居于主导地位，是增加值的主要来源。其后的一些学者在探讨服务化问题时，大多沿用这一概念。也有学者从战略角度提出了相类似的概念，包括"服务增强"概念（Berger Lester，1997）[2]，"基于服务的价值创新"概念（Kin & Mauborgne，1997）[3]，"新型制造业"（Drucker，1999；Quinn，1992；Houghton，Pappas & Sheehan，1999），"产品服务增值战略"概念（叶勤，2002）[4]，"制造业的服务化经营"（郭跃进，1999）[5]等。

Drucker（1998）[6]曾指出，制造业的起点并不是生产和制造产品，而是生产出服务以使顾客能充分得到来自产品的各种利益——产品制造是成本中心，服务则成为利润中心。Berger & Lester（1997，2002）在研究香港制造业及美国和日本工业生产率的差异时认为，产品生产型制造业不能适应"新经济"的需要，应向"服务增强型制造业"转变，在极端情况下制造企业会转变为纯粹的服务和解决方案提供商，服务企业在新的环境下也会逐渐采用"制造增强型服务"战略。莱斯特（Lester）认为，向"服务增强型制造业"发展是一种全球性趋势——产品的无形属性在制造业竞争中的作用越来越大。W. Chan Kin & Renee Mauborgne（1997）则提出了"价值创新"的概念，认为围绕企业产品，超越所在行业和产品本身的限制为顾客提供服务，并实现产品价值增值，是促进企业高速增长新的战略理念。他们认为，价值创新的核心是实现企业服务增值。

根据上述概念可知，制造企业服务化就是指制造企业从以生产物品为中心向以提供服务为中心转变的动态过程。从转型的过程来看，这种演变通常

---

[1] Vandermerwe, S. and Rada, J. Servitization of Business：Adding Value by Adding Services [J]. European Management Journal，1988，6（4）：314-324.

[2] BERGER S，LESTER R. Made by Hong Kong [M]. Oxford University Press，1997.

[3] KIMW CHAN，MAUBORGNE,，RENEEA. Value Innovation：The Strategic Logic of High Growth [J]. Harvard Business Review，Vol75，Issue 1. 2004.

[4] 叶勤. 产品服务增值扩展战略的兴起与发展 [J]. 商业经济与管理，2002（6）：21-4.

[5] 郭跃. 进论制造业的服务化经营趋势 [J]. 中国工业经济，1999（3）：64-67.

[6] DRUCKER P F. The Future of Manufacturing [J]. Interview for Industry Week，21. 1998.

会经历三个阶段，即物品——物品＋附加服务——物品＋服务包，在这里，物品＋服务包不仅包括维护和修理，还包括购买融资、运输、安装、系统集成和技术支持等。从服务化的重点来看，则包含两个层次，一是投入服务化，即服务要素在制造业的全部投入中占据越来越重要的地位；二是业务服务化，也可称为产出服务化，即服务产品在制造业全部产出中占据了越来越重要的地位。服务化所要实现的目标，则是更好地满足顾客需求，提升顾客价值，增强企业竞争力。

从制造业服务化的概念上看，由于学术界对服务化这一现象的研究仍然处于初级阶段，学者们研究的重点也各不相同，因此形成了不同的概念（见表 3-8）。

表 3-8　　　　　　　　　　　制造业服务化的概念

提出学者及时间	名称	概念内容
Vandermerwe et al.，1988	服务化（servitization）	制造业企业由仅仅提供物品向提供物品＋服务包转变。并且服务在整个包中占主导地位
White et al.，1999	服务化（servicizing）	制造商的角色由物品提供者向服务提供者转变，是一种动态的变化过程
Szalavetz，2003	第三产业化（tertiarization）	一方面服务成为影响制造企业竞争力的关键因素；另一方面与产品相关的外部服务变得日益复杂化
Mont，2004	产品服务系统 product-service system，（PSS）	是产品、服务、网络等要素组成的系统，该系统使服务保持竞争力，满足客户需求，是对环境影响较小的商业模式，所以被称为产品＋服务系统
孙林岩等，2007	服务型制造	是制造与服务相融合的新产业形态，是新的先进制造模式。是为了实现制造价值链中各利益相关者的价值增值，通过产品和服务的融合、客户全程参与、企业相互提供生产者服务和服务性生产，实现分散化制造资源的整合和各自核心竞争力的高度协同，达到高效创新的一种制造模式。它是基于制造的服务，是为服务的制造
刘继国，2007	制造业服务化	分为企业投入和产出的服务化，投入服务化是企业的中间投入以实物要素为主向以服务要素为主的转变；产出服务化，是指企业的产出以实物产品为主向以服务产品为主的转变

资料来源：（1）刘继国. 国外制造业服务化问题研究综述［J］. 经济学家，2007（3）：110-126。
（2）孙林岩，李刚，江志斌，郑力，何哲. 21 世纪的先进制造模式——服务型制造［J］. 中国机械工程，2007（19）：7-12。

二、制造业服务化的原因

（一）制造业服务化的内因

1. 制造业内在价值链的延伸使服务成为新的价值环节

技术进步、分工深化和管理方式的变革引起对服务中间需求的扩展。这种对服务的中间需求大部分与商品的生产、流通，以及消费信息的搜集、处理、加工和生产有关。因此，这种需求所带动的服务业发展将导致工业生产组织结构变革和分工的深化，一些服务环节将随着服务业效率的提高在专业化基础上从工业生产体系中分离出来，尤其是信息、咨询、策划、会计、法律、金融、物流、设计、广告等门类众多的现代服务业。由此，制造业的价值链得以延伸。一个典型的案例是汽车制造业，其相关价值链有70%在制造业之外的服务环节中。[1]

一个产业的收益可以分解为产品设计、生产制造、市场营销、品牌建设等活动。在国际分工深化和产业价值链延伸后，原先一个产品由一个企业进行的从产品设计到售后服务全价值链活动的经营模式被打破，一些企业根据自身的长处，专门从事产业价值链中的某一环节，以赢得市场的竞争优势。制造业价值链延伸带来的服务业务拥有巨大的市场需求，促使制造业企业进行深度开发，扩大利润来源。

2. 服务在制造业价值链中的增值化趋势越来越明显

目前，用户对制造业的需求已不仅仅是有形产品，而是从产品开发、销售、报废到回收全生命周期的服务保证；产品的内涵已经从单一的实物，扩展到为用户提供全面的解决方案。服务已经从可有可无的部分变成企业价值增值的重要环节，甚至已经超过了产品本身的价值。

随着市场逐渐由产品导向转向客户导向，对制造业来说，其重心从制造产品到创造价值转变。这个价值就来自服务，来源于客户的满意，而不仅仅是产品销售。从"微笑曲线"上来看，企业所创造的价值更多是来自研发和营销等价值链两端的生产者服务业（见图3-6）。

对于许多制造行业来说，制造业下游服务环节不仅能创造大量的营业额，还是公司重要的增值环节。与传统生产环节相比，下游环节对投资规模要求较低，但创造的收益却较高。相关统计资料显示，在一个完全成熟的国际化的汽车市场，汽车的销售利润约占整个汽车利润的20%，零部件供应的利润约占20%，而50%至60%的利润是在服务领域中产生的。服务在制造业价

---

[1] 特别策划. 全球上演制造企业服务化［J］. 中国高新区，2009（3）：11-13.

值链中的增值化趋势越来越明显。

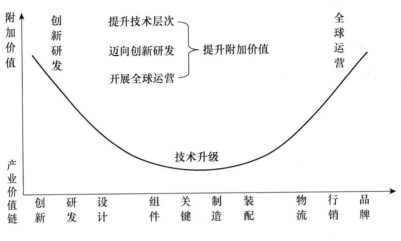

图 3-6　微笑曲线

3. 制造业与现代服务业日益融合互动

制造业制造与服务功能的日益融合使产业边界逐渐模糊，制造业和服务业的关系日趋紧密。从制造业发展看，其研发、设计、市场推广、法律服务和运输储存等过程中的每一个环节都伴随着服务的需求，服务的投入不断增加。从服务发展看，金融、风险投资、物流、设计、制造技术等专业中介服务正加速向制造业的前期研发、中期设计、融资和后期信息反馈等全过程渗透。制造业越发达，对服务的市场需求越大，相关的生产者服务业就越发达；而生产者服务业发达，制造业可以业务外包，从而更专注核心环节，制造业向服务业转型成功的可能性无疑会增加。而信息技术的发展，使服务业和制造业的许多行业融合互动发展，制造业部门的功能也日趋服务化。

（二）制造业服务化的外因

1. 资源能源约束以及要素成本的上升

加工制造在全球化分工链中处于低端，附加值较低，市场竞争激烈。近年来，随着全球原材料价格上涨和人力成本上升，制造业的成本越来越高，已经是很低的利润空间再度被挤压，传统的加工制造业发展空间愈来愈窄。另外，与服务业相比，传统的制造业对能源、资源消耗强度高，环境污染严重，世界性的能源、资源短缺，加上各国对环保的日益重视，都迫使高消耗、高污染的制造业向服务业转型发展，在整个产品生命周期产生了有益于生态的环境效应，使经济增长降低了对资源的依赖和对环境的影响。[1]

2. 有助于制造业培育差异化竞争优势

服务环节的产品种类繁多，而且具有个性化、不易模仿性，能够获得较长时期的差别化竞争优势。制造业企业为了获取竞争优势，往往以加工制造环节为起点，向研发、营销服务环节延伸。制造企业服务化拓宽了企业在市场竞争的发展空间，可以树立独特的市场和品牌形象，获得更为稳定的收益来源。

3. 整合产品和服务资源更好地满足顾客需求

服务化在很大程度上是受顾客需求驱动的。随着经济的发展，大部分顾客不再满足于物品本身，而是需要更多与物品相伴随的服务。把提供物重新界定为物品＋服务包，契合了顾客的期望，有助于满足顾客的需求。如孔翰宁，张维迎等（2007）通过大量的企业访谈和案例研究指出，大多数公司都希望从产品提供商转型为解决方案提供商，以便能比竞争对手为客户创造更多价值。也有学者认为，随着消费者地位的上升，消费需求的整合特征也日益凸显，客户希望能够更方便地获得从产品到服务的完整效用，而不是耗费资源和精力与多个供应商分别打交道。于是，企业的竞争优势将日益体现为整合并有效满足客户需求的能力。

4. 应对制造业激烈竞争创造竞争优势的需要

White et al.（1999）通过案例分析发现，服务化取向是制造业企业在变化迅速的市场环境中获取竞争优势的重要手段。在中国，制造业可以说是竞争最充分的行业。企业要想获取竞争优势、创造新的利润点就必须关注整个价值链，特别是要注重直接面对消费者的环节——服务。许多管理者把服务看作是创造新商机的途径，而成熟行业的管理者则把服务作为差异化的工具，用来延伸产品的生命周期，使企业免遭淘汰。因此，服务化最重要的推动力是其可以增加企业竞争优势。

5. 产品技术含量、复杂性和个性化水平的提高

产品技术进步和升级换代的加快，对产品服务提出了更高的要求。原来依靠社会化的服务机构和用户自我服务完成的产品维修、升级、保养、技术支持等工作，遇到了更高的产品专业化、专利化和个性化服务障碍，难以在短时间、低成本地完成；而依靠产品生产企业提供的服务，能够有效地克服产品服务的专业化障碍。生产企业在提供产品的同时，凭借对产品技术、性

---

[1] 陈少杰. 制造业服务化的成因及动力机制分析 [J]. 商业时代，2010（26）：120-121.

能和包含的专利的了解和企业强大的技术研究能力、快捷的零配件供应能力，能够有效地为产品用户提供更加优质、高效的服务，为用户创造价值。[1]

6. 增加企业经济收益的需要

Oliva & Kallenberg（2003）[2]认为，制造业企业把服务整合到其核心产品提供物中，其经济理由是：企业相当多的收益来自产品整个生命周期的顾客群；服务通常比物品有更高的利润；服务提供了更为稳定的收益来源。如机器、机械等产品，由于产品的使用寿命周期较长，伴随整个生命周期的服务产生的收益要远远高于产品本身的营业收益。根据德国机器和设备制造企业协会的调查，机器和设备类产品的平均边际收益只有1%，而其维修、维护、安装及过程支持等服务业务提供的平均边际收益要高于10%。因此，一些学者认为，对制造企业而言，获利重要性的提升是促成服务增强现象出现的关键所在，在工业品领域尤其如此。

7. 全球化生产体系和客户定制化生产的影响

随着产品技术含量的不断提高，产品的生产过程变得越来越复杂。如波音747飞机所需要的400多万个零部件，就分别由65个国家的1 500家大企业和15 000家小企业提供；福特汽车约2万个零部件中的绝大部分则分别由4万家中小企业所提供，而这些零部件的生产也往往分布在几十个甚至上百个国家的工厂。这些工厂实行定制化生产，并最终形成了全球化的生产体系。全球化的生产、采购体系和产品客户定制化的特点，增加了产品维修、保养、技术咨询等服务的难度，使客户的自我服务难以完成。全球化的产品生产体系造成了产品维修的空间和技术障碍，促成了企业基于服务进行价值创造战略的形成。

三、制造业服务化的发展模式

来有为（2009）[3]通过对典型案例研究指出，制造业服务化发展模式具有三种类型。

（一）依托制造业拓展生产者服务业

依托制造业发展服务业，亦即核心技术服务化。通过产业链重组，逐渐

---

[1] 周艳春，赵守国. 制造企业服务化的理论依据及动因分析 [J]. 科技管理研究，2010（3）：169-171.

[2] OLIV R，KALLENBERG R. Managing the Transition from Products to Services [J]. International Journal of Service Industry Management，2003，14（2）：160-172.

[3] 来有为. "制造企业服务化"的发展路径和典型模式 [J]. 中国发展观察，2009（3）：52-54.

将企业的经营重心从加工制造转向诸如提供流程控制、产品研发、市场营销、客户管理等生产者服务，从制造企业转型为服务提供商。许多传统的制造业企业通过发展生产者服务业来整合原有的业务，形成了新的业务增长点，通过产业之间的融合发展提升了企业的整体竞争力。在美国许多著名的制造业企业中，服务业在企业收入和利润中所占的比重越来越高，已经很难判断它是制造业企业还是服务业企业。典型的代表是美国的通用电气、惠普、思科等企业。

通用电气公司为了"全新机会并获得利润增长的业务"，依托制造业发展生产者服务业，服务业收入占通用电气总收入的比重越来越高。1980年，通用电气来源于服务活动的收入仅占其总收入的16.4%；2003年，通用电气服务业收入占总收入的比重为62.44%，商品销售收入占37.10%，其他收入占0.46%；2004年，通用电气公司服务业收入占总收入的比重上升到了63.32%，商品销售收入占35.98%，其他收入占0.70%。通用电气已发展成为全球最大的多元化服务性公司，企业的制造功能和服务功能融合为一体，极大地增强了市场竞争力。

（二）从销售产品发展成为提供服务和成套解决方案

当今社会，消费者更加注重产品的个性化以及产品使用的便利性，服务的附加价值增大。国际上一些大型的传统制造企业积极发展各类与产品相关的服务业务，向服务业渗透和转型，从销售产品发展成为提供服务和成套解决方案，作业管理从制造领域延伸到了服务领域，服务业务成为新的增长点和利润来源，为这些传统制造企业赢得了竞争优势。许多企业的生产与服务功能已经融合在一起，模糊了两者之间的界限。国际商业机器公司（IBM）是该领域的典型代表。

IBM公司传统上是一家信息工业跨国公司，20世纪90年代中期启动从硬件向软件和服务的战略转型，服务业连续16年成为IBM最大的收入来源，2007—2009年服务收入基本稳定在总营业收入的60%。IBM现已发展成为全球最大的信息技术服务企业，集服务提供、外包提供、咨询提供和产品支持于一身，创造了科技企业发展的新模式，业务遍及全球160多个国家和地区。

（三）从制造企业转型为服务提供商

战略转型发展服务业，亦即主营业务多元化。

随着人力成本的上升、竞争环境的变化，加工制造环节的利润空间已经很小，在此背景下，许多国际知名大型制造业企业积极进行产业链重组，逐渐将企业的经营重心从加工制造转向诸如提供流程控制、产品研发、市场营销、客户管理、品牌维护、现代物流等生产者服务业，从制造企业转型为服务提供商。最典型的代表是美国的耐克公司和中国香港的利丰集团。

1. 耐克公司（Nike）的代工生产方式

创办于 1964 年的耐克公司，在 20 世纪 70 年代初，就采取了生产虚拟化策略，所有产品都不由自己生产制造，而是外包给世界各地的生产厂家，集中人才、物力、财力开展产品设计、市场营销和品牌维护。耐克公司将设计图纸交给生产厂家，让他们严格按图纸式样进行生产，产品由耐克贴牌，并通过公司的全球销售网络销售出去。耐克公司利用制造业务外包这种先进的生产组织方式，节约了大量的生产投资以及设备购置费用，同时也可充分利用当地廉价的劳动力，节约了人工费用，获得了超额的利润。一双耐克鞋，生产者只能获得几个美分的收益，而凭借销售、研发和品牌，耐克公司却能获得几十甚至上百美元的利润。凭借耐克品牌的实力、耐克公司的知名度、多元化，以及产品组合，耐克公司实现了快速发展，成为世界第一大运动产品制造商。

2. 利丰集团的供应链管理

利丰集团是中国香港最大的进出口企业之一，在全球范围高质量地管理从设计、采购，到生产、物流等全部流程，产品价廉物美并且供货及时，成为不拥有生产设备的大型制造企业。利丰集团以供应链管理闻名海内外，其供应链管理强调了真正的客户导向，它将客户分为大客户和中小客户，大客户由一个部门专门负责一对一的贴身服务，小客户也由专门的人员全程服务，满足了客户多样化和个性化需求。利丰经营模式的核心，就在于强调供应链上各节点企业之间的紧密合作，与供应商、生产商、零售商等实现优势互补，通过供应链管理赢得竞争优势。

四、中国制造业服务化集聚实践

（一）政府制定政策促进制造业服务化

从国家政策层面看，我国已开始逐步认识到发展制造服务业的重要性，并陆续出台了一些相关政策。2007 年 3 月国务院发布的《关于加快发展服务业的若干意见》，特别提出要大力发展面向生产的服务业，促进现代制造业与服务业的有机融合、互动发展。2009 年 2 月，温家宝在主持召开国务院常务会议时特别指出，装备制造业是为国民经济各行业提供技术装备的战略性产业，要大力发展现代装备制造服务业。2009 年国务院发布的《装备制造业调整和振兴规划》中提出，到 2012 年，大型企业集团的现代制造服务业收入占销售收入的比重达到 20％以上。中国机械工业联合会确定的目标是，到 2013 年现代制造服务业的收入在机械工业总收入中的比例明显提高，一部分大型骨干企业的服务收入占销售收入的比重达到 20％左右。[1]

（二）地方政府采取措施推进制造业服务化

从地区层面看，2009 年之前，上海就开展了这方面的专题研究，对一些大型制造企业中的服务业情况进行了调研评估，并明确判断"制造服务业实现了良好起步"。与此同时，政府部门在《上海发展面向制造业的服务业工作方案》中出台了相关支持政策。上海还利用信息化手段推进装备制造企业拓展海外工程承包业务，形成工程设计、安装维修、再制造等增值服务，提升总集成、总承包服务能级，促进企业从产品制造向系统解决方案供给商转变。近期已有更多地区意识到制造服务业的重要性，并采取了切实可行的推进措施。

2010 年，广州市黄埔区规划投资建设总建筑面积 66 万平方米，集展示、贸易、仓储、物流、信息、培训、技术交流于一体的黄埔工程机械与基础零部件专业市场。这一市场成为国内最大的工程机械整机及基础零部件交易市场，按照发展生产者服务业的要求和推进现代制造服务业的思路，不仅要把工程机械和基础零部件的制造商、代理商、经销商全部吸引到园区里来，同时开展产品设计、检测、定制等配套服务。通过探索以新的理念和模式运作，致力于建设成为现代制造服务业的示范区。

2010 年 9 月，沈阳市政府组织召开了沈阳现代制造服务业发展论坛，将现代制造服务业作为新时期发展的战略重点。在沈阳皇姑区建设集总部经济、研发设计、创新孵化、综合服务于一体，服务沈阳、辐射东北的制造服务业集聚区。

（三）企业制造业服务化发展势头强劲

在国内，制造服务业仍是一个刚刚起步和较为新兴的领域，但已呈加速发展趋势，已陆续有一些企业明确提出从传统制造领域向制造服务业转型。

1. 上海三菱电梯公司

自 1999 年以来，上海三菱电梯公司实施服务化战略转型，不仅在市场规模、经济效益，而且在顾客响应速度、差异化优势的凸显方面，均取得了富有成效的进展。电梯安装数量由 1999 年的 3 000 多台上升到 2009 年的 21 000

---

[1] 唐茂华. 制造业服务化转型的新动向 [J]. 经济界，2011（3）：65-67.

多台；电梯维修保养数量由 1999 年不到 8 000 台上升到 2009 年的 60 000 多台。为公司的下一步发展奠定了坚实的基础。[1]

2. 格兰仕公司

2006 年末，格兰仕和中央电视台宣布结成战略合作伙伴，结盟后的第一个举措就是全力打造财经频道"美味中国·三人餐桌"微波美食节目，为消费者如何用好微波炉提供了解决方案。在微波炉产业链中开拓"新蓝海"——相关服务业，正成为格兰仕参与新一轮角逐的战略走向。

3. 海尔集团

2010 年 10 月，海尔集团明确提出，海尔将放弃大部分生产业务，采用外包的形式，并向服务业转型，把精力用在研发和渠道服务上。

4. 陕西鼓风机集团

作为装备制造业的代表，陕西鼓风机集团（以下简称"陕鼓"）是为冶金、石油、化工、空分、环保等多个产业领域提供透平机械、系统问题解决方案和系统服务的专业化公司。陕鼓 2001 年开始实施制造业服务化战略，围绕该战略开发了一系列新的服务项目，对组织结构、业务流程等进行了全面的调整。2001—2009 年，企业规模从 4 亿元左右迅速增长到 40 亿元左右；2005 年起，公司总产值中 60% 以上的收入来自"技术＋管理＋服务"管理模式的创新，是我国装备制造服务业发展的一个标杆。[2]

5. 徐州重工集团

徐州重工集团提出从工程机械产品提供商向工程机械方案提供商转型，还通过呼叫中心、售后服务和备品备件治理、远程服务、电子商务平台建设等，延长了产品价值链，逐步实现企业从产品制造向产品增值服务转型。

6. 其他企业

近年来，一汽大众、宝钢、武钢等大企业集团原有的信息化部门，逐步成为独立运作的专业服务公司，在金融、物流等领域开展社会化服务，成为企业新的增长点。陆续出现了启明信息、宝钢宝信、武钢自动化、东风东浦等一批典型制造服务企业，它们脱胎于大型制造企业集团，在服务于母体企业的过程中，形成了自己的核心竞争力，实现了独立发展。启明信息已在深圳中小企业板上市，成为汽车业 IT 第一品牌。

[1] 戴志强. 关注制造企业服务化动向 [J]. 中国国情国力，2007 (9)：52.

[2] 吴斌. 制造企业服务化转型及其影响因素研究 [D]. 哈尔滨：哈尔滨工业大学，2010：30-35.

第五节 基于工业园区的国家级经济开发区服务业集聚

一、中国开发区概况

中国经济开发区是在改革开放背景下，顺应国际经济发展潮流，借鉴国外经验创立和发展起来的。自 1984 年我国建设经济开发区以来，各级各类经济开发区取得了长足发展，已成为经济发展和产业结构调整升级的主要载体，为国民经济持续增长作出了贡献。2010 年，47 个东部经济技术开发区实现地区生产总值 19 137.54 亿元，比 2009 年增长 25.05%，高于全国平均增幅 14.65 个百分点，占全国国内生产总值的比重为 5.15%；工业增加值为 12 937.5 亿元，同比增长 20.73%；工业总产值为 57 880.25 亿元，同比增长 24.7%。实践证明，我国经济开发区已经成为促进国民经济持续稳定快速发展的重要引擎。

中国的开发区包括国家级经济技术开发区、国家级高新技术产业开发区、国家级保税区、国家级边境经济合作区、国家级出口加工区、其他国家级开发区、升级开发区。截至 2013 年 7 月，经国务院批准的经济技术开发区共有 200 个（含实行经济技术开发区政策的苏州工业园区、上海金桥出口加工区、宁波大榭经济技术开发、厦门海沧投资区、海南洋浦开发区）。自 1988 年批准实施火炬计划以来，国家设立的高新技术产业开发区共有 105 个。国家级保税区共有 15 个，已全部启动运营。自 1992 年以来，经国务院批准的边境经济合作区共有 15 个。2000 年 4 月 27 日，国务院正式批准设立由海关监管的出口加工区，首批批准进行试点的有 60 个。另外，还有其他国家级开发区 42 个，省级开发区 1 207 个。[1]

（一）经济技术开发区

经济技术开发区是中国对外开放地区的组成部分。在开放城市划定的一块较小的区域，集中力量建设完善的基础设施，创建符合国际水准的投资环境。通过吸收利用外资，形成以高新技术产业为主的现代工业结构，成为所在城市及周围地区发展对外经济贸易的重点区域。

（二）高新技术产业开发区

高新技术产业开发区是国家为营造高新技术产业化的良好环境而设立的，

---

[1] 根据中国开发区网，http：//www.cadz.org.cn/index.jsp 相关数据整理得出，数据截至 2013 年 7 月。

通过实施包括减免税等方面与高科技有关的各项优惠政策和完善服务体系，创建产业聚集优势，吸引和聚集人才、技术、资本等产业化因素，加速高新技术成果的产业化，为我国高新技术产业化发展做出了杰出的贡献。

（三）保税区

保税区是经国务院批准的开展国际贸易和保税业务的区域，类似于国际上的自由贸易区，区内允许外商投资经营国际贸易，发展保税仓储、加工出口等业务，成为中国经济与世界经济融合的新型连接点。

（四）边境经济合作区

边境经济合作区是中国沿边开放城市发展边境贸易和加工出口的区域。沿边开放是我国中西部地区对外开放的重要一翼，对发展我国与周边国家（地区）的经济贸易和睦邻友好关系、繁荣少数民族地区经济发挥了积极作用。

（五）出口加工区

出口加工区是经国务院正式批准设立由海关监管的出口加工区。目的是促进加工贸易发展，规范加工贸易管理，将加工贸易从分散型向相对集中型管理转变，给企业提供更宽松的经营环境，鼓励扩大外贸出口。为有利于运作，国家将出口加工区设在已建成的开发区内，并选择若干地区进行试点。

二、国家级经济技术开发区服务业产值增速超过其国内生产总值

我国开发区的数据不全面，但为了定量分析我国工业园区服务业发展及其集聚程度，基于以下两点考虑，选择了国家级经济开发区作为研究对象。一是国家级开发区自 2005 年以来有较全面的统计数据；二是从发展历程来讲，国家级开发区是由工业园区发展而来的。国家级开发区服务业的集聚程度能够在一定程度上反映我国工业园区服务业集聚状态。第三产业是以服务业为主的产业，因此，此处用服务业代替第三产业。

随着国家级经济技术开发区的快速发展，其服务业发展势头强劲。2005年，国家级经济开发区第三产业产值为 1 721.27 亿元，占其国内生产总值的比重为 21.00％；2011 年，131 个国家级经济技术开发区第三业产值为 9 380.71 亿元，占其国内生产总值的比重为 22.68％，同比增长 28.71％。虽然国家级经济开发区与全国横向相比，其第三产业产值占国内生产总值的比重依然偏低，但是从纵向比较，有数据的 2006 年、2007 年、2011 年三年，其第三产业产值增速均高于国内生产总值的增速（见表 3-9、表 3-10）。与此同时，东中西部同样呈现第三产业产值增速高于国内生产总值增速的格局，总体上看，其中中部国家级经济开发区第三产业增速最高、西部的居次，而

东部的却相对较低（见表 3-11 至表 3-13）。因此，第三产业对国家级经济开发区经济增长贡献重要性凸显，同时也显示出国家级经济技术开发区内工业园区产业结构朝服务业方向调整的趋势。

表 3-9　　　2005—2011 年国家级经济技术开发区第三产业指标情况

经济指标	全国		经济技术开发区	
	2005 年（亿元）	同比增（%）	2005 年（亿元）	同比增（%）
地区生产总值	184 937.369	30.270 182	8 195.2	—
第三产业增加值	74 919.275 17	31.868 559	1 721.27	
	全国		经济技术开发区	
	2006 年（亿元）	同比增（%）	2006 年（亿元）	同比增（%）
地区生产总值	208 381.017 8	12.676 534 2	10 136.90	23.69
第三产业增加值	85 511.553 77	14.138 255 6	2 194.61	27.50
	全国		54 个经济技术开发区	
	2007 年（亿元）	同比增（%）	2007 年（亿元）	同比增（%）
地区生产总值	237 892.760 6	14.162 395	12 695.96	25.25
第三产业增加值	99 179.747 56	15.984 031 6	2 865.98	30.59
	全国		54 个经济技术开发区	
	2008 年（亿元）	同比增（%）	2008 年（亿元）	同比增（%）
地区生产总值	260 812.938 8	9.634 668 2	15 313	20.61
第三产业增加值	109 497.358 5	10.402 941 4		
	全国		54 个经济技术开发区	
	2009 年（亿元）	同比增（%）	2009 年（亿元）	同比增（%）
地区生产总值	284 844.761 9	9.214 198 9	17 730	15.8
第三产业增加值	119 969.413 0	9.563 750 8	—	
	全国		90 个经济技术开发区	
	2010 年（亿元）	同比增（%）	2010 年（亿元）	同比增（%）
地区生产总值	314 602.463 3	10.446 989 2	33 566.03	89.32
第三产业增加值	131 668.850 7	9.752 017 1	7 288.5	—
	全国		131 个经济技术开发区	
	2011 年（亿元）	同比增（%）	2011 年（亿元）	同比增（%）
地区生产总值	343 860.492 4	9.3	41 356.93	23.21
第三产业增加值	144 045.722 7	9.4	9 380.71	28.71

说明：（1）2005—2007 年国家级经济技术开发区数据来源：彭森. 2008 中国开发区年鉴［Z］. 北京：中国财政经济出版社，2008.

（2）2008—2009 年国家级经济技术开发区数据来源：中国投资指南网站，http：//www.fdi.gov.cn/1800000121_33_327_0_7.html.

（3）2010—2011 年国家级经济技术开发区数据来源：中国国家经济技术开发区和边境经济合作区，http：//ezone.mofcom.gov.cn/article/o/.

（4）2005—2011 年全国数据（不变价）来源：国家统计局网站，http：//www.stats.gov.cn/tjsj/ndsj/2012/indexch.htm.

表 3-10　　　2012 年 1—6 月国家级经济技术开发区第三产业数据

金额单位：亿元

经济指标	全国		131 家经济技术开发区		
	2012 年 1—6 月	同比增	2012 年 1—6 月	2011 年 1—6 月	同比增
地区生产总值	227 098.2	7.8%	21 860.5	19 131.86	14.26%
第三产业增加值	98 677.2	7.7%	5 135.12	4 356.21	17.88%

数据来源：中国国家经济技术开发区和边境经济合作区，http：//ezone. mofcom. gov. cn/ article/o/。

表 3-11　　　　2011 年国家级经济技术开发区第三产业数据　金额单位：亿元

经济指标	66 个东部经济技术开发区		38 个中部经济技术开发区		27 个西部经济技术开发区	
	2011 年	同比增	2011 年	同比增	2011 年	同比增
地区生产总值	28 623.5	19.96%	8 143.59	27.36%	4 589.84	38.64%
第三产业增加值	7 011.26	24.07%	1 459.91	46.34%	909.54	42.11%

数据来源：中国国家经济技术开发区和边境经济合作区，http：//ezone. mofcom. gov. cn/ article/o/。

表 3-12　　　2012 年 1—6 月国家级经济技术开发区第三产业数据

金额单位：亿元

经济指标	66 个东部经济技术开发区		38 个中部经济技术开发区		27 个西部经济技术开发区	
	2012 年 1—6 月	同比增	2012 年 1—6 月	同比增	2012 年 1—6 月	同比增
地区生产总值	14 967.23	12.08%	4 589.75	20.9%	2 303.51	16.25%
第三产业增加值	3 852.04	17.67%	828.99	24.24%	454.09	9.29%

数据来源：中国国家经济技术开发区和边境经济合作区，http：//ezone. mofcom. gov. cn/ article/o/。

表 3-13　　　2013 年 1—3 月国家级经济技术开发区第三产业数据

金额单位：亿元

经济数据	91 个东部经济技术开发区	51 个中部经济技术开发区	43 个西部经济技术开发区
地区生产总值	9 355.28	2 801.94	1 478.91
第三产业增加值	2 418.16	468.36	284.52

数据来源：中国国家经济技术开发区和边境经济合作区，http：//ezone. mofcom. gov. cn/ article/o/。

三、国家级经济技术开发区服务业集聚程度偏低

2005—2011 年，国家级经济技术开发区服务业区位熵 LQ 基本在 0.51～ 0.55 间微幅波动，显示其服务业集聚度偏低；东部的服务业集聚度高于西部地区，而中部的较低（见表 3-14）。这一结果与上述国家级经济技术开发区第三产业增速中部最高、西部居次，而东部相对较低的格局并不矛盾，因为服务业区位熵是服务业产值相对于地区生产总值的相对量。

表 3-14　　2010—2011 年国家级经济技术开发区第三产业区位熵

年份	全国	东部	中部	西部
2005	0.518 466 321	—	—	—
2006	0.527 576 629	—	—	—
2007	0.541 459 325	—	—	—
2008				
2009				
2010	0.518 820 65	0.565 846 048	0.372 784	0.461 936 072
2011	0.541 463 681	0.584 729 829	0.427 949	0.473 049 046

说明：（1）国家级经济技术开发区第三产业区位熵＝（开发区第三产业值/全国第三产业值）/ （开发区地区生产总值/国内生产总值）。

（2）国家级经济技术开发区数据来源：中国国家经济技术开发区和边境经济合作区，http：// ezone. mofcom. gov. cn/article/o/，全国数据（不变价）来源：2012 年《中国统计年鉴》，国家统计局 网站 http：//www. stats. gov. cn/。

城市服务业集聚路径之二：基于城市功能区的现代服务业集聚

中国科学院可持续发展战略研究组主持编写的《2012 中国新型城市化报告》称，2011 年中国城市化率首次突破 50%，表明我国已经进入城市化加速发展阶段。伴随着城市化发展，"十一五"时期我国经济较发达的城市开始规划城市功能区，并进一步在城市功能区基础上规划现代服务业集聚区，使具有要素资源优势的城市功能区成为现代服务业集聚区的重要载体，而现代服务业集聚区的发展也进一步强化了城市功能区定位，两者实现互动发展。因此，基于城市功能区的现代服务业集聚成为城市服务业集聚演化路径的第二步。

为方便查阅，作者将第四章、第五章相关数据整理成表，放在本书末的附录中，即附表 4-1 至 4-12、附表 5-1 至 5-28。附表中主要是北京、上海、广州现代服务业区位熵，以及全国 30 个中心城市服务业区位熵。作者依据 EPS 的数据计算出区位熵，EPS 数据来源于年度《中国统计年鉴》、《中国区域经济统计年鉴》、《中国城市统计年鉴》等。

第一节　城市功能区和现代服务业集聚区

2012 年，北京市服务业增加值达到 1.36 万亿元，服务业比重达到 76.4%[1]，高出全国平均水平 31.8 个百分点。"产业结构进一步优化升级，服务业比重达到 78%以上"被写入 2013 年 2 月发布的北京政府工作报告中。城市功能区和现代服务业集聚区的规划与建设在促进北京市产业结构转型中起到了重要的助推作用。

---

[1]　北京统计信息网，北京市 2012 年国民经济和社会发展统计公报，http：// www.bjstats.gov.cn/xwgb/tjgb/ndgb/201302/t20130207 _ 243837.htm.

一、城市功能区

（一）城市功能区的内涵

城市功能是指城市在一定区域、国家乃至世界范围内所发挥的政治、经济、科技、文化等方面的作用。城市功能的变化取决于城市底层结构与城市空间的变迁。1993 年 8 月，国际现代建筑协会第四次会议通过的《雅典宪章》中指出，居住、工作、交通与游憩是城市最基本的四大功能。1977 年的《马丘比丘宪章》则进一步明确提出，"必须努力把城市创造成一个综合的、多功能的环境"。城市功能区是能实现相关社会资源空间聚集、有效发挥某种特定城市功能的地域空间，集中地反映了城市的特性，是城市有机体的一部分，是现代城市发展的一种形式。颜芳芳（2010）[1]提出了城市功能区的四个主要特点：

一是各类要素高度聚集。同一类经济社会活动的土地利用方式相同，决定了其对空间区位、基础设施等发展环境的要求往往是相同的，这会导致同一类活动在城市空间上的聚集，从而形成城市功能区。而与这类活动相关的各种要素如人才、资本、信息、研究成果等会在相应的功能区内聚集。

二是集聚辐射效应明显。城市功能区具有很强的集聚效应，它可以降低功能区内企业的运行成本，提高运营效率，在相对有限的地域空间中创造出巨大的经济产出。此外，城市功能区还具有较强的辐射扩散能力，将功能区的优势能力如技术、管理、观念、资金等向周边地区渗透，带动周边地区的发展。但这种扩散能力的大小也是有差别的，与行政区和居住区等非经济功能区相比，工业区、商务区等经济功能区具有更强的辐射扩散能力，会推动周边地区经济、社会的演化与发展。

三是经济社会效益显著。城市功能区是区域比较优势和核心竞争力的现实反映。经济功能区通常具有较高的经济效益，是城市经济发展的动力源泉，是区域收入的主要来源，对就业具有很强的拉动作用。非经济功能区的高效益则反应在社会效益上。行政功能区内行政机关密集，方便处理社会事务，提高了城市运行的效率。

四是具有明显的"城市名片"效应。城市功能区尤其是经济功能区是一个城市最具代表性的地区，是"城市名片"，是一个城市的品牌和现代化的象征与标志。城市功能区的成功建设对提高城市的知名度和美誉度，扩大城市的影响，提升城市的文化品位具有重要意义。

---

[1] 颜芳芳. 城市功能区发展模式研究 [J]. 经济研究导刊，2010（12）：134-136.

（二）城市功能区的类型

功能区的分类标准有很多，根据与经济的相关程度，分为非经济功能区和经济功能区。非经济功能区是指行政区、居住区等与产业活动无直接关系的聚集区域。经济功能区是体现一个城市或区域经济核心发展能力的重要标志。经济功能区一般都有自己的主导产业，有较强的发展能力、经济控制能力和聚集扩散能力。在现代城市发展的进程中，经济功能区不仅要满足本城市的功能需求，而且会在更大区域的产业分工体系中占据重要位置，满足区域乃至全球化不同经济功能的需求。

随着社会经济的发展和社会分工的进一步深化，经济功能区的细分成为一种必然趋势。按照主导产业的不同，经济功能区可细分为工业区、科技园区、商务区、商业区和旅游区等。

1. 工业区

传统工业区是依托区域丰富的煤、铁等资源，以大型工业企业为核心逐渐发展起来的工业地域。传统工业区以煤炭、钢铁、机械、化工等传统工业为主。由于这些传统工业占地多、耗水耗电多、排污量和噪音污染大，因此工业区一般布局在城郊，区内大都是低矮的工业厂房，如德国鲁尔工业区、美国五大湖工业区等。第三次科技革命的发展在推动经济发展的同时，对传统工业造成了较强的冲击，使传统工业区开始走向衰落。而在发达国家的一些没有传统工业基础的区域，逐渐出现了以灵活多变的中小企业为主的工业地域，即新兴工业区，如德国慕尼黑、意大利普拉托等。与传统工业区相比，新兴工业区实现了产业结构的更新，主要以低能耗、污染小的轻型工业为主。

2. 科技园区

在以微电子技术为核心的新技术革命推动下，电子信息、航空航天、生物工程等一系列新兴产业逐步形成发展起来，并带动了一批以这些新兴产业为主导的科技园区的发展。科技园区以技术创新为特色，以发展高新技术、推动高新技术产业化为基本目的。世界各国的科技园区名称各不相同，如美国称为"科技工业园"、日本称为"科学城"、中国则称为"高新技术开发区"。虽然各地科技园区受本地文化、经济发展水平以及发展方式不同影响略显不同，但总体上都呈现以下特征：园区以高新技术企业为主，其产品以高技术含量和高附加值为特征；园区实行有利于技术创新的公共政策；一流的大学、重要的研究机构是园区发展的重要依托；良好的基础设施是园区发展的基本条件等。

3. 商务区

商务区是一个城市现代化的象征与标志，是城市的功能核心，一般位于城市的黄金地带，区内集中了大量的金融、商贸、文化等服务业企业以及大量的商务办公设施和酒店、公寓等配套设施，土地利用率较高。区内具有完善的交通、通信等现代化的基础设施和良好的发展环境，有大量的公司、金融机构、企业财团在这里开展各种商务活动。

4. 商业区

商业区是指城市内部市级或区级商业网点集中的地区。商业区一般都位于城市中心或交通方便、人口众多的地段。通常以大型批发中心和大型综合性商店为核心。商业区的特点是商店多、规模大、商品种类齐全，特别是中档商品和名优特种商品品种多，可以满足消费者多方面的需要，向消费者提供最充分的商品选择余地。城市中的商业街既有历史形成的传统商业街，如北京王府井、上海南京路等，也有一些现代化的专业商业街，如北京马连道茶叶街、三里屯的酒吧一条街、东直门内的簋街等。

5. 旅游区

旅游区是表现社会经济、文化历史和自然环境统一的旅游地域单元。一般包含许多旅游点，由旅游线连接而成。特色旅游区是指将物质、精神或文化等要素与旅游紧密结合，赋予其更丰富的含义，从而实现吸引游客、刺激旅游消费目的的旅游区。将旅游与文化、特别是与民族文化相结合的旅游区，是特色旅游区发展的主流。如代表美国文化的迪斯尼乐园、代表中国宋代文化的杭州宋城等，都因将文化深植于旅游而获得了巨大的成功。

(三) 城市功能区的发展模式

受功能区所在区位、发展条件以及区域环境等各种因素的影响，不同城市功能区的发展模式存在一定的差异。根据国内外典型城市功能区发展研究，可将城市功能区发展模式归纳为以下几种类型：

1. 市场自发形成

市场自发形成的功能区通常是某一特定区域，由于其区位、资源特点等适合某一类型产业企业的生存和发展，而吸引相关的企业在该区域不断聚集，久而久之形成具有一定规模的聚集区。美国硅谷高科技园区、伦敦金融城等城市功能区都是自发形成的典型案例。

美国硅谷是以市场为主导的发展模式。政府对科技园区的发展并不直接介入，主要是提供自由的创新环境和健全的法律环境。硅谷内的企业通过市场化运作促进自主创新的高科技成果产业化。硅谷独特的人才引进和激励机制、产学研的密切结合、大量风险资本的推动、完善的中介服务体系，形成了硅谷不断发展的动力。伦敦金融城也是市场自发形成的城市功能区。从 17

世纪下半叶起，银行、保险等机构就开始在金融城集聚，逐渐形成了货币市场、资本市场、外汇市场、保险市场、黄金市场、衍生金融工具市场于一体的金融市场结构体系。金融机构齐全，服务现代化的金融城，支配着英国的经济命脉。英国政府只是针对金融城发展阶段遇到的不同问题，出台相应的政策，支持金融业的发展。

市场自发形成机制的优点有二：一是功能区的成长发展符合市场规律，能够充分满足市场主体的需求；二是功能区产业业态的发展，是基于产业间相互关联程度而逐步发展起来的，能够形成良好的产业生态网络体系。但是，该模式由于市场主体在集聚过程中具有某种程度上的自发性和无序性，发展初期没有进行统一规划，也缺乏统一的开发机制，开发建设较为分散，这就需要有关政府部门注意规范市场交易秩序，引导市场主体进行有序的集聚，完善周边配套设施，给市场主体创造良好的外部生存环境。

2. 自发形成与后期政府规划引导

自发形成与后期政府规划引导的发展模式是市场和政府两种力量结合的结果。自发形成的功能区在发展到一定阶段和水平后，有些需要一定的政府力量逐步介入到功能区的发展和完善中。政府通过制定科学合理的发展规划，对功能区的产业升级、功能定位、建设标准、空间布局、公共配套和服务设施建设等进行新的定位和引导，提高功能区的规模效益。纽约曼哈顿中央商务区、英国谢菲尔德文化产业园等城市功能区都是该模式的典型案例。

自发形成与后期政府规划引导不仅能够充分体现市场自发形成模式的优点，而且通过市场和政府的有机结合可以更好地实现资源的优化配置：一是通过政府规划，可以进一步明确功能区的发展方向，优化功能区的整体结构和布局。二是可以进一步完善功能区的配套和服务，优化功能区发展环境。

在以该模式推进城市功能区建设的过程中需要注意的问题是，在后期政府规划引导时，一方面要注重保护原有的适合功能区发展的条件，避免因环境变化导致原有产业向外迁移现象出现；另一方面，要积极通过政府规划引导市场主体有序集聚发展，不断完善基础设施、道路交通体系等建设，解决原有自发模式出现的各种障碍。

3. 政府主导规划与开发

政府主导规划与开发模式是政府相关部门新划出一块区域进行规划，重点发展某些产业，并集中大量投资建设这些产业赖以生存发展的基础设施，实行招商引资特殊优惠政策，吸引大量区外企业入驻，最终形成特定产业集聚区。较为典型的是东京新宿商务区。

该发展模式的优点主要体现在以下三方面：一是政府规划引导的城市功能区空间布局一般较为合理。该类城市功能区，在建立之初就明晰了功能区的发展思路、重点产业、主导功能以及开发建设阶段等关键问题，并根据其产业和功能定位进行合理的空间布局和功能区位划分，从而为功能区未来的进一步拓展和提升预留足够的空间，使其能够很好地规避拥挤效应突出的发展阶段。二是政府能够为产业发展、产业集聚提供良好环境。此环境不仅包括政府政策法规的完善和落实、市场行为的监管和政府办公效率等软环境，而且包括各种基础设施、公共设施等硬环境。通过政府的统一规划与开发，城市功能区建设能够较好地协调经济效益、社会效益和生态效益，实现综合效益的最大化。三是在政府规划开发下，招商目标较为明确，有利于区域形成若干优势集群。政府通过重大项目招商、园区招商、品牌招商等一系列市场化运作手段，能够引入一系列经营规模大、经济效益好、符合产业政策的行业重点企业及配套企业，促进集聚区快速形成与发展，而且政府一些重大项目的品牌效应能迅速提升整个区域形象，提升该区域的影响力与吸引力。

以该模式推进城市功能区的发展要注意以下两个方面：一是要依托现有的产业基础和区域资源环境特点，来规划聚集区产业发展方向；二是要注重发挥市场机制的作用，根据市场发展需求，加强宏观规划引导。

4. 政府规划引导与企业化运作

政府规划引导与企业化运作模式是指在区域规划开发过程中，采取"政府引导、企业运作、整体规划、分步实施"的开发策略，政府制定该区域的整体规划和产业发展方向，并由政府组建专业化的开发机构承担起聚集区具体规划、建设和开发的具体工作。巴黎拉德芳斯商务区是该模式的典型代表。

该模式除了具有政府主导规划与开发模式所呈现的空间布局合理、产业环境完善、招商目标明确等优势外，还具有一些独特的自身优势，这主要表现在：一是可以保证整个区域建设进度的可控性，而且能够保证区域建筑风格的协调性、绿化等公共基础设施建设比例的合理性；二是在这种模式中，开发公司自持物业和相关政策优惠相结合，能够充分体现政府规划意图，有效地引导了功能区产业发展方向，实现了功能区、客户和公司三者的多赢。但是，该发展模式的有效实施需要政府为聚集区的发展提供充足的资源，以及资金、政策等方面的强力支持，以保证政府规划的有效实现。

5. 政府规划引导与多主体参与开发

政府规划引导与多主体参与开发是指政府主导区域的整体规划，并联合多家专业机构组成一个组织管理机构，有协调地分工进行具体的土地开发、商业开发和对外招商的模式。荷兰阿姆斯特丹史基浦机场航空城是中央政府、地方政府、机场、专业开发机构和协作机构合作开发的成功典范。

该模式可以有效避免各自规划、单独开发模式所导致的区域内部的竞争和牵制，并具有一些明显的优势：一是密切了政府、企业、当地居民等相关主体的沟通与联系，有效协调避免了不同利益主体的冲突；二是可以有效整合区域的管理资源、土地资源、产业资源、人力资源、交通资源等，实现区域总体规划和产业发展规划与各个子区域规划的有效衔接，保证政府规划的有效实施。

（四）城市功能区的空间布局

城市功能区的出现和发展促进了城市结构的优化，城市结构的特点，就是一个城市内部功能区分布和发展的特点。归纳起来，基本的城市功能区空间结构模式有三种：

1. 同心圆模式

美国芝加哥大学社会学教授伯吉斯于 1925 年最早提出同心圆城市地域结构理论。这一理论认为，城市以不同功能的用地围绕单一的核心，有规则地向外扩展形成同心圆结构。这一理论实质上是将城市的地域结构分为中央商务区、居住区和通勤区三个同心圆地带。中央商务区主要由中心商业街、事务所、银行、股票市场、高级购物中心和零售商店组成。中央商务区的外层是居住区。而通勤区位于居住环境较好的郊区，分布着各种低层高级住宅和娱乐设施，高收入阶层往返于城郊间的通勤区。

2. 扇形模式

美国土地经济学家霍伊特通过对 142 个北美城市房租的研究和城市地价分布的考察得出，高地价地区位于城市一侧的一个或两个以上的扇形范围内，呈楔状发展；低地价地区也在某一侧或一定扇面内从中心部向外延伸，扇形内部的地价不随离市中心的远近而变动。城市的发展总是从市中心向外沿主要交通干线或沿阻碍最小的路线向外延伸。也就是说，城市地域的某一扇形方向的性质一旦决定，随着城市成长扇形向外扩大以后也不会发生很大变化。

按照霍伊特的扇形理论，城市地域结构被描述为：中央商务区位居中心区；批发和轻工业区沿交通线从市中心向外呈楔形延伸；由于中心区、批发和轻工业对居住环境的影响，居住区呈现为由低租金向中租金的过渡，高房租却沿一条或几条城市交通干道从低租金区开始向郊区呈楔形延伸。

3. 多核心模式

美国地理学者哈里斯和乌尔曼在研究不同类型城市地域结构情况下发现，除了 CBD 为大城市的中心外，还有支配一定区域的其他中心的存在。这些核

心的形成主要有以下四方面原因：

其一，某些活动需要专门性的便利，如零售业地区在通达性最好的地方、工业需要广阔的土地和便利的交通。

其二，由于同类活动因素集聚效果而集中。

其三，不同类活动之间可能产生利益冲突。

其四，某些活动负担不起理想区位的高地价。

这一理论认为：城市是由若干不连续的地域所组成，这些地域分别围绕不同的核心而形成和发展。中央商务区不一定居于城市的几何中心，但却是市区交通的焦点。批发和轻工业区虽靠近市中心，但又位于对外交通联系方便的地方。居住区分为三类，低级住宅区靠近中央商务区和批发、轻工业区；中级住宅区和高级住宅区为了寻求好的居住环境常常偏离城市的一侧发展，而且他们具有相应的城市次中心；重工业区和卫星城则布置在城市的郊区。

多核心模式是城市功能进一步细分的结果，是不同资源环境满足不同城市功能的结果，是资源优化配置的结果。

二、现代服务业集聚区

20 世纪 80 年代以来，以纽约、伦敦、巴黎、东京为代表的国际大都市加快从制造业转向发展服务业，步入后工业化以服务经济为主导的发展阶段，现代服务业规模持续扩大。许多大城市都把建设现代服务业集聚区，促进现代服务业发展作为增强城市国际竞争力的一个十分重要的战略举措。顺应世界经济结构转型的趋势，21 世纪初，以城市功能为载体的现代服务业集聚区已成为我国城市发展现代服务业的重要模式，也是实现经济发展方式转型的重要举措。然而，面对这一全新的概念，社会各界并没有一个共识。

（一）现代服务业集聚区定义

现代服务业集聚区是上海在全国率先提出的概念。为了促进上海现代服务业的发展，加快形成以服务经济为主的产业结构，2004 年上海市经委在《上海现代服务业集聚区"十一五"发展规划》中指出，现代服务业集聚区一般是指按照现代理念统一规划设计，依托交通枢纽和信息网络，将商务楼宇、星级宾馆、商业设施以及相关的生产生活服务配套设施合理有效地集中，在一定区域内形成功能集聚，形态美观，内外连通，生态协调，资源节约，充分体现以人为本，具有较强现代服务产业集聚能力的区域，也称为微型 CBD（中央商务区）。2007 年，江苏省借鉴上海的经验，出台了推进服务业集聚区建设的政策意见，较早引导开展服务业集聚区建设。将服务业集聚区定义为按照现代经营管理理念，以某一服务产业为核心，以信息化为基础，在一定区域内集聚而成的服务企业集群。重点发展中央商务区、创意产业园、科技创业园、软件园、现代物流园、产品交易市场等 6 大类型服务业集聚区。2010 年，浙江省提出，现代服务业集聚区是按照现代经营管理理念，同类或相关服务业企业集聚互动，所形成的具有较强资源整合和辐射带动功能的集聚区域总称。并重点规划建设物流园区、总部基地、科技创业园、创意产业园、软件与服务外包基地、文化商旅综合体、新型专业市场、综合性生产服务集聚区等 8 种类型现代服务业集聚区。之后，其他地区相继出台规划、建设现代服务业集聚区。

显然，现代服务业集聚区的定义是政府从政策层面提出的，不同于学术界从功能、空间角度提出的定义，更多概括的是现代服务业集聚区的建设目标和建设途径，而非本质属性，不是理论上严谨的定义。包晓雯、冯筱（2011）[1]47-49立足于理论、实践及决策者三方结合，主张将"现代服务业集聚区"概念一般化，即现代服务业企业及其相关机构以一定规模在一定空间范围内集聚。在现代服务业集聚区中服务企业处于核心地位，直接为市场提供服务产品或服务过程，并接受市场的信息反馈，此外，集聚区中还包括相关机构、基础设施以及政策和人文环境。综合上述研究，现代服务业集聚区是指相互联系的现代服务企业及其相关机构在一定地域范围内集聚，它们相互协作、相互竞争，并根植于当地社会文化环境中的社会经济综合体。

现代服务业集聚区的构成如图 4-1 所示。

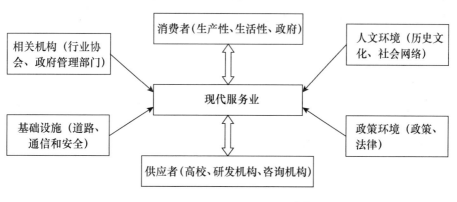

图 4-1 现代服务业集聚区构成[1]

---

[1] 包晓雯，冯筱. "现代服务业集聚区"概念之辨 [J]. 经济师，2011 (11).

（二）现代服务业集聚区的主要特征

1. 以城市功能区为载体

现代服务业提供的服务具有知识和技术含量高、高度定制、交互性强等特点，因此，现代服务业一般趋向集聚在基础设施和信息网络发达、生产和生活环境质量高、市场需求旺盛、经营环境开放的地区。如大多数高端服务业都集聚城市功能区。这些城市功能区提供的基础设施、丰裕的信息要素，高素质人力资源，往往成为跨国公司总部、国际金融中心、贸易中心、物流中心、信息中心的集聚地。可以说，现代服务业集聚区天然产生并发展于城市功能区，城市功能区是现代服务业集聚区的载体，现代服务业集聚区的发展则进一步强化了城市功能区定位，两者实现互动发展。

2. 智力资源密集

由于现代服务业知识化和信息化程度比较高，相对于制造业，现代服务业集聚区的发展对外部环境尤其是人才资源、相关产业发展以及政府管理水平的要求更高，而受原材料成本等因素影响较小。充裕和自由开放的劳动力市场，以及教育和研发机构提供的智力支持和储备，使得各种生产要素围绕高科技人力资源集聚，从而带动地区产业的发展与升级。

3. 竞合关系显著

由于集聚区的企业大多是相关产业或支持性产业交错在一起，企业间相互依存，存在显著的竞合关系。相对于制造业集聚区而言，现代服务业集聚区更多是水平关联型集群，集群企业面对共同的市场和用户，企业间基于大都市的基础和吸引更大的共同客户而集聚，以提供差异化的服务避免同质竞争。

4. 具有创新性

随着技术创新速度的加快，规模经济对竞争力的影响在下降，创新能力以及对市场变化的快速反应成为决定竞争力的主要因素。一方面，现代服务业为制造业提供的服务有助于制造业的创新；另一方面，现代服务业集聚区企业间的共享和交流机制亦为自身的创新发展提供了基础和条件。可以说，现代服务业集聚区在区域创新体系中发挥重要作用。

5. 地缘性强

现代服务业集聚区不是以行政区域来划分，而是以地理的近邻性为界限，该区域可大可小。虽然现代化的通信技术尤其是网络技术的发展使得人们的交流和沟通变得更为便捷，但是因近邻带来的面对面交流和协调的便利仍然是无法取代的。

（三）现代服务业集聚区的种类

随着现代城市服务经济的发展，国内外发达城市形成了不同种类的现代服务业集聚区。概括而言，比较常见的现代服务业集聚区主要有以下几种：

1. 中央商务区

中央商务区（CBD 或微型 CBD）以城市经济为核心，以金融、商贸、商务活动为主体，高级酒店、高级零售和高级公寓相配套，企业总部、地区总部集中，一般位于交通通达性良好的城市中心区域。CBD 高度集中了城市的经济、科技和文化力量，同时具备金融、贸易、服务、展览、咨询等多种功能。CBD 是一个国际大都会的名片，具有超强的跨区域乃至跨国的经济辐射力，如纽约曼哈顿、伦敦金融城、巴黎拉德芳斯、东京新宿、香港中环、深圳福田 CBD 等。

2. 现代物流园

现代物流园以现代物流产业为主体，以物流园区建设为主要形态，一般重点布局在城市规划区和工业开发区内，形成社会化加工、配送、分拣、包装、仓储、运输、货代、信息有效集中的区域。物流园区以集聚第三方或第四方物流企业为主，在提供仓储、运输等传统服务的同时，拓展保税物流、仓单质押、信息整合等服务。园区布局主要有两个倾向：一是依托交通枢纽布局，倾向于布局在邻近机场、港口、铁路站场、公路结点等区域；二是围绕需求中心布局，倾向于布局在产业集群、开发区（园区）、专业市场和中心城市近郊等区域。

3. 创意产业园

创意产业园主要以研发设计创意、建筑设计创意、文化传媒创意、咨询策划创意和时尚消费创意等企业为主体，以城市内的保护性开发建筑或存量土地为载体，通过创意设计和改造，成为激发创意灵感、吸引创意人才、集聚创意产业的场所。创意产业园布局倾向于专业人才集中、具有历史文化特色资源以及生态环境良好的区域，主要利用工业遗存和历史建筑改造形成。

4. 科技创业园

科技创业园是以科技创业为重点，以技术公共服务平台和产业孵化为载体，为各类中小企业提供各类专业技术服务的，集技术检测、技术推广服务、工程和技术研究与试验、成果转化等功能于一体的区域。科技创业园主要依托科技资源集中区和产业需求区布局，把科研机构与本地需求有机结合起来。一是布局在高技术新产品生产制造基地，依托生产制造业的研发需求形成集中布局。二是邻近理工类院校等研发人才集中区布局，或者直接设在院校

内部。

5. 服务外包基地

服务外包基地包括软件和金融后台业务等的服务外包。如软件服务外包基地布局倾向于科研力量集中、软件产业已具备一定规模的地区，与知识要素分布紧密相关。通过整合软件企业、高校和相关研究机构，承接国际软件服务外包，发展嵌入式软件、集成软件等相关产业。

6. 文化商贸旅游区

文化商贸旅游区或以商业为核心，或以旅游为核心，形成集购物、旅游、娱乐、休闲、餐饮等多种功能为一体的建筑群体或区域。随着经济发展水平的提高，居民对文化、商贸、旅游等服务的要求也不断提高，更加注重服务的综合性和配套性。文化商贸旅游区具体形式可以多种多样。一是超大规模购物中心（Shopping Mall）模式，即依托传统商贸业拓展服务功能，形成具有多种业态的建筑。二是特色街区模式，即依托历史文化等特色资源，建设主题鲜明的街区。三是景区拓展模式，即依托旅游景区，集聚住宿、餐饮、休闲等经营主体。

（四）现代服务业集聚区对经济发展的促进作用

1. 现代服务业集聚区是调整产业结构、实现经济增长方式转变的动力

国际经验表明，只有以服务经济为主的经济结构才能实现经济可持续发展。由于现代服务业集聚区产业关联度强，具有资源共享、规模经济的特点，有利于整个社会服务网络的形成、知识交流与服务创新，从而可为服务经济拓展新的空间。在土地和资源硬约束的条件下，转变经济发展方式的关键环节是节能降耗、环保和节约用地。通过对现代服务业集聚区合理布局和有效开发，促进现代服务业集聚，实现集约用地、经济增长方式的转变。

2. 现代服务业集聚区是提升城市综合功能的载体和改善城市形象的新亮点

现代服务业集聚区，能塑造城市功能和特色，显示城市的集聚功能和形象，凸显城市的竞争力。

3. 现代服务业集聚区是加快发展现代服务业和提高现代服务业水平的有效途径

基于产业关联效应和社会网络效应而形成的现代服务业集聚区，具有资源共享、服务网络系统配套和品牌效应的特征，客观上为现代服务业发展构筑起一个良好的产业生态环境；通过集聚区内企业之间的竞争与合作机制，提高了服务产品的有效供给水平，为现代服务业发展拓宽了市场空间。

4. 现代服务业集聚区有利于提高现代服务业的国际竞争力

一方面，现代服务业集聚区能集聚商业、会展等各类服务业，成为总部集中地，为总部集中地服务；另一方面，现代服务业集聚区是辐射全国经济的重要载体，而区域经济也会为现代服务业的发展提供巨大的机会。

第二节 基于城市功能区的北京服务业集聚

一、北京市"十二五"时期四大主体功能区规划

2005 年 5 月，北京市委、市政府出台了《关于区县功能定位及评价指标的指导意见》，[1]率先在全国探索实行区县功能定位，分类指导区域发展。2006—2010 年，四类功能区特色分工的产业发展格局初步形成。2012 年 7 月，在前期四大功能区建设基础上，新出台更为完善的"十二五"北京市四大主体功能区规划（见图 4-2），四大主体功能区都注重规划现代服务业集聚区。

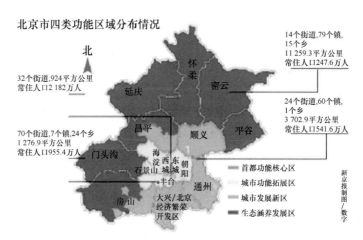

图 4-2 北京市"十二五"时期四大主体功能区规划[1]

（一）首都功能核心区

优化金融街发展环境。进一步发挥金融街作为首都经济名片的作用，加强配套服务设施建设，集聚金融人才，打造高端特色金融产业，加快金融街建设

---

[1] 北京市主体功能区规划，http://zhengwu.beijing.gov.cn/ghxx/qtgh/t1240927.htm.

与发展的国际化进程，并以金融街为核心，南北双向拓展，带动区域整体提升。

优化重点功能街区。稳步提升传统商业服务业和生产者服务业，改造提升西单、王府井等传统商圈，支持东二环高端服务业发展带、和平里商务新区、永外现代商贸区加快发展。引导传统文化的传承融合，打造前门、什刹海、天桥等传统特色文化街区。实施好德胜科技园、广安产业园、雍和文化创意集聚区、龙潭湖体育产业园区等重点功能街区建设。

（二）城市功能拓展区

"十二五"期间，强化高端功能区梯次发展。加强对中关村国家自主创新示范区、中心商务区（CBD）、奥林匹克中心区三大功能区的市级协调管理，完善配套服务；高起点、高标准培育丽泽金融商务区、新首钢高端产业综合服务区、永定河绿色生态发展带、大红门时尚创意产业集聚区等一批新高端产业功能区。

到 2020 年的发展任务是：依托中关村国家自主创新示范区、中心商务区（CBD）和奥林匹克中心区三大高端产业功能区，全面建设具有全球影响力的科技创新中心、国际商务中心和国际文化体育会展中心，加快培育丽泽金融商务区和新首钢高端产业综合服务区，大力发展高新技术产业和高端服务业，不断提升区域财富创造、国际交往与和谐宜居水平。

（三）城市发展新区

打造高技术制造业、战略性新兴产业和现代服务业集群发展区。大力发展电子信息、生物医药与医疗器械、汽车与轨道交通装备、石化新材料、航空航天等五大高端制造业，衍生带动物流分销、金融服务等生产者服务业发展。着力优化北京经济技术开发区、国家新媒体产业和生物医药产业基地等现有产业园区，重点建设新能源汽车产业园、数字电视产业园、星网工业园、中航工业北京航空产业园、北京石化新材料科技产业基地、窦店高端现代制造业基地等高端制造业专业集聚区，努力形成一批国际一流、特色鲜明、高端高效的产业发展园区。

（四）生态涵养发展区

大力推进绿色产业培育。加快怀柔文化科技高端产业新区和平谷中国乐谷建设。积极推进沟域经济发展，开发建设中瑞生态谷、中芬生态谷、司马台—雾灵山、延庆百里山水画廊等一批品牌沟域，实现休闲旅游、文化创意、会议会展等服务业的融合发展；平原地区依托市级产业园区和乡镇工业集聚区，加快高技术制造业、科技研发、文化创意、生态农业等环境友好型产业发展，加大新能源和可再生能源产业扶持力度，加快都市型现代农业发展，实现生态建设与经济发展的互促互动。

2006—2010 年，北京四大主体功能区地区生产总值的年均增长率超过 13%。以发展现代服务业为主的城市功能拓展区和首都功能核心区，地区生产总值分别列第一、第二位，均高于以发展现代制造业为主的城市发展新区、以发展现代农业为主的生态涵养发展区，因此，北京现代服务业的发展强化了四大主体功能区的定位（见表 4-1）。

表 4-1　　　　　　　　　　2006—2010 年北京市功能区域发展情况

年份	地区生产总值							
	首都功能核心区		城市功能拓展区		城市发展新区		生态涵养发展区	
	实际值（亿元）	增速（%,以现价计算）	实际值（亿元）	增速（%,以现价计算）	实际值（亿元）	增速（%,以现价计算）	实际值（亿元）	增速（%,以现价计算）
2006	1 934.9	13.2	3 590.1	13.9	1 434.9	18.7	347.0	12.5
2007	2 305.0	19.1	4 215.8	17.4	1 699.4	18.9	395.9	15.4
2008	2 666.8	15.7	5 264.2	24.9	2 070.1	21.7	450.2	13.7
2009	2 937.9	10.2	5 703.3	8.3	2 468.7	19.3	494.2	9.8
2010	3 281.3	11.7	6 606.0	15.8	2 994.5	21.3	561.5	13.6
均值	2 625.18	13.98	5 075.96	16.06	2 133.52	20.00	449.76	13.00

说明：（1）2006、2007 年各功能区域地区生产总值为当年核算数，均未按二经普口径调整；2008、2009 年数据为二经普后年度核算数；2010 年为初步核实数。

（2）增速均以现价计算。

数据来源：北京市统计局网站，2012 北京统计年鉴，http：//www.bjstats.gov.cn/nj/main/2012-tjnj/index.htm。

二、基于城市功能区的北京 CBD 现代服务业集聚

中央商务区（Central Business District）的概念起源于 20 世纪 20 年代的美国，其含义为商业活动汇聚之地。CBD 现代服务业集聚是指在 CBD 区域内，大量产业关联密切的现代服务性企业及其相关支撑机构在空间上集聚的现象。CBD 是现代服务业集聚区的一种，也是城市扩大现代服务业规模的有效途径，已成为我国一些经济发达地区促进现代服务业发展的重要产业组织形式。

（一）北京 CBD 发展经历的三个阶段

自 20 世纪 50 年代起，北京逐步发展重化工业，70 年代末，重化工业已经达到北京工业的 60% 以上。由于当时北京发展工业所需的能源和资源都比较匮乏，水、煤、电等供应都很紧张，因此，在 80 年代初修订的北京总体规

划中就明确提出要控制工业发展，并且在 1993 年版总规划中进一步明确要发展适合首都特点的经济，借鉴发达国家城市功能区规划发展的经验，提出北京商务中心区（简称北京 CBD）概念。[1]北京 CBD 发展经历了三个阶段。

第一阶段（1993—2000 年）。1993 年国务院批复关于《北京市城市总体规划》，明确提出要在北京建立具有金融、保险、贸易、信息、商业、文化娱乐和商务办公等现代化多功能的商务中心区。北京 CBD 的兴建正是基于此时的城市定位。1998 年，北京市政府在《北京市中心地区控制性详细规划》中，将北京市商务中心区的范围确定在朝阳区内西起东大桥路、东至西大望路、南起通惠河、北至朝阳路之间大约 3.99 平方公里的这一区域，商务办公设施达到一定规模，初具商务中心区雏形。

第二阶段（2000—2009 年）。通过政府推动全面建设、规划引导发展、区域建设与产业促进、品牌培育并重，北京 CBD 国际形象和区域功能渐趋突出，功能完善的国际化现代商务中心区加快形成。

第三阶段（2009 年 5 月至今）。2009 年 5 月 11 日北京市政府同意了 CBD 东扩，即沿朝阳北路、通惠河向东扩展至东四环，新增面积约 3 平方公里。同时为了给将来的发展预留充分的发展空间，由朝阳北路向北到农展南路增加了大约 3.97 平方公里的规划区域。通过东扩，可拉动社会投资 1000 亿元，吸纳就业 15 万人，使 CBD 成为国际化资源高度聚集、总部经济发达、规划建设达到世界先进水平、具有国际影响力的商务中心区。[2]2005—2011 年间，北京 CBD 服务业主营业务收入由 584.1 亿元增加到 2 929.6 亿元，增幅高达 401.56%，其服务业集聚效应显著（见表 4-2）。

表 4-2　　　2005—2011 年北京 CBD 功能区服务企业主要经济指标　　　金额单位：亿元

年份	服务业企业经济指标				批发零售业经济指标			
	主营业务收入	增长速度（%）	利润总额	增长速度（%）	主营业务收入	增长速度（%）	利润总额	增长速度（%）
2005	584.1	—	182.3		1 523.2		68.8	
2006	799.1	36.81	148.2	−18.71	1 621.5	6.45	19.5	−71.66
2007	1 080.9	35.26	74.4	−49.80	2 434.3	50.13	93.7	380.51
2008	1 518.2	40.46	237.3	218.95	3 410.6	40.11	153.6	63.93
2009	1 683.3	10.87	370.9	56.30	3 237.3	−5.08	147.8	−3.78

[1] 秦立栓，秦晓雨，牛英华. 世界城市 CBD 比较与北京 CBD 的发展策略 [J]. 全国商情（理论研究），2012（21）：14.

[2] 数据来源：北京商务中心区 http：//www.bjcbd.gov.cn，截至 2013 年 7 月。

续表

年份	服务业企业经济指标				批发零售业经济指标			
	主营业务收入	增长速度（%）	利润总额	增长速度（%）	主营业务收入	增长速度（%）	利润总额	增长速度（%）
2010	2 688.9	59.74	615.6	65.97	4 846.3	49.70	316.5	114.14
2011	2 929.6	8.95	726.8	18.06	5 282.4	9.00	390.3	23.32

说明：以上各产业数据均为规模以上的数据。服务业企业经济数据不含市局保密单位数据。

数据来源：朝阳区统计信息网，http：//www.chystats.gov.cn。

（二）北京 CBD 现代服务业的起源及发展定位

1. 北京 CBD 现代服务业发展起源于酒吧服务业

国内外的 CBD 发展大都起源于零售商业，曼哈顿 CBD 的服务业发展最初是由零售业和航运服务业发展起来的，东京 CBD 则主要源于零售商业；国内上海、广州、武汉、深圳等地 CBD 的规划也都选择了商业基础较好的地块。北京 CBD 则因其地处首都使馆区的特殊位置，最早是从酒吧服务业发展起来的。迄今，三里屯等酒吧街仍然是金融企业家的约谈之地、文化创意人员的灵感源泉和商务服务的消费高地。

2. 北京 CBD 现代服务业发展重在高端服务业

国内外著名 CBD 的产业发展各有其重点，如金融商务服务业（纽约曼哈顿 CBD）、会展旅游服务业（巴黎拉德芳斯 CBD）、物流金融服务业（香港 CBD）和媒体动漫服务业（东京新宿 CBD）等。相比之下，北京 CBD 已发展成为高端服务业集聚区。一是国际金融机构集聚。各类金融机构 1 000 多家，其中外资金融机构 252 家，国际金融企业总部 30 余家。二是跨国公司总部集聚。拥有普华永道、麦肯锡等 200 余家世界级高端服务业企业，聚集了惠普、三星等近百家跨国公司研发机构，以及壳牌、丰田、通用等近 50 家跨国公司地区总部。三是国际传媒企业集聚。区域内共有文化传媒企业 1 800 余家，包括中央电视台、北京电视台、凤凰卫视等大型传媒企业，入驻阳狮集团、电通广告、WPP 集团等全球知名传媒企业，聚集华尔街日报、VOA、CNN、BBC 等 169 家国际传媒机构。四是最大的服务外包承接区和需求提供区域。已形成以国际金融为龙头、高端商务为主导、国际传媒聚集发展的产业格局。[1]

目前，进驻北京 CBD 的企业已经超过 2 万家，规模以上企业 8900 家，年均增长 27%；注册资本过亿元企业 184 家。其现代服务业发展呈现产业结

---

[1] 数据来源：北京商务中心区 http：//www.bjcbd.gov.cn，截至 2013 年 7 月。

构完善、重点行业突出、并行发展、互为借助、共同融合的特征。按资产口径排序，商务服务业、金融业、房地产业所占比重大；按企业数量口径排序，则商务服务业、房地产业、科学研究与技术服务和地质勘查业居前三位（见表4-3）。

表 4-3   **2009 年北京 CBD 现代服务业构成**

项目	单位（个）	比重	资产（千元）	比重
合计	5 329	—	56 814.1	—
信息传输、计算机服务和软件业	387	7.26%	412.9	0.73%
金融业	297	5.57%	19 845.3	34.93%
科学研究、技术服务和地质勘查业	686	12.87%	1 167.7	2.06%
卫生、社会保障和社会福利业	121	2.27%	180.3	0.32%
文化、体育和娱乐业	302	5.67%	363.2	0.64%
房地产业	1215	22.80%	9 775.5	17.21%
商务服务业	2101	39.43%	24 666.0	43.42%
环境管理业	26	0.49%	35.7	0.06%
教育	194	3.64%	367.6	0.65%

数据来源：北京商务中心区 http：//www.bjcbd.gov.cn。

3. 北京 CBD 现代服务业国际化特征尤其突出

北京 CBD 拥有国内外交集发展的信息优势和区位特色，吸引了国家级和世界级的服务中心、管理中心、投资中心和结算中心在此设置机构。它集中了北京市约 90% 的国际传媒机构，约 80% 的国际组织、国际商会，约 80% 的跨国公司地区总部，约 70% 的世界 500 强企业，约 70% 的国际金融机构，约 30% 的五星级酒店。国际交流频繁，多元文化交融，区内登记外籍人口近 4.4 万人，约占北京市的 50%。北京市约 50% 以上的国际性会议、90% 的国际商务展览在这里举办。北京 CBD 有望形成全球服务链接的中国支点，通过全球范围内配置资源要素，促进现代服务业发展。[1]

（三）北京 CBD 现代服务业集聚模式的特征

蒋三庚，王曼怡，张杰（2009）[2]通过分析北京 CBD 功能区现代服务业集聚发展情况，比较国际 CBD 产业集聚特征，并以相关产业集聚分类理论为依据，认为总体上北京 CBD 现代服务业表现出轮轴式集聚、卫星式集聚、网状式集聚并存的产业集聚特征。

---

[1] 张杰. 探索中央商务区现代服务业发展路径 [EB/OL]. http：//views.ce.cn/view/ent/201205/31/t20120531_23367762.shtml，2012-5-31.

[2] 蒋三庚，王曼怡，张杰. 中央商务区现代服务业集聚路径研究 [M]. 北京：首都经济贸易大学出版社，2009：130-132.

1. 轮轴式现代服务业集聚主要以金融业、传媒业为代表

北京 CBD 功能区内以金融、传媒业为代表的轮轴式产业集聚，目前正处于数量集聚和产业链条形成的快速发展阶段（见表 4-4、表 4-5）。

表 4-4　　　　　　　　　　2010 年北京 CBD 主要指标

重点产业	CBD		其中			
			CBD 原核心区		CBD 东扩区	
	2010 年	增长速度	2010 年	增长速度	2010 年	增长速度
1. 现代服务业						
单位个数	1 226 个	2.9%	985 个	2.7%	241 个	3.9%
资产总计	12 983.5 亿元	60.3%	11 430.2 亿元	65.6%	1 553.3 亿元	29.9%
收入合计	1 995.5 亿元	35.8%	1 710.7 亿元	40.8%	284.8 亿元	12.0%
2. 金融业						
单位个数	102 个	12.1%	80 个	9.6%	22 个	22.2%
资产总计	7 330.3 亿元	131.6%	6 733 亿元	145.0%	597.3 亿元	43.2%
收入合计	376.9 亿元	106.3%	351 亿元	115.9%	25.9 亿元	28.9%
3. 文化创意产业						
单位个数	509 个	−0.6%	408 个	−0.5%	101 个	−1.0%
资产总计	497.0 亿元	15.1%	374.1 亿元	6.9%	122.9 亿元	49.9%
收入合计	632.4 亿元	25.9%	489.8 亿元	18.9%	142.6 亿元	57.7%

数据来源：北京商务中心区 http://www.bjcbd.gov.cn。

表 4-5　　　　　　　　　　2011 年北京 CBD 主要指标

重点产业	CBD		其中			
			CBD 原核心区		CBD 东扩区	
	2011 年	增长速度	2011 年	增长速度	2011 年	增长速度
1. 现代服务业						
单位个数	1 363 个	11.2%	1 099 个	11.6%	264 个	9.5%
资产总计	15 972.3 亿元	23.0%	13 844.6 亿元	21.1%	2 127.7 亿元	37.0%
收入合计	2 246.1 亿元	12.6%	1 907.4 亿元	11.5%	338.7 亿元	18.9%
2. 金融业						
单位个数	112 个	9.8%	88 个	10.0%	24 个	9.1%
资产总计	9 466.8 亿元	29.1%	8 460.6 亿元	25.7%	1 006.2 亿元	68.5%
收入合计	478.9 亿元	27.1%	392.4 亿元	11.8%	86.5 亿元	234.0%

续表

重点产业	CBD		其中			
			CBD 原核心区		CBD 东扩区	
	2011 年	增长速度	2011 年	增长速度	2011 年	增长速度
3. 文化创意产业						
单位个数	550 个	8.1%	441 个	8.1%	109 个	7.9%
资产总计	565.3 亿元	13.7%	450.3 亿元	20.4%	115 亿元	-6.4%
收入合计	691.7 亿元	9.4%	591 亿元	20.7%	100.7 亿元	-29.4%

数据来源：北京商务中心区，http：//www.bjcbd.gov.cn。

2. 网状式现代服务业集聚主要集中于商务服务业

在北京 CBD 功能区，存在大量的法律、会计、税务、审计、咨询、物业管理、职业（劳动力市场）中介、会展服务、公共关系、广告、旅游中介等机构，主要集中在商务服务业，形成网状式现代服务业集聚。

3. 卫星式现代服务业集聚主要以跨国公司为主体

北京 CBD 跨国公司的集聚，具有马库森卫星平台产业集聚模式的诸多特征，如区域内企业主要的金融和技术专家、商业服务都来源于地区以外的公司总部，相对于其他两类集聚模式，这类集聚的企业缺乏当地联系或网络，独特的地方性文化特征较弱。建立完善的基础设施和商务服务体系，对于该类集聚在区域内的持续发展具有关键意义。

（四）北京与国际著名 CBD 现代服务业集聚比较

对于中央商务区的研究距今已有近 90 年，而英美等西方发达国家自发形成的中央商务区甚至超过 200 年的历史。通过对各种文献的整理，对世界 6 个主要城市中央商务区的基本情况进行概括总结（见表 4-6）。

表 4-6　　　　国际著名 CBD 现代服务业集聚比较

中央商务区	纽约曼哈顿	伦敦伦敦城（金融城）	巴黎拉德芳斯	东京新宿	香港中环铜锣湾	北京 CBD
建设时间	约 200 年	约 400 年	自 1958 年	自 1958 年	自 20 世纪 70 年代	自 20 世纪 90 年代
区位	市中心	市中心	城市副中心	城市副中心	市中心	市中心
规模	26 平方公里，实现产值占纽约市的 65% 以上	2.9 平方公里，实现产值占英国的 4%	1.6 平方公里（不含公园区面积），汇聚了法国近一半的大型企业	0.164 平方公里，集中了 160 多家银行和 30 万的从业人员	1.53 平方公里	核心区：3.99 平方公里；东扩区：约 3 平方公里

续表

中央商务区	纽约曼哈顿	伦敦伦敦城（金融城）	巴黎拉德芳斯	东京新宿	香港中环铜锣湾	北京 CBD
发展模式	前期自发形成，后期政府规划引导	前期自发形成，后期政府规划引导	政府规划建设	政府规划建设	政府规划建设	政府规划建设
行业构成	大型企业全球总部和地区总部，金融业和房地产业	金融业	金融业，高新技术产业以及大型企业总部	金融业，房地产业和零售业	跨国公司地区总部，金融业，零售业，住宿业和餐饮业	跨国公司地区总部，金融业，以传媒业为主的文化创意产业

资料来源：郑晓光. 浅谈国际 CBD 比较和相关评价指标体系的构建［EB/OL］. http：// www. chystats. gov. cn/item/2010-09-20/100012314. html，2010-9-20.

从建设时间看，与纽约曼哈顿、伦敦伦敦城具有 200—400 年的历史相比，北京 CBD 仅有近 20 年的发展历史，起步也晚于 20 世纪 50 年代的巴黎拉德芳斯和东京新宿、70 年代的香港中环铜锣湾。

从地理区位看，纽约曼哈顿、伦敦伦敦城、香港中环铜锣湾、北京 CBD 位于城市中心，巴黎拉德芳斯和东京新宿则位于由政府主导规划建立的城市副中心和新的中央商务区。

从规模上看，纽约曼哈顿最大，北京 CBD 次之，伦敦伦敦城居第三，其他则相差不大。

从发展模式看，纽约曼哈顿和伦敦伦敦城是前期自发形成、后期政府规划引导的；北京 CBD 等则由政府规划。

从行业结构看，有高度的相似性，一般都拥有金融业、跨国公司地区总部。

从上述分析可看出，是否拥有发达的金融业以及其在国际上的影响力是衡量中央商务区是否成熟的重要标志之一。跨国公司全球总部和地区总部的数量则体现了中央商务区的聚集效应和繁荣程度。此外，政府的规划和引导对于中央商务区的可持续发展也起到了至关重要的作用。无论是西方的英美发达国家还是亚洲的日本和香港，政府或者由政府投资的公司可以为中央商务区在土地供应、建设规划、交通等配套设施的完善以及优惠政策的出台等方面提供积极的帮助和引导。中央商务区通过在区域内创造适宜企业发展的商业环境，优良的基础设施，和谐的人文环境，最终确立自己独特的核心竞争力。

三、基于城市功能区的北京文化创意产业集聚

北京市在 2005 年明确提出要将文化创意产业作为首都经济未来发展的重要支柱之一，并相继出台了一系列的促进政策，对文化创意产业进行重点扶持和发展。文化创意产业作为首都经济新的增长点，展现了良好的发展基础和巨大的发展潜力，已经成为首都经济增长的支柱产业。为了进一步了解北京文化创意产业发展状况，拟用区位熵指数对北京文化创意产业集聚进行实证分析。

(一) 国家和地方标准存在差异，北京文化创意产业具体行业难以界定

在关于产业区域集聚问题实证分析中，获得数据是一项艰难的工作。各辖区文化创意产业的数据获取尤为困难，并且亟须解决两个问题：一是如何确保数据的准确性、详细性与时效性；二是如何确定文化创意产业中具体的行业。到目前为止，我国没有对文化创意产业制定统一的分类标准。北京市在 2006 年底出台的《北京市文化创意产业分类标准》，是立足于北京市文化创意产业发展实际的地方标准。《北京市文化创意产业分类标准》指出，文化创意产业是以创作、创造、创新为手段，以文化内容和创意成果为核心价值，以知识产权实现或消费为交易特征，为社会公众提供文化体验的具有内在联系的行业集群。国家统计局发布的文化产业标准反映的主要是文化和经济的融合，而北京市文化创意产业进一步关注科技发展对文化、经济活动的深刻影响，更加强调文化、技术和经济三者的深度融合，其范围既包括文化产业的全部内容，同时还包括文化产业以外的科技创新活动内容。依据上述定义，结合北京市文化创意产业重点发展方向，将 2011 年版《国民经济行业分类》中的 9 个小类纳入北京市文化创意产业范围，并建立了由三个层次组成的分类体系。北京文化创意产业主要分为九类：文化艺术；新闻出版；广播、电视、电影；软件、网络及计算机服务；广告会展；艺术品交易；设计服务；旅游、休闲娱乐；其他辅助服务。

(二) 北京市功能区文化创意产业集聚差异较大，城市功能拓展区最大

数据来源于《北京统计年鉴》。从 2006 年起，北京市统计局开始发布市一级创意产业统计数据，但数据不够充分，没有区县一级的资料。而北京市统计局公布的两次经济普查的数据却比较充分。第一次经济普查标准时点是 2004 年 12 月 31 日 24 时，但缺乏对文化创意产业的分类；第二次经济普查数据最为全面充分，对 2008 年北京市及各区县文化创意产业的经济数据进行了统计、公布。

姚林青 (2013) 在《文化创意产业集聚与发展》中直接采用 2008 年北京市第

二次经济普查各区县文化创意产业数据，运用区位熵测度方法，分析了北京市各功能区、区县文化创意产业在全市可比口径下的相对集中程度、区域分布状况（见表 4-7）。

$$区位熵\ LQ=(E_{ij}/E_i)/(E_{kj}/E_k)$$

其中，E_{ij} 为北京市各区文化创意产业从业人数，E_i 为北京市各区从业人员总数，E_{kj} 为北京市全市文化创意产业年总就业，E_k 为北京市年总就业。

表 4-7　　　　2008—2011 年北京市各功能区文化产业区位熵

各区	区位熵		
	2008[1]	2010[2]	2011[2]
首都功能核心区	0.952 304	0.712 986	0.70
东 城 区	0.970 005	0.810 376	0.77
西 城 区	0.945 321	0.646 843	0.65
崇 文 区	1.009 557	—	—
宣 武 区	0.908 723	—	—
城市功能拓展区	1.251 593	1.176 803	1.23
朝 阳 区	1.105 829	0.929 487	0.97
丰 台 区	0.452 087	0.332 148	0.34
石景山区	0.782 335	1.178 656	1.15
海 淀 区	1.766 604	1.728 207	1.83
城市发展新区	0.559 920	0.964 771	0.69
房 山 区	0.316 177	0.329 271	0.55
通 州 区	0.752 399	1.438 768	1.12
顺 义 区	0.376 680	0.578 114	0.31
昌 平 区	0.749 848	1.012 613	0.79
大 兴 区	0.456 145	0.707 8	0.56
北京经济技术开发区	0.789 079	1.717 864	1.54
生态涵养发展区	0.395 631	0.553 205	0.45
门头沟区	0.266 085	0.194 011	0.21
怀 柔 区	0.405 014	0.657 459	0.65
平 谷 区	0.373 910	0.463 321	0.35
密 云 县	0.437 659	0.609 327	0.42
延 庆 县	0.517 137	0.805 048	0.68

[1] 姚林青. 文化创意产业集聚与发展——北京地区研究报告 [M]. 北京：中国传媒大学出版社，2013：91-92.

[2] 根据北京市统计局网站，2012 北京统计年鉴，http：//www.bjstats.gov.cn/nj/main/2012-tjnj/index.htm 数据计算，即 2010 年、2011 年的区位熵=（北京各区文化产业从业人数/北京市文化产业从业总人数）/（北京各区规模以上第三产业从业人数/北京市规模以上第三产业从业总人数）。

表 4-7 的数据显示，2008 年，北京四大城市功能区文化产业区位熵依次为，首都功能核心区 0.952 304、城市功能拓展区 1.251 593、城市发展新区 0.559 920、生态涵养发展区 0.395 631。北京市四大功能区文化创意产业集聚差异较大，其中，城市功能拓展区集聚程度最高，表明该区文化创意产业已达到高水平的专业化，特别是海淀、朝阳两区区位熵更高达 1.766 604、1.105 829。这是因为，海淀区是北京市信息科学技术资源、教育资源较为集中的区域，其中软件、网络、计算机服务业、文化艺术业力量雄厚，而且高校资源的集中为文化创意产业的发展提供了源源不断、弥足珍贵的资讯和人力资源，这是导致海淀区区位熵尤为突出的重要原因。在朝阳区内，由于政府的积极倡导和政策扶持，文化创意企业集聚于此，相互间竞争发展且逐渐形成规模优势，使区域内文化创意产业发展呈现良好势头，因此区位熵也较为突出。

首都功能核心区是北京市发展的核心区域，也是文化创意产业发展的优先区域和重点区域，有着完善且均衡的人员、资产和政策配套措施，因此文化创意产业在稳步发展。宣武区、东城区、西城区的文化创意产业区位熵都高于 0.9，尤其崇文区文化创意产业区位熵已经超过 1，达到了相对专业化的水平。

由于城市发展新区和生态涵养发展区的文化创意产业发展时间较短，两区的城市功能定位有异于首都功能核心区和城市功能拓展区，其文化创意产业区位熵并不高，尤其门头沟区区位熵值只有 0.27，平谷区、房山区、顺义区也仅有 0.3 多一点，相对较高的是通州区和昌平区。因此，两区的文化创意产业集聚程度较小，未来应当还有很大成长空间。

（三）北京城市功能拓展区文化创意产业集聚度波动上升，其他功能区趋于下降

2008—2011 年，首都功能核心区文化产业区位熵持续下降，而城市功能拓展区波动上升，城市发展新区、生态涵养发展区表现为先增后降的趋势（见表 4-7）。

自 2009 年朝阳区在第四届北京文博会上提出建设"传媒走廊"规划设想以来，国内外各类传媒类企业、人才、资本、重大项目等要素资源进一步向朝阳区加快集聚。2012 年 8 月，朝阳区传媒走廊集聚的企业已由 2009 年的 10 000 家增加到目前的 15 000 家。国家版权贸易基地、国家动画产业园、国家音乐文化产业园、国家科技文化孵化基地纷纷落户；莱锦文化创意产业园、718 传媒产业园、郎园文化创意产业园、懋隆文化产业创意园（一期）等园区建成并投入使用；北京设计文化创意产业园、西京国际传媒产业基地、八里庄文化创意产业园等园区正在加紧建设；凤凰国际传媒中心主体工程已经竣工，数字出版产业园区即将落户。[1]2009年，朝阳区传媒走廊文创企业收入694.3亿元，2010年达910.8亿元，2011年升至1 036.5亿元，2012年可至1 400亿元，占朝阳区全区文化创意企业总收入的38.8%。2009—2011年3年间，传媒走廊文化创意产业收入实现翻番，并且随着文化创意产业链的延伸，产业集聚程度的增强，对朝阳区经济发展的贡献越来越大。

（四）北京文化创意产业集聚区增加，规模扩大，区域竞争力增强

按照北京历史和现代文化资源结构，北京市文化创意产业的布局与规划呈现中轴线文化和两翼文化特点：中轴线是北京历史文化区，以历史文化旅游为特色；北端以奥运体育、演展文化为重点；南端为国家新媒体产业基地，以影视、动漫游戏、网络出版原创为基础；左翼是中关村科技教育创新中心和石景山数学娱乐体验中心；右翼是以大山子为中心的现代艺术区和国际传媒贸易中心。围绕这些布局规划，北京文化创意产业园区和基地快速发展起来。

2006年12月，北京市认定了第一批10个文化创意产业集聚区，包括中关村创意产业先导基地、北京数字娱乐产业示范基地、国家新媒体产业基地、中关村科技园区雍和园、中国（怀柔）影视基地、北京798艺术区、北京DRC（Design Resource Cooperation，设计资源协作）工业设计创意产业基地、北京潘家园古玩艺术品交易园区、北京宋庄原创艺术与卡通产业集聚区和中关村软件园。同年底就有1 000多家企业入驻产业集聚区，所创造的收入占当年北京文化创意产业总收入的15%。2008年3月，北京市又认定了11个文化创意产业集聚区，分别是北京CBD国际传媒产业集聚区、顺义国展产业园、琉璃厂历史文化创意产业园区、清华科技园、惠通时代广场、北京时尚设计广场、前门传统文化产业集聚区、北京出版发行物流中心、北京欢乐谷生态文化园、北京大红门服装服饰创意产业集聚区、北京（房山）历史文化旅游集聚区。

北京21个文化创意产业集聚区借助优惠政策，吸引了大批文化创意企业和艺术家入驻，产业集聚程度不断提高，规模不断扩大。2008年21

---

[1] 孙艳. CBD传媒走廊产值三年实现翻番［EB/OL］. http：//media. workercn. cn/sites/media/ldwb/2012 _ 12/25/GR0807. htm，2012-12-25.

个集聚区实现的营业收入占全市文化创意产业营业收入的比例在 50% 以上，从业人员超过 30 万人。各集聚区均吸引了一定数量的骨干龙头企业。2008 年 CRD 数字娱乐产业示范基地有近 100 家骨干企业入驻园区，CBD 国际传媒产业集聚区新增了 72 家骨干企业，清华科技园新入驻了 11 家骨干企业，北京时尚设计广场新入驻了 21 家骨干企业等。据不完全统计，目前 21 个市级集聚区内有文化创意企业 8 200 多家，初步形成了以市级文化创意产业集聚区为龙头，区级集聚区、众多各具特色的文化创意街区、文化创意新村组团式集群发展的良好态势。798 艺术区、潘家园古玩艺术品交易园区、前门传统文化产业集聚区等已成为蜚声海外的北京文化名片，奥运期间更是吸引众多海内外嘉宾来访。[1]2010—2011 年，北京各功能区文化产业营业收入进一步增长，全市从业人员进一步增加，文化创意产业集聚使其成为北京现代服务业的重要产业（见表 4-8）。

（五）北京文化产业与其他现代服务业相比，集聚程度居中

如上所述，北京文化产业（这里不含计算机软件业）已成为现代服务业中的重要产业。以《中国城市统计年鉴》服务业从业人数为测算标准，从时间序列看，在 2004—2010 年间，无论是全市口径，还是市区口径，北京文化产业区位熵均呈现波动变化，但其集聚度仍呈增大趋势（见表 4-9）。从行业间比较看，因为 2006 年是"十一五"的第一年，在政府鼓励发展文化创意产业政策推动下，北京现代服务业的 7 类重要产业区位熵均出现剧增。从总体上看，2007—2010 年，租赁和商务服务业区位熵最大，信息传输、计算机服务和软件业其次，科学研究、技术服务和地质勘查业位列第三。房地产业与第三位相差无几，紧随其后排第四；文化产业位列第五，居于中等偏低地位；交通仓储邮电业、金融业区位熵则较低，但集聚呈平稳发展态势（见图 4-3、图 4-4）。现代服务业的集聚程度与其产业区位选择所考虑的因素有关，如租赁和商务服务业、信息传输与计算机服务和软件业、科学研究、技术服务和地质勘查业在区位选择时，更多考虑的是信息的共享与交流；交通仓储邮电业、金融业则会更多地考虑便民性。

---

[1] 陈洁民，尹秀艳. 北京文化创意产业发展现状分析 [J]. 北京城市学院学报，2009（4）：9-19.

表4-8　2010—2011年北京各功能区规模以上文化创意产业情况

区县	从业人员平均人数（人）		收入合计（万元）		利润总额（万元）		应缴税金（万元）	
	2010年	2011年	2010年	2011年	2010年	2011年	2010年	2011年
全市	851 165	954 929	68 583 996	81 085 780	5 246 595	6 661 563	3 335 693	4 063 506
首都功能核心区	156 226	168 214	14 094 840.9	17 251 163.4	1 138 488	1 392 473	664 202	752 828
东城区	71 818	80 977	8 990 651	10 484 460	643 649	707 544	422 813	486 060
西城区	84 408	87 237	5 104 190	6 766 704	494 839	684 928	241 388	266 768
城市功能拓展区	590 029	685 278	48 912 741	57 612 236.2	3 868 984	4 928 890	2 479 104	3 047 421
朝阳区	167 991	194 782	16 255 134	19 558 588	635 547	956 190	616 379	760 760
丰台区	29 378	32 327	2 570 067	2 612 588	265 104	249 069	139 881	147 035
石景山区	18 506	23 051	1 659 766	2 052 185	256 055	295 101	82 429	107 449
海淀区	374 154	435 118	28 427 774	33 388 875	2 712 279	3 428 530	1 640 415	2 032 176
城市发展新区	89 372	85 781	5 101 825	5 659 798	237 094	313 519	175 482	237 941
房山区	4 021	3 560	1 313 666	1 567 637	14 862	9 516	4 001	30 066
通州区	17 570	15 974	780 199	926 174	23 265	24 054	24 616	29 663
顺义区	18 053	12 114	962 095	762 270	17 317	78 845	33 035	42 951
昌平区	20 492	19 706	733 666	893 385	71 256	102 041	45 765	54 421
大兴区	11 854	10 971	392 784	444 469	9 420	17 719	15 102	18 675
北京经济技术开发区	17 382	18 456	919 414	1 065 863	100 974	81 344	52 964	62 164
生态涵养发展区	15 538	14 656	474 589	562 582	2 029	26 682	16 905	25 318
门头沟区	880	1 117	42 910	79 530	3 991	1 680	2 494	2 455
怀柔区	3 785	4 358	98 232	132 569	−10 535	−1 290	3 124	5 122
平谷区	2 829	2 479	76 715	94 863	3 977	10 802	3 807	6 286
密云县	4 252	3 506	153 137	138 541	5 084	11 255	4 621	7 071
延庆县	3 792	3 196	103 595	117 079	−489	4 235	2 859	4 382

注：规模以上文化创意产业统计范围是指年主营业务收入500万元及以上的文化创意产业法人单位。其中，批发企业和工业企业年主营业务收入在2 000万元及以上。
数据来源：北京市统计局网站、2012北京统计年鉴，http：//www.bjstats.gov.cn/nj/main/2012-tjnj/index.htm。

表 4-9　　　　　　　　　　　2004—2010 年北京市文化产业区位熵

	2004 年	2005 年	2006 年	2007 年	2008 年	2009 年	2010 年	平均值
区位熵（全市口径）	1.820 7	2.459 8	2.510 9	2.532 9	3.319 9	2.486 2	2.329 3	2.494 2
区位熵（市区口径）	2.040 0	2.237 8	2.141 6	2.147 9	2.110 5	2.049 6	1.965 3	2.098 9

　　说明：数据来源于 EPS 数据平台，EPS 数据来源于各年度《中国统计年鉴》、《中国区域经济统计年鉴》、《中国城市统计年鉴》等。

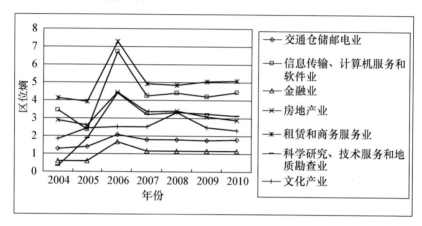

图 4-3　2004—2010 年北京文化产业区位熵（全市口径）

说明：根据附表 4-1 "2004—2010 年北京主要现代服务业区位熵（全市口径）"数据作图。

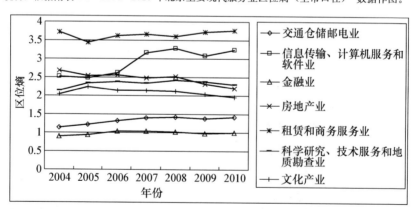

图 4-4　2004—2010 年北京文化产业区位熵（市区口径）

说明：根据附表 4-2 "2004—2010 年北京主要现代服务业区位熵（市区口径）"数据作图。

第三节 基于城市功能区的上海服务业集聚

2012 年，在我国城市中，上海市第三产业占地区生产总值的比重突破 60.00%，仅次于北京市，居全国第二位，城市功能区和现代服务业集聚区的规划与建设促进了上海服务业快速发展。

一、上海市四类主体功能区

上海市人民政府 2013 年 1 月 22 日颁布《上海市主体功能区规划》，[1]根据规划，在国家将上海整体定位为国家级优化开发区域的基础上，充分考虑各区县资源禀赋、区位条件、发展水平和发展潜力，按照发展导向，将上海市域国土空间划分为四类功能区域（见图 4-5）。四类功能区的主要目标是：功能布局更加清晰、空间结构逐步优化、用地效率明显提高、区域差距逐步缩小、生态环境不断改善。

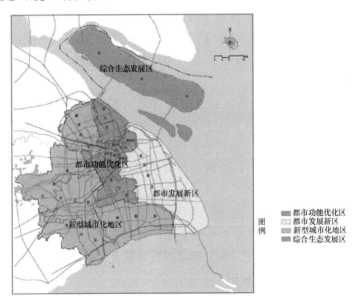

图 4-5 上海市四类主体功能区[1]

[1] 上海市主体功能区规划 . 中国上海网站，http：//www.shanghai.gov.cn/shanghai/node2314/node2319/node10800/node11407/node29273/u26ai34426.html.

（一）都市功能优化区

都市功能优化区，包括黄浦区、徐汇区、长宁区、静安区、普陀区、闸北区、虹口区、杨浦区等中心城区及宝山区、闵行区，2010 年常住人口1 132.2万人，占全市总人口数的 49.2％，地区生产总值占全市的比重为48％左右。该区域集中体现了现代化国际大都市的繁荣繁华，历史底蕴深厚，服务经济比较发达，但人口密度较高，资源环境约束突出，中心城区苏州河以北地区发展比较滞后，城乡结合部地区发展基础比较薄弱。都市功能优化区需要加强区域内的统筹协调，优化提升综合服务功能，增强高端要素的集聚和辐射能力，严格控制人口规模，进一步改善城区环境和生活品质。

（二）都市发展新区

都市发展新区即浦东新区，2010 年常住人口 504.7 万人，占全市总人口数的 21.9％，地区生产总值占全市生产总值的比重为 28％左右。该区域随着浦东开发开放，经济社会快速发展，城市功能不断提升，在上海"四个中心"和现代化国际大都市建设中的地位和作用日益突出。原南汇区划入后，该区域获得了新的发展空间，但发展不平衡问题比较明显。都市发展新区需要优化人口结构和布局，大力推动新一轮区域功能开发，统筹城乡一体化发展，着力提高全球资源配置能力和区域创新能力，大力发展现代服务业和战略性新兴产业，不断增强综合服务功能和国际竞争力，引领全市转型发展。

（三）新型城市化地区

新型城市化地区，包括嘉定区、金山区、松江、青浦区和奉贤区，2010 年常住人口 595.4 万人，占全市总人口数的 25.9％，地区生产总值占全市的比重为 22％左右。该区域经济发展有一定基础，城镇建设成效显现，未来发展潜力较大，但常住人口总量增长较快与新城功能相对滞后的矛盾日益突出，公共服务和资源环境压力较大，产业面临转型升级，产城融合有待深化。新型城市化地区要着力推进产业结构优化升级，赋予各区更大的发展自主权，引导人口向新城和重点小城镇集中，着力推进以集约高效、功能完善、环境友好、社会和谐、城乡一体为特点的新型城市化的新格局。

（四）上海综合生态发展区

综合生态发展区，即崇明县。该区域生态环境品质较高，对提升现代化国际大都市功能具有重要作用，但常住人口已有一定规模，经济社会发展水平相对滞后，其中长兴岛又是落实国家海洋战略的重要载体之一，都需要一定发展空间。长江隧桥和崇启大桥通车后，该区域迎来了发展的新机遇，同时也面临生态环境保护的新考验，需要按照建设国家可持续发展实验区和现代化综合生态岛的要求，加强生态建设和环境保护，引导人口合理分布，促进崇明三岛联动，切实增强可持续发展能力。

二、基于城市功能区的上海现代服务业集聚区规划

上海现代服务业集聚区的历史可以追溯到 20 世纪 80 年代初期，以外向型经济为特征的虹桥商务集聚区可被称为上海现代服务业集聚区的起源。20世纪 90 年代，在黄浦、卢湾、静安、浦东、长宁、徐汇等区呈现服务业集聚发展态势。2004 年上海根据城市地域特征和经济结构特点，在借鉴国际大都市相关经验的基础上，率先在全国提出现代服务业集聚区概念。"十二五"期间，《上海市现代服务业集聚区发展"十二五"规划》在"十一五"已认定的20 个集聚区的基础上，新增浦东新区世博园区会展商务集聚区、青浦区西虹桥商贸商务集聚区、金山区枫泾国际商务、松江区松江新城国际生态商务区、崇明县陈家镇现代服务业集聚区等 5 个集聚区。到"十二五"期末，上海市基本建成集聚区 25 个，基本形成"定位科学、特色鲜明、功能完善"的发展格局，使现代服务业集聚区成为发展服务经济、提升城市功能的功能型区域，促进经济结构转型、经济发展方式转变的创新型区域，广泛应用新一代信息技术的智慧型区域，以及具有示范引领作用的低碳型区域。[1]

（一）统筹规划，优化集聚区的空间布局

按照区域特点和发展需要，推进集聚区的整体规划，统筹考虑产业布局、轨道交通、土地利用和建筑形态，突出核心区概念，强化规划的前瞻性、操作性和约束性，强化集聚区产业规划与城市总体规划、土地利用规划的衔接，重点在两个方面突破。

一是增强中心城区现有集聚区的协同效应，推动集聚区向功能带的发展，特别是使浦江沿岸和延安路沿线的"大十字"现代服务业发展轴，发展成为上海核心商务功能带。陆家嘴金融贸易区、北外滩航运和金融服务集聚区、西藏路环人民广场现代商务区、淮海中路国际时尚商务区、南京西路专业服务商务区、虹桥涉外商务区等集聚区成为"大十字"发展轴上的核心区域。

二是与上海市"十二五"总体规划紧密衔接，围绕城市发展的重点产业和区域，结合城市副中心、综合交通枢纽和郊区新城建设等重大项目，在产业规划明晰、交通和信息等基础设施有优势、条件成熟但还没有布点的区域，

---

[1]　上海市现代服务业集聚区发展"十二五"规划. 上海市商务委员会网站，http：//www. scofcom. gov. cn/sewgh/227788. htm.

统筹规划新增集聚区。新增集聚区在建设过程中，按照"先规划，后建设"的要求，实现产业规划与形态规划的有机结合，实现产业、功能、形态的"三合一"。

（二）分类推进，促进集聚区的协同发展

各集聚区的推进重点根据建设进度的不同而有所侧重。基本建成的集聚区在深化产业定位的基础上，以拓展提升功能、放大集聚效应为主，注重产业结构的调整和企业能级的提升，打造产业集群，提高特定优势产业的集聚程度；部分建成的集聚区在加快建设推进的基础上，注重配套功能的完善和市场品牌的塑造，加大宣传和招商力度，加快形成服务企业的集聚；尚未建成及新增集聚区围绕区域功能定位，明确发展方向，采取有针对性的措施，破瓶颈，加快空间载体建设，实现建设效率和效益的最大化，同步做好招商引资工作。

各集聚区加强与周边区域的协同和联动，进一步增强集聚区与集聚区、集聚区与中心城或新城的联系，强化集聚区对周边区域经济发展的辐射带动作用，对外参与长三角周边城市分工合作，对内辐射带动周边地区提升能级，不断扩大辐射半径。

（三）围绕重点，打造集聚区的功能特色

结合服务业发展特点，从"四个中心"建设的功能性要求出发，分析研究集聚区的自身条件和系统差异性，突出各自的业态和功能特色，将现代商贸、金融、航运、会展、物流、专业服务、电子商务、信息服务，以及制造业配套服务等领域的服务企业，作为吸引和集聚的重点，打造各集聚区在地域、功能和形态方面的鲜明特色，集聚行业龙头企业及相关上下游企业，延伸产业链。

中心城区的集聚区重点以综合商务和特色专业服务业为主，郊区的集聚区以与制造业配套的服务业以及商旅文服务业为主。依托虹桥综合交通枢纽建设和世博园区的开发利用，突出高端商务、总部经济等业态功能，打造上海"四个中心"新平台和核心区，强化上海国际贸易中心的市场功能。

（四）创新模式，发挥集聚区的载体作用

采用联合开发机制，注重市场化运作，择优引进设计方和开发商，协调各方利益关系，鼓励外资、民资和各类社会资本参与开发建设，吸引各类社会资本和经济主体参与集聚区的建设发展，不断拓展集聚区的品牌效应，体现集聚效应；制定集聚区招商引资导向目录，重点引进符合上海现代服务业发展方向的企业，充分发挥行业协会、投资促进机构、已入驻企业等在招商

引资中的作用，形成多渠道、多方位的推介格局；聚焦总部经济和研发中心、营运中心等功能性服务机构，着力引进关联性大、带动性强的大企业、大集团，引导各行业龙头企业进驻；将集聚区建设成为服务产业融合发展、各类服务业新兴业态不断涌现的前沿阵地，发挥集聚区对"四个中心"建设、服务业发展、总部经济聚集的载体作用。

（五）完善配套，提升集聚区的综合功能

从完善功能、集聚人气和营造氛围出发，以入驻企业的共性需求为导向，合理配置商务、商业、文化、休闲、会展、餐饮、酒店、娱乐、住宿等功能，推动集聚区配套设施的完善，提升综合服务功能。加强供水、供气、公交等公用事业基础设施建设和运行维护管理，完善交通集散、信息网络、教育文化、医疗卫生等综合配套设施。

吸引相关产业的上下游企业和信贷、融资、咨询、物流、孵化等各类专业服务企业入驻，在满足企业开展基本商务活动的同时，不断改善和优化区域整体商务环境，为企业提供及时、便利、高效的服务，促进企业之间的业务往来和联动发展，实现商务活动的高效、优质。

（六）以人为本，实现集聚区的可持续发展

按照生态、环保、可持续发展的要求，将低碳设计理念贯穿于集聚区规划、设计、建设、运营和管理的全过程。积极推进集聚区能源中心建设及合同能源管理，推广使用节能环保新技术、新工艺、新材料、新设备，为全市乃至全国服务业低碳化发展提供示范效应。加强绿地、公园、河湖等生态环境建设，构建点、线、面、环、廊相结合的城市绿化体系，建设花园式现代服务业集聚区。坚持高标准、高起点开发建设商务楼宇，处理好集聚区开发与历史风貌保护的关系，推进集聚区的可持续发展。以人为本，构建便捷的内部连通网络，塑造多样化的公共空间，促进生态环境和人文环境的和谐发展。

三、基于城市功能区的上海现代服务业集聚区发展

"十二五"时期以来，上海市25个现代服务业集聚区快速发展。[1]

（一）黄浦区西藏路环人民广场现代商务区

黄浦区西藏路环人民广场现代商务区是成熟的并已形成较强集聚和辐射效应的现代服务业集聚区，北起凤阳路、南苏州路，南到延安东路、复兴东

---

[1] 上海招商网，http：//www.zhaoshang-sh.com/zhuanti/jiasufuwuye/jiasufuwuye.html.

路，西至长沙路、成都北路、西藏南路，东到贵州路、广西北路、云南南路、中华路。集聚区占地面积138.9公顷，以金融服务业、专业服务业、文化创意业、航运物流业为主导产业。2011年营业收入达1 350亿元，上缴税金32亿元，拥有8栋税收亿元楼宇，从业人员数量80 675人，入驻企业3 882家。

（二）黄浦区淮海中路国际时尚商务区

黄浦区淮海中路国际时尚商务区包括一街一核心区。一街，即淮海中路商业街（西藏南路至陕西南路），这是一条具有百年历史的著名商业街，也是集聚区的产业基础；一核心区，即太平桥地区，西起马当路、东至西藏南路、南抵合肥路、肇周路，这是未来经济持续发展的新增长点。集聚区规划占地面积52公顷，以金融服务业、专业服务业、商贸流通业、文化创意业为主导产业。2011年营业收入达891亿元，上缴税金81亿元，拥有14栋税收亿元楼宇，从业人员数量54 367人，现入驻企业1 822家。

（三）静安区南京西路专业服务商务区

静安区南京西路专业服务商务区是以静安南京路为主轴的带状街区，东起成都北路，西至镇宁路，北至北京西路—愚园路，南至威海路—延安路，是上海跨国公司地区总部最为集中的区域。集聚区占地面积1.8平方公里，以信息服务业、广告服务业、法律咨询服务业、会计及审计服务业、金融及保险服务业、投资管理及咨询服务业、研发和设计服务业等专业服务业为主导产业。2011年，营业收入约1 054亿元，产生税收111亿元，税收过亿元的楼宇达到15幢，其中恒隆广场全年税收近30亿元，短短几年就实现了从"亿元楼"到"月亿楼"再到首幢"月双亿楼"的跨越。

（四）闸北区苏河湾商业商务服务业集聚区

闸北区苏河湾商业商务服务业集聚区，位于上海市闸北区南部，东起罗浮路、武进路、河南北路，与虹口区相接；西至长寿路桥，与普陀区相接；南为苏州河，与黄浦、静安区相望；北至交通路—虬江路，总面积3.19平方公里。流经本区域的苏州河段长4.7公里，与北外滩、外滩源共同构成黄浦江—苏州河的"金三角"。集聚区以文化创意业、金融服务业、商贸服务业、人力资源和信息服务业为主导产业，打造形成上海中心城区北翼的先行区、核心CBD功能的拓展区、苏州河两岸综合开发的样板区和经典海派历史文化的展示区。集聚区吸引了大批国内外知名企业，如淡水河谷、飞利浦（中国）、中铁集团分公司、上海久隆电力、卡斯柯信号、舜杰建设等，中粮集团、华侨城集团、宝矿集团、嘉里建设、丽丰控股、嘉华集团等境内外著名企业集团纷纷参与集聚区的开发建设。2011年，集聚区内各类企业超过3 000

余家，从业人员共计超过 8 万人，企业营业收入超过 1 000 亿元。

（五）浦东新区陆家嘴金融贸易区及浦东新区花木国际会展集聚区

浦东新区陆家嘴金融贸易区是国务院 1990 年批准的中国唯一一以"金融贸易区"命名的国家级开发区，也是建设上海国际金融中心、航运中心的主要载体。陆家嘴金融贸易区位于黄浦江东岸，东至罗山路、南至龙阳路、西北至黄浦江，规划占地面积 31.78 平方公里。花木国际会展集聚区位于由罗山路、龙阳路、白杨路、兰花路、石楠路、花木路所围成的 L 型区域，规划占地面积 100.8 公顷。集聚区主导产业为金融、航运、商业贸易、商务服务、会展、旅游、文化创意等现代服务业。集聚区域经济总量占浦东新区的四分之一，2011 年完成税收收入 380.87 亿元，形成地方财力 122.86 亿元，区域内众多楼宇税收超亿元，现代服务业从业人员约 19 万。

（六）徐汇区徐家汇中心现代服务业集聚区

徐汇区徐家汇中心现代服务业集聚区东至华山路、南至虹桥路、西至宜山路、北至广元西路，地处于徐家汇商圈的核心地带，东与港汇广场毗连，南与东方商厦相望，北与上海交通大学为邻。集聚区总占地面积 13.2 公顷，是上海六大 CBD 之一，规划建设集国际甲级写字楼、五星级酒店、国际化商业、公寓式酒店及文化娱乐设施为一体的国际级的现代服务业集聚区，构成未来徐家汇新的亮点，吸引了美国强生、韩国三星、中国银行等世界 500 强企业。

（七）徐汇区漕河泾高新科技产业服务区

徐汇区漕河泾高新科技产业服务区是上海市率先启动的集聚区项目之一，位丁漕河泾开发区中心区域，东起虹梅路中环线，南沿漕宝路，西至古美路，北临宜山路，总占地面积约 23 万平方米。

集聚区按照国际化、高科技、生态型的标准，定位于总部经济、研发设计、创新孵化、综合服务"四个平台"的功能目标，满足企业对于技术服务、科技中介服务、商务配套服务等日益增长的需求，与高新技术产业形成互为促进、互相融合、互动发展的格局。集聚区重点引进高附加值服务业企业，集聚"一部三中心"（即地区总部、研发设计中心、运营结算中心、管理服务中心）项目，入驻中外企业 100 余家，其中包括沃尔玛（采购中心）、标致雪铁龙、泰科电子（中国总部）、艾默生电气、诺基亚西门子通信传输、思科、麦当劳（中国总部）、蒂森克虏伯等全球 500 强企业，已成为上海现代服务业的国际窗口和示范区之一。2011 年，集聚区第三产业收入达到 1 069.4 亿元，同比增长 32.1%，占集聚区总销售收入的比例达到 46%。销售收入达到

292.1 亿元，上缴税金 2.2 亿元，从业人员 8 000 余人。

（八）虹口区北外滩航运和金融服务集聚区

虹口区北外滩航运和金融服务集聚区东起大连路、秦皇岛路，南临黄浦江和苏州河，西抵河南北路，北至海宁路、吴淞路、四平路、临平路、公平路、周家嘴路。核心区域及周边产业集聚区，地域面积将达 4.7 平方公里，在功能上划分为三大片区：航运和金融服务区、历史风貌区、现代生活区。2011 年集聚区实现三级税收 15.74 亿元。[1]

集聚区以航运服务业、金融服务业、邮轮服务业为主导产业，大力发展航运交易、货代、船代、物流服务；航运中介、金融、保险、海事服务和国际客运、邮船、游艇、旅游服务。集聚区汇聚航运企业 3500 多家，航运功能性机构 20 多家，是中海集团、中远集运和上港集团等多家航运企业总部的集聚地，有 EXEL、DAMCO、BAX、BRINK'S、UTI、SDV、CH Robinson 等知名航运物流公司。中国唯一的国家级水运交易市场上海航运交易所落户北外滩，标志着北外滩已成为我国大陆地区航运要素最为集中的地区。

虹口区北外滩金融业过去主要以证券经纪与交易类营业部为主，现在发展到种类丰富、分布齐全的多元化业态格局，包括公募基金管理公司、期货公司总部，资产管理公司、金融服务公司、阳光私募、第三方支付平台等。2011 年初以来，一大批有实力的私募股权投资机构、邮储银行第二总部、新华保险、中国建投等入驻，金融服务业已经有了明显的集聚，金融企业质量也明显提升。

（九）普陀区长风生态商务区

长风生态商务区位于上海市普陀区南部，内环和中环之间，东至大渡河路，西至真北路中环线，南至苏州河，北至金沙江路。规划建成一座"水、绿、建筑"完美组合，景观功能、经济功能、文化功能和谐统一的现代服务业集聚区，成为上海现代服务业的新高地和苏州河生态走廊新景观，规划占地面积 253.25 公顷。集聚区主导产业为总部经济、金融服务业、文化旅游业，已有艺康（中国）、施耐德、索迪斯等 3 家世界 500 强企业，劲霸男装、熔盛重工、兴达国际、龙湖地产、闽能集团、艾莱依集团等 6 家中国 500 强企业入驻，2011 年度实现税收 10 亿元。

（十）杨浦区大连路总部研发集聚区

杨浦区大连路总部研发集聚区四至边界为：控江路—打虎山路—周家嘴

---

[1] 鲁琳，曹磊. 集聚资源提供优惠政策，北外滩建设航运金融"双重承载区" [EB/OL]. http：//sh. eastday. com/m/20120712/u1a6699261. html, 2012-7-12.

路—许昌路—茭白园路—怀德路—长阳路—通北路—平凉路—大连路。从空间布局来看，集聚区分为北部、中部、南部三个地区。北部地区（周家嘴路以北），区域面积约 0.46 平方公里；中部地区（周家嘴路以南，长阳路以北），区域面积约 0.54 平方公里；南部地区（长阳路以南，平凉路以北），区域面积约 0.46 平方公里。集聚区总占地面积约 1.46 平方公里，以跨国公司总部为特色，成为集研发办公、贸易采购、会展交流、创意创业、休闲娱乐、生态居住等功能为一体的总部研发集聚区，呈现大中小企业优势互补的良好态势。2011 年，集聚区完成区级税收 2.38 亿元，同比增长 21.76%，入驻企业超过 900 家，其中境外从业人员近 600 人。

（十一）青浦区青浦赵巷商业商务区

青浦赵巷商业商务区位于上海市西郊青浦区东部赵巷镇，毗邻虹桥综合交通枢纽，是虹桥商务区的重要拓展区域，也是上海连接江浙两省的重要门户区域，总用地面积 3.34 平方公里。该区规划发展成为集商业零售业、批发业、展示交易业、文化休闲娱乐业、宾馆业、商业办公楼等多种业态于一体的集群化现代商业组织模式的集聚区，也是上海市现代服务业综合改革试点区域之一。

（十二）松江区松江（欢乐谷）休闲旅游区

松江区松江（欢乐谷）休闲旅游区东临林绿路，南至林湖路，西面和北面由林荫新路环抱，规划面积共约 77 公顷。该区是以旅游为核心产业，集商务、会议、休闲、度假等功能为一体的特色化集聚区，共有 27 个合作单位入驻，其中包括百胜餐饮有限公司、柯达（中国）有限公司、上海心依有限公司、上海松乐格食品有限公司等企业。

（十三）长宁区虹桥涉外商务区

长宁区虹桥涉外商务区由虹桥涉外贸易中心、中山公园商业中心和临空经济园区等三部分组成。

虹桥涉外贸易中心：东到中山西路，西至芙蓉江路，南至红宝石路，北到玉屏南路和天山支路，占地 3.15 平方公里。作为核心区的虹桥经济技术开发区，是国内唯一以涉外商贸为主要功能的开发区，也是外资最密集的国家级开发区，有外资企业和办事机构 1 900 多家，吸引了沃尔玛全球采办、家乐福全球采购亚洲总部、TESCO（德斯高，英国最大零售商）中国采购公司等著名的跨国采购巨头入驻，成为跨国采购中心的集聚地。2011 年虹桥涉外贸易中心实现税收 57.3 亿元，同比增长 22.3%。

中山公园商业中心：东至华阳路、安西路，南到安化路，西抵中山西路内环线，北涉万航渡路，区域面积1.14平方公里。其发展目标是建成以现代商业和多媒体产业为主导的，兼有商务、休闲娱乐、文化和居住功能为一体的上海西部商业中心。2011年中山公园商业中心实现税收27亿元，同比增长51.5%。

临空经济园区：北至苏州河、东淞虹路、南至泉口路、西至绥宁路，规划总面积为5.14平方公里。园区产业以信息服务业、现代物流业、高技术产业为主。西临空是以现代物流业为主的产业集聚区，南临空是以信息服务业为主的现代服务集聚区，北临空是以高技术产业为主的高端企业总部与高科技企业集聚区，已有携程、神州数码、联强国际、海烟物流、北京康捷空国际货运、扬子江快运等企业入驻。2011年虹桥临空经济园区实现税收22.55亿元，同比增长15.8%。

2011年虹桥涉外商务区集聚企业7 359家（其中世界500强总部企业35家），实现税收106.8亿元，同比增长26.9%，占全区税收总量的51.1%。

（十四）浦东新区世博园区会展商务集聚区

浦东新区世博园区会展商务集聚区总体布局呈"五区一带"结构，即浦西的城市最佳实践区、文化博览区，浦东的国际社区、会展商务区、后滩拓展区以及滨江生态休闲景观带。该区以文化博览创意、总部商务、高端会展、旅游休闲为主导产业。

其一，央企总部项目。该项目占地5.28平方公里，将重点打造文化博览区、城市最佳实践区、会展及商务、滨江生态休闲景观带等区域。继宝钢、中国商飞、国家电网公司签约入驻世博园后，第二批10家中央企业（中国华能集团、中国华电集团、中国铝业公司、中国中化集团等）集体签约入驻世博园区。

其二，世博轴广场项目。此项目占地面积13万平方米，作为上海世博会"一轴四馆"五大永久建筑之一，在保持世博轴原有建筑特色和功能的基础上，将被改造成为城市文化、旅游观光、休闲生活和消费购物的聚集地。

其三，世博酒店项目。该项目占地面积为47 900平方米，位于世博中心和世博展览馆（原世博会主题馆）之间、央企总部东面。该项目将被建成国内首个集住宿、商业、餐饮、交通等综合功能于一体的城市酒店群项目，将成为黄浦江畔新的城市地标。

其四，A片区项目。此项目占地面积约97公顷，东至白莲泾，西至上南路，南至耀华路和雪野路，北至黄浦江。该项目将被建成国际知名企业总部聚集区、具有国际影响力的世界级商务区。

（十五）浦东新区张江高科技创意文化和信息服务业集聚区

张江高科技创意文化和信息服务业集聚区，位于上海浦东新区张江高科技产业园区，主导产业定位于网络游戏、动漫、数字内容、新媒体四大领域。集聚了约300家企业，包括一大批国内外文化产业的龙头企业，2010年产值达120亿元。到2015年将形成约120万平方米的文化产业园区，吸引800家动漫、游戏、数字内容和新媒体产业等企业入驻，其中龙头企业20家，骨干企业100家，吸纳从业人员15万人，实现年产值500亿元以上。

（十六）杨浦区江湾—五角场科教商务区

杨浦区江湾—五角场科教商务区，北至殷高路，东至民京路、国京路、政立路、国和路一线，西至国定路、政立路、南至国定路，规划面积3.11平方公里，分为南部商业商务区、中部创智天地、北部知识商务中心，形成以商业、金融、办公、文化体育、科技研发为主导产业的现代服务业集聚区。

（十七）宝山区宝山钢铁物流商务区

宝山钢铁物流商务区，位于宝山区吴淞国际物流园区内，地处友谊路以南，铁山路以西，宝钢专用铁路线以北、以东，核心区域总面积347亩。集聚区以电子信息交易、钢铁物流分拨、金融服务、会展服务为主导产业。一期入驻企业770家，其中包括包钢集团、首钢、南钢股份、通钢集团、中铁物资、中国重型机械研究院、中国冶金自动化研究院、中国机械进出口公司、MYSTEEL等知名企业。

（十八）嘉定区嘉定新城上市企业总部集聚商务区

嘉定新城上市企业总部集聚商务区，位于嘉定新城中心区，南至双单路、东至横沥河、北至天祝路、西至合作路，由上市企业总部商务区、上市企业总部配套区、上市企业孵化区三个功能区构成，总占地2 052亩。着力吸引年税收在1 500万元以上的上市企业总部入驻，推动相关银行、保险、证券、期货、基金、评估、审计等机构集聚，在嘉定形成金融副中心。

（十九）崇明县陈家镇现代服务业集聚区

陈家镇现代服务业集聚区，位于崇明县东滩陈家镇内，东至团旺路、西至中滨路、南至东滩大道、北至裕鸿路，分为论坛岛区、综合商务区，规划占地面积845公顷。集聚区主导产业为科技研发、创意产业、数字软件、会议会展、商务办公、总部经济、养生养老、休闲度假等，"十二五"期间，这里将被打造成为陈家镇现代服务业与生产性服务业的核心产业园。

（二十）奉贤区南桥中小企业总部商务区

奉贤区南桥中小企业总部商务区，位于南桥新城的核心区域，东至金海

公路，南至 G1501 高速公路，西至 S4 高速公路，北至南奉公路，规划面积 1.47 平方公里。该区服务于长三角及全国中小企业，将形成总部商务特色鲜明、生产服务功能突出、商务旅游休闲集中的现代服务业集聚区。

(二十一) 青浦区西虹桥商贸商务集聚区

青浦区西虹桥商务区是虹桥商务区的重要组成部分，东起规划小涞港、西至 G15 沈海高速公路、南起徐泾港、北至北青公路，整体规划面积约 822 公顷。集聚区以会展服务业、流通服务业、总部经济、现代金融服务业以及创意产业为五大主导产业。"十二五"期间，集聚区产业总体布局定位于"一核、两区"。其中"一核"为国家会展中心以及配套产业集聚区，"两区"为西部总部基地与商贸金融服务集聚区和北部蟠龙文化休闲与创意产业集聚区。

(二十二) 松江区松江新城国际生态商务区

松江区松江新城国际生态商务区，位于松江新城东部，东接工业园区，西临松江新城地铁九号线和大学城，规划占地面积 4.14 平方公里，主导产业为商务商业和金融服务。

(二十三) 金山区枫泾国际商务区

金山区枫泾国际商务区，东至朱枫公路，南至浙江边界，西至浙江边界，北至浦泽塘，规划面积 470 公顷，是企业区域性总部（结算中心、营销中心、管理中心、研发中心、培训中心）的集聚区，主要为生产者提供金融、商务、政务、信息技术、网络通讯、云计算、教育培训、物流等服务。目前，集聚区入驻企业 208 家，2011 年实现销售 10.01 亿元，实现税收 2.892 亿元，就业人数达到 3400 人。

(二十四) 闵行区七宝生态商务区

闵行区七宝生态商务区，位于虹桥综合交通枢纽东南角，东至外环线，南至漕宝路，西至横沥港，北至航南路，由中心商务区、闵行文化公园两大板块组成，总用地 1 888.35 亩。该区主导产业为文化创意产业，重点引进两类目标企业：一是文化创意类企业，主要来自新闻服务、出版发行和版权服务、文化用品销售、文化娱乐服务、网络文化服务五大细分产业；二是销售、营运总部类企业，主要来自机械设备、电子信息、生物医药、化学化工四大细分产业的销售、营运总部，以世界 500 强企业、国内外行业领军企业为主。

四、基于城市功能区的上海金融业集聚

(一) 上海金融业在我国处于领先地位

2012 年，上海金融业占第三产业的比重达 20.03%，对上海市国内生产

总值的贡献为 12.19％（见表 4-10）。2011 年，金融业从业人员占第三产业的比重达 4.57％，占上海市总从业人员的 2.57％（见表 4-11）。

表 4-10　　　　1994—2012 年上海市三次产业生产总值构成　　　　单位：亿元

年份	上海市生产总值	第一产业	第二产业	其中		第三产业	其中
				工业	建筑业		金融保险业增加值
1994	1 990.86	47.61	1 148.45	1 074.37	74.08	794.80	214.75
1995	2 499.43	59.82	1 419.41	1 308.20	111.21	1 020.20	245.45
1996	2 957.55	68.72	1 596.72	1 452.79	143.93	1 292.11	347.84
1997	3 438.79	72.03	1 774.02	1 598.91	175.11	1 592.74	459.63
1998	3 801.09	73.84	1 871.89	1 670.19	201.70	1 855.36	512.21
1999	4 188.73	74.49	1 984.64	1 787.98	196.66	2 129.60	577.56
2000	4 771.17	76.68	2 207.63	1 998.96	208.67	2 486.86	685.03
2001	5 210.12	78.00	2 403.18	2 166.74	236.44	2 728.94	619.99
2002	5 741.03	79.68	2 622.45	2 368.02	254.43	3 038.90	584.67
2003	6 694.23	81.02	3 209.02	2 941.24	267.78	3 404.19	624.74
2004	8 072.83	83.45	3 892.12	3 593.25	298.87	4 097.26	612.45
2005	9 247.66	90.26	4 381.20	4 036.85	344.35	4 776.20	675.12
2006	10 572.24	93.81	4 969.95	4 575.30	394.65	5 508.48	825.20
2007	12 494.01	101.84	5 571.06	5 154.42	416.64	6 821.11	1 209.08
2008	14 069.87	111.80	6 085.84	5 576.79	509.05	7 872.23	1 414.21
2009	15 046.45	113.82	6 001.78	5 408.75	593.03	8 930.85	1 804.28
2010	17 165.98	114.15	7 218.32	6 536.21	682.11	9 833.51	1 950.96
2011	19 195.69	124.94	7 927.89	7 208.59	719.30	11 142.86	2 277.40
2012	20 101.33	127.80	7 912.77	7 159.36	753.41	12 060.76	2 450.36

说明：（1）1994—2011 年数据来源：国家统计局网站，《中国统计年鉴》（1995—2012 年），http：//www.stats.gov.cn/tjsj/ndsj/2012/indexch.htm。

（2）2012 年数据来源：上海统计局网站，http：//www.stats-sh.gov.cn/sjfb/201301/251723.html。

表 4-11　　　　1994—2011 年上海市三次产业从业人员构成　　　　单位：万人

年份	上海市从业人员总计	第一产业	第二产业	第三产业	金融从业人数
1994	850.04	98.21	478.57	273.26	—
1995	855.72	102.13	466.99	286.60	—

续表

年份	上海市从业人员总计	第一产业	第二产业	第三产业	金融从业人数
1996	851.21	102.52	444.80	303.89	—
1997	847.25	107.67	416.04	323.54	—
1998	836.21	104.05	384.88	347.28	—
1999	812.09	92.69	377.28	342.12	9.46
2000	828.35	89.23	367.04	372.08	10.05
2001	752.26	87.18	309.91	355.17	11.07
2002	792.04	84.24	320.93	386.87	15.13
2003	813.05	73.72	317.12	422.21	17.32
2004	836.87	67.29	315.97	453.61	15.92
2005	863.32	61.02	322.33	479.97	18.24
2006	885.51	55.33	327.63	502.55	19.57
2007	909.08	53.71	342.75	512.62	21.61
2008	1 053.24	49.38	424.16	579.70	23.19
2009	1 064.42	48.53	423.03	592.86	22.11
2010	1 090.76	37.09	443.74	609.93	24.11
2011	1 104.33	37.28	445.08	621.97	28.41

资料来源：国家统计局网站，《中国统计年鉴》（1995—2012 年），http：//www.stats.gov.cn/tjsj/ndsj/2012/indexch.htm。

早在 20 世纪的 20—30 年代，上海就已经成为中国最大的金融中心，乃至远东地区的国际金融中心。[1]经过几十年的历史变迁，上海金融业在我国依然处于领先地位，集中了全国性证券、外汇、商品、期货、金融期货、黄金等市场。2012 年底，上海金融机构总数达到 1 224 家。其中，货币金融服务单位 510 家，资本市场服务单位 193 家，保险业单位 347 家，经营性外资金融单位 208 家，外资金融机构代表处 210 家，[2]形成了银行、证券、保险和资产管理等门类齐全的金融机构体系。一批新型的金融机构，如全国性商业银行业务营运中心（包括票据、资金运作、信用卡和数据中心）、货币经纪公司、汽车金融服务公司、农业保险公司、保险资产管理公司、中国银联等相继落户上海，进一步丰富了上海金融机构的种类。上海金融机构规模发展壮大，集聚程度不断增加，成为国内金融资产的交易中心和定价中心。

（二）金融机构集聚存在两种路径

城市金融业的集聚表现为金融机构的集聚。所谓金融机构集聚，就是指

---

[1] 王家辉. 上海与主要国际金融中心城市的实力比较 [J]. 上海金融，2012（12）：99−100.

[2] 上海市统计局网站，2012 年上海市国民经济和社会发展统计公报，http：//www.stats-sh.gov.cn/sjfb/201302/253153.html.

一国的金融监管部门、金融中介机构、跨国金融企业、国内金融企业等具有总部功能的机构在地域上向特定区域集中，并与其他国际性（跨国）机构、跨国公司、国内大型企业总部之间存在密切往来联系的特殊产业空间结构。[1]

1. 金融体系形成的两种机制

金融体系形成的机制有两种：一是需求反应型（Demand Following），二是供给引导型（Supply Leading）。

需求反应型是指金融体系随着经济发展自然而然形成，是靠市场力量自发形成的。其产生、发展、变化都与经济发展密不可分，是经济发展的伴随物，并非政府意志或政策的结果，一般都是港口城市，如伦敦、纽约等传统型国际金融中心。那是因为，在一定的区域经济范围内，经济的发展为金融企业提供一系列成熟稳定的交易条件和信息，从而使金融企业最终在该地域内稳定下来，并从单一的金融企业群到发展到拥有相关金融配套企业的集聚，这种金融体系的形成一般都比较漫长，需要经历几十年甚至上百年的孵化演变，一般发生在典型的发达资本主义国家。

供给引导型是指金融体系的产生并非依靠经济自身发展形成，而是政府通过人为设计制定相应的产业政策、强力支持金融产业聚集而形成的，如优惠的土地政策、提供便利、高效的基础设施，低税收政策等。该理论认为，可以通过政府积极干预来促进金融体系形成，从而提高资源优化配置能力，达到促进区域经济持续快速发展，然后又反过来促进金融体系的良性循环过程，一般发生在第二次世界大战以后新兴的工业国家或地区。

2. 金融机构的两种集聚路径

对应于金融体系的"需求反应型"和"供给引导型"形成机制，金融机构集聚通常存在两种路径：一种是内生集聚路径，另一种是外生集聚路径。[2]

金融机构的内生集聚路径是指，随着实体经济增长，实体经济对金融的需求必然增加，进而产生了新的金融需求，因而金融市场获得了相应扩张，国家的金融制度和金融法规也随之发生变化，这种变化又刺激了金融的进一步发展，伴随着金融发展的同时，金融机构逐渐增加，在金融发展自身规律的

---

[1] 林江鹏，黄永明. 金融产业集聚与区域经济发展——兼论金融中心建设 [J]. 金融理论与实践，2008（6）：49-54.

[2] 陈铭仁. 金融机构集聚论——金融中心形成的新视角 [M]. 北京：中国金融出版社，2010：101-106.

作用下，金融机构逐步集聚到某一区位的过程。通过金融机构空间集聚，以及金融机构集聚状态中各市场主体相互作用产生"技术溢出效应"和"稠密市场效应"，伴随着规模经济效益，产生与之相适应的金融体系，金融体系不断发展，使金融机构进一步在空间上集聚。伦敦金融机构集聚过程就是典型的金融机构内生集聚路径。金融机构内生集聚路径可用图 4-6 直观表示出来。

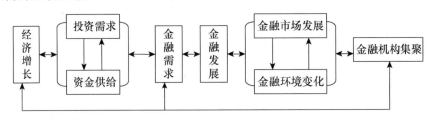

图 4-6 金融机构内生集聚路径

资料来源：陈铭仁. 金融机构集聚论——金融中心形成的新视角［M］. 北京：中国金融出版社，2010：102。

金融机构的外生集聚路径是指，本来并不具有比较优势甚至还处于不利地位的区位，在实体经济及其规模相对弱小、以及金融发展水平较低的前提下，政府有意识地根据现有条件，通过制定一系列政策刺激金融市场的发展，创造或强化其比较优势，从而吸引金融机构进入而实现金融机构集聚的过程。新加坡金融机构集聚过程就是外生集聚路径的典型代表。金融机构外生集聚路径如图 4-7 所示。

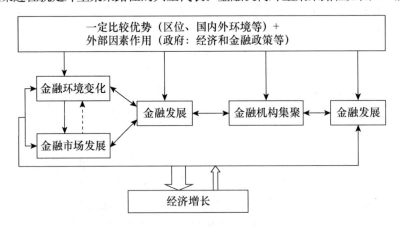

图 4-7 金融机构外生集聚路径

资料来源：陈铭仁. 金融机构集聚论——金融中心形成的新视角［M］. 北京：中国金融出版社，2010：104。

政府实施优惠产业政策，改善金融业运营环境，提高金融机构选址预期收益，吸引金融机构在规划区位集聚。其实质是通过金融体系的超前产生和发展刺激经济增长，发挥金融发展对经济增长的先导作用。

3. 金融机构两种集聚路径的关系

金融机构两种集聚路径之间存在区别。一方面，两者的适用条件不同。内生集聚路径主要是伴随着经济和金融发展而自发实现的，是金融发展自身规律的结果，外在因素在其中（至少在金融机构集聚发生的初期）不是起主要作用的因素；而外生集聚路径则正好相反，它是在金融发展水平不高、区位经济实力不强和金融环境不好的条件下，通过外在因素的作用，并利用区位条件和国内外有利形势而创造出区位优势，从而产生的金融机构集聚。另一方面，二者所实现的现实目标不同。内生金融机构集聚路径是对区位经济发展水平的集中反映，是经济和金融发展的结果，而外生集聚路径则相反，是通过金融的超前优先发展、发挥金融发展对经济增长的先导作用，利用金融的中介作用来刺激经济增长。

但是，金融机构两种集聚路径之间的区别不是绝对的，二者存在一定的联系。内生集聚路径强调内在因素在金融机构集聚过程中的决定作用，但实际上外在因素在这个过程中也起一定的作用，例如政府的经济和金融政策。政府可通过实施特定经济和金融政策，直接或间接加速金融业集聚；或促使金融机构集聚区位发生迁移；或促使已衰落的金融机构集聚区再度繁荣。因此，在金融机构内生集聚路径中内外在因素并存，但内在因素起主要作用，外在因素起次要作用，与金融机构外生集聚路径外在因素起主导作用相反。

（三）上海金融业集聚实证研究

伦敦、新加坡这些世界著名的金融机构集聚历程说明，金融产业集聚最初总是选择那种在资源禀赋、交通区位等方面具有先天优势的区域；当一个区域或城市所具有的金融产业集聚地潜力初露端倪的时候，政府以清醒合理的定位，予以积极扶持，那么金融产业集聚的规模将迅速得到扩大，其金融集聚等级地位也会很快得到提升；当金融集聚地地位巩固，辐射效应逐渐放大的时候，进驻该区域的金融企业以及与其配套的上下游企业，将对金融集聚的深度、广大发挥出核心作用。

上海主体功能区以及现代服务业集聚区的规划，促进了上海金融业的集聚发展，仅陆家嘴金融贸易区就集聚了 613 家国内外金融要素市场和银行、证券、保险等中外金融机构，约占全市的 70%。[1]2004—2010 年，从全市口径测算，上海市金融业区位熵均值 $LQ > 1.5$（见图 4-8）；从市区口径测

---

[1]　朱桦. 上海现代服务业集聚区发展模式探讨 [J]. 上海经济研究，2012（8）：90-98.

算，其均值 $LQ>1$（见图 4-9），因此，上海市金融业的集聚，促使其竞争力进一步增强。但是，与其他重要生产性服务业行业相比，金融业的区位熵均值依次低于租赁和商务服务业、科学研究与技术服务和地质勘查业、交通仓储邮电业、房地产业，仅高于信息传输、计算机服务和软件业。"十一五"期间，上海金融业区位熵经历了 2006 年大幅上升、2007 年大幅下降、2007—2010 年微幅上升的变化。与此同时，上海市金融业增加值从 2006 年的825.20 亿元上升到 2010 年的 1 950.96 亿元（见表 4-11），增幅高达136.42%。结合上海市金融业区位熵、增加值的变化进行分析，"十一五"期间，在政府功能区规划推动下，上海金融业从中心城区向远城区扩展，形成区域性的金融集聚区。

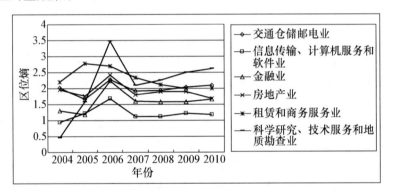

图 4-8　2004—2010 年上海市金融业区位熵（全市口径）

说明：根据附表 4-7 "2004—2010 年上海市金融业区位熵（全市口径）"数据作图。

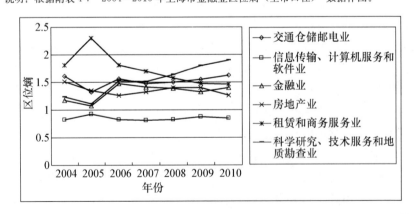

图 4-9　2004—2010 年上海市金融业区位熵（市区口径）

说明：根据附表 4-8 "2004—2010 年上海市金融业区位熵（市区口径）"数据作图。

第四节 基于城市功能区的广州服务业集聚

2012 年，广州市现代服务业实现增加值 5 343 亿元，占广东省现代服务业增加值的比重为 35.5%，占广东省国内生产总值的比重为 39.4%，高于深圳（4 899 亿元、37.8%）、佛山（1 385 亿元、24.9%）、东莞（1 543 亿元、30.8%）等市的数据。广州市现代服务业增加值占其服务业增加值的比重达 62%，在全省乃至全国处于领先水平。[1]近年，城市功能区和现代服务业集聚区的规划促进了广州现代服务业的快速发展。

一、广州市四类城市功能区

2012 年 9 月 14 日颁布的《广东省主体功能区规划（2008—2020）》，[2]将广州市总体划入国家级优化开发区域珠三角核心区，对广州市功能定位为：以优化提升为主要发展方向，增强作为国家中心城市的高端要素集聚、科技创新、文化引领和综合服务功能，强化组织经济活动和配置资源的中枢作用，突出发展服务经济，大力发展现代服务业和先进制造业，建设国际商贸中心、世界文化名城、国家创新型城市、综合性门户城市、区域文化教育中心和全省宜居城乡的"首善之区"，成为面向世界、服务全国的国际大都市。广州四类城市功能区如图 4-10 所示。

（一）功能强化型区域

功能强化型区域包括越秀、天河、荔湾、海珠、黄埔区西部以及白云区南部，重要功能节点包括珠江新城—员村地区、琶洲地区、城市新中轴线南段地区、白云新城、白鹅潭地区、广州（黄埔）临港商务区、越秀核心产业功能提升区、天河智慧城。该区重点发展总部经济、商务会展、金融、信息服务、专业服务、创意产业等现代服务业，突出完善高端服务功能、提升大都市城市品质和形象。

（二）优化拓展型区域

优化拓展型区域包括中新广州知识城、南沙新区、空港经济区、广州南

---

[1] 耿旭静. 广州今年投 135 亿元建设六大现代服务业功能区 [EB/OL]. http：//www. gd. xinhuanet. com/newscenter/2013-05/11/c_115725611. htm，2013-5-11.

[2] 广东省主体功能区规划（2008—2020）[EB/OL]. http：//www. gd. gov. cn/wjfj/20121108/fujian3. doc.

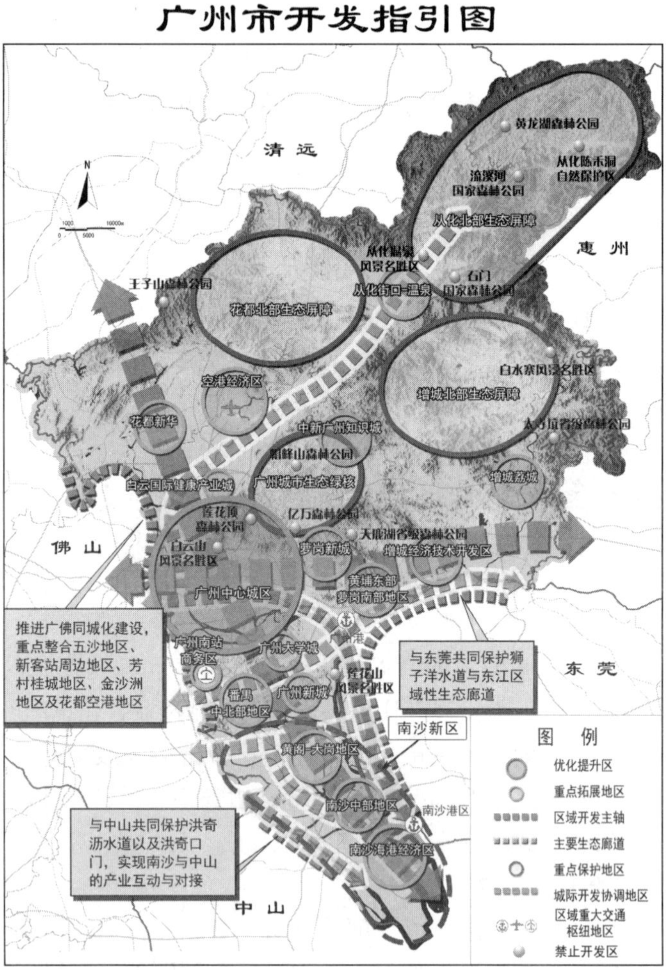

图 4-10 广州四类城市功能区

资料来源：《广东省主体功能区规划（2008—2020）》，http：//www.gd.gov.cn/wjfj/20121108/fujian3.doc。

站商务区、增城经济技术开发区、从化温泉地区、大学城周边地区、广州新城、白云国际健康产业城。该区重点发展先进制造业、高新技术产业和现代服务业，拓展城市空间、提升产业发展能级、带动周边区域共同发展，成为推动全市经济发展和功能提升的重要引擎。

（三）重点保护区与禁止开发区

重点保护区与禁止开发区包括：一是历史街区与文物古迹：继承发扬城市传统文化，凸现岭南古都风貌。二是北部山林生态屏障区，包括从花都北部至从化北部再到增城东北部的山林地区。三是白云山、帽峰山、凤凰山、火炉山、海珠万亩果园、万顷沙南部湿地公园等，具有为大都市提供绿色开敞空间、游憩空间以及调节都市生态平衡的重要作用，是市民亲近自然的重要场所。四是四条东西向生态廊道：沿流溪河生态廊道，珠江前后航道—东江生态廊道，金山大道、大岗—鱼窝头—海鸥岛生态廊道；三条南北向生态廊道：市域西部生态廊道（经花都西部山体—珠江西航道—芳村花卉产业区—陈村水道—大夫山—滴水岩—洪奇沥），中部干线—蕉门水道，陈家林—狮子洋生态廊道。五是基本农田以及各级自然保护区、风景名胜区、森林公园、水源保护区等。

二、基于城市功能区的广州现代服务业功能区规划

广州市根据城市功能规划，以及《广州市现代服务业发展"十一五"规划》等，2009 年 6 月出台了《广州市现代服务业功能区发展规划纲要（2009—2020）》[1]，重点规划发展定位明确、各具特色的八大现代服务业功能区：着力建设广州大中央商务区（CBD）和西部商贸文化创意区等两大功能区；重点打造南部新型商贸旅游区、东北部科技创新核心区、东部生产服务区、东南部知识创新与文体服务区等四大"外拓型"功能区；集中打造北部空港经济区和南沙海港经济区等两大"远城型"功能区，最终形成支撑广州 21 世纪都会功能与现代服务业发展的合理空间格局。

（一）中央商务区

中央商务区主要由"珠江新城—员村—琶洲"、"天河北—环市东—东风路"组成，未来进一步涵括邻近的滨江休闲商务带和白云新城高端商务区。该区主要形成以商务、会展、金融服务为主题的大中央商务区发展格局。

（二）西部商贸文化创意区

西部商贸文化创意区位于荔湾区及海珠区部分老城区，主要包括白鹅潭经济圈、广州创意产业园等。该区主要依托区内旧厂房更新、历史建筑保护和遍布老城区的专业市场改造，建成广州西部并辐射佛山地区的商贸中心及创意产业基地。

（三）南部新型商贸旅游区

南部新型商贸旅游区位于番禺区西北部，主要包括长隆—汉溪—万博商业中心、铁路新客站商贸物流区、市桥中心区、广州国际商品展贸城等四大组

---

[1] 广州市现代服务业功能区发展规划纲要（2009—2020）［EB/OL］. http：// fgj. getdd. gov. cn/editor/UploadFile/2009681083998. doc.

团。该区主要依托便利交通条件和已有商业资源布局，逐步发展为广州新型都会级商贸中心区，成为广州中心城区商业功能最重要的战略接替带和延伸区。

（四）东北部科技创新核心区

东北部科技创新核心区位于广州市东北部邻近天河区一带，以天河软件园、黄花岗信息园为信息服务区，含广州科学城、五山科教文化区等高技术研发创新与智力密集区。该区以天河软件园、黄花岗信息园、广州科学城为核心，建成支撑广州产业发展、辐射珠三角的华南地区最高水平的信息服务、科技和金融创新中心。

（五）东部生产服务区

东部生产服务区位于广州科学城以东拓展轴上，包括广州（黄埔）临港商务区、大沙地"回"字型商圈区、广州开发区配套服务区、萝岗新城、新塘商贸物流中心、增城汽车产业基地配套园区等集聚区。该区主要依托广州东部产业密集带形成生产服务功能区，建成主要服务东部或东莞地区的区域生产服务功能区。

（六）东南部知识创新与文体服务区

东南部知识创新与文体服务区位于番禺大道（南沙港快速路）以东，东至珠江，包括海珠科技产业基地、国际生物岛、广州大学城、数字家庭产业园、节能科技园、清华科技园、星力动漫产业园、亚运新城等主要节点。该区以大学城建设和举办"亚运会"为契机，优化番禺东部产业结构，打造大学城科技产业带，形成以高等教育、科技研发、生物医药、网游动漫、体育休闲等产业为主的广州东南部产、学、研创新发展区和新型文化体育休闲区。

（七）北部空港经济区

北部空港经济区位于花都区南部和白云区北部，主要包括空港国际物流园区、机场商务区、联邦快递转运中心配套产业园区等，进一步涵括广州国际品牌总部经济产业基地、南国汽车城、狮岭皮具城、广州国际名店城、新白云机场配套商贸服务区、黄金围现代物流园、帽峰山休闲度假区等集聚区。该区主要依托新白云国际机场，共同形成带动珠三角、辐射华南、影响东南亚的临空产业经济区和国际时效物流基地。

（八）南沙海港经济区

南沙海港经济区位于南沙中南部，以南沙国际深水港以及位于港口后方的国际物流园区为核心，包括邻近的南沙科技创新服务区、南沙国际汽车产业服务区和南沙新城综合服务区。该区主要依托南沙深水港，建成华南地区规模最大的临港经济带动区和广州三大国际物流枢纽基地之一。

三、基于城市功能区的广州现代服务业集聚区特征

广州市现代服务业集聚区现状如表 4-12 所示。

表 4-12　　　　　　　　广州市现代服务业集聚区现状

名称	占地面积	入驻企业	就业人数	营业收入	总投资
一、商务服务区					
珠江新城中央商务区	6 平方公里	28 家金融机构总部			
环市东中央商务区	1 平方公里	总部企业 10 家	194 703 人	1 687.96 亿元	460 亿元
琶洲国际会展区	1.5 平方公里	琶洲国际会展中心			
二、创意产业园					
荔湾创意产业集聚区	11.5 平方公里	60 多家	6 000 多人		
广州 TIT 纺织服装创意园	9 平方公里	50 多家	4 000 人	运营后达100 亿元	20 亿元
从化动漫产业园	规划 2 580 亩	核心企业20 多家	3 200 人	销售收入2.1 亿元	2.5 亿元
三、软件产业园					
天河产业园	26 平方公里	1 400 家企业		总收入541.9 亿元	
广东软件科学园	100 亩	229 家企业	5 000 人	总产值 52 亿元	60 亿元
四、现代物流园					
南沙保税港区	7 平方公里	85 家企业	3 000 人	10 亿元	41.65 亿元
广州空港物流园区	1 000 亩	60 多家	3 500 人	20 亿元	
林安物流集聚区	400 多亩	1 200 家	8 000 人	5 亿元	
五、商贸集聚区					
北京路商贸区	1.2 平方公里	10 条商业街		211.5 亿元(2005)	
上下九路商贸区		各类商业店铺239 间，商户数千个			
江南果菜批发市场园区	40 万平方米	600 多家经销大户	14 803 农户	年交易额176 亿元	
流花时尚品牌营运区	1.5 平方公里	42 家大中型批发服装企业，商铺近 2 万档	5 万人	年交易额330 亿元	
六、综合性生产服务区					
广州民营科技园生产性服务业集聚区	核心园区规划 1 223 亩	236 家	7 000 多人	年产值41.27 亿元	

续表

名称	占地面积	入驻企业	就业人数	营业收入	总投资
狮岭皮具生产性服务区	6 000 亩	33 家代表性企业	30 多万人	年产值120 亿元	
中新知识城	起步区6 平方公里	33 家机构或企业	规划 2.5 万人		
七、文化教育区					
广州大学城	143 平方公里	入住高校 10 所	学生 20 万		
五山高校科研密集区	30 平方公里	高校与科研机构 10 多家			
亚运新城	30 平方公里	亚运场馆			
八、旅游休闲区					
长隆旅游度假区	4 000 亩		5 000 多人	12.863 9 亿元	
流溪温泉旅游度假区	29 平方公里	大型度假村 4 家	3 000 多人	1.496 亿元	

注：表 4-12 只选取了各类服务业中有代表性的集聚区。

资料来源：张强，卢晓媚，陈翠兰. 加快广州现代服务业集聚区优化发展的对策研究［A］. 刘江华，张强，欧开培. 迈向服务经济——广州的实践与思考（2011）［M］. 广州：中山大学出版社，2011：259－260。

（一）现代服务业集聚区呈现数量增多、类型丰富、能级提升的发展态势

20 世纪 80 年代末，广州只有几个传统商贸集聚区，而现在发展成为天河 IT 圈、北京路国际商贸文化旅游区、大学城文化教育集聚区、琶洲国际会展商务圈、港口物流园区、空港物流园区等几十个现代服务业聚集区。集聚区也从单一类型的商贸聚集区，发展成为中央商务区（CBD）、商务会展区、商业中心区、创意产业园、软件园、物流园区、批发市场群、文化艺术区、文化旅游区等多种类型的现代服务业集聚区。并且，集聚区能级快速提升，从一般集聚区发展到一大批辐射面广、经济集聚能力强的集聚区。如有重点打造的以珠江新城为代表的中央商务区，有通过高标准规划建设的广州科学城、天河软件园和广州国际生物岛等高新技术产业园区，还有成为现代物流业重要载体的枢纽型物流园区。与此同时，传统商贸集聚区通过改造更具有品牌效应，如北京路、上下九路的商贸集聚区。[1]

（二）现代服务集聚区空间布局呈现分散化、多极化的扩散趋势

随着广州市城市功能区空间布局的不断优化、城市发展水平的不断提高，

---

[1] 张强，卢晓媚，陈翠兰. 加快广州现代服务业集聚区优化发展的对策研究［A］. 刘江华，张强，欧开培. 迈向服务经济——广州的实践与思考（2011）［M］. 广州：中山大学出版社，2011：257－262.

广州现代服务业集聚区空间布局正朝着符合产业性质、城市服务业整体空间布局的方向发展，空间特征凸显。在空间分布上，CBD、商务会展业、商业中心、文化艺术、历史文化旅游业等集聚区，主要分布在老城区和市中心地区；而创意产业园、软件园等新兴服务业集聚区，主要分布在城市中圈层；物流园、批发市场、自然文化旅游等集聚区，则主要分布在城市外圈层。广州现代服务业集聚区逐步由市中心向周边地区分散化、多极化发展，初步形成点、线、面有机结合的发展格局。在产业功能布局上，各集聚区主体功能定位明确，错位发展，特色显现。

（三）传统型与新兴型现代服务业集聚区"双轨并进"

北京路、上下九路等传统型商贸聚集区通过科学规划，不断改善基础设施，主体功能不断凸显，成为集商贸、文化、旅游等为一体的商贸旅游集聚区。与此同时，天河区、越秀区的中央商务区和总部经济集聚区；亚洲最大的会展中心——琶洲会展中心；国家南方金融中心——广州金融创新服务区；广州科学城、天河软件园、广州国际生物岛、广州大学城；南沙海港、花都空港、黄埔综合园区等物流园；创意产业园等一大批新兴型服务业集聚区迅速崛起。

（四）政府为主导、各方力量共同推动现代服务业聚集区发展

珠江新城金融区、东风路商务带、大学城、科学城等广州大部分服务业聚集区是按照政府规划发展起来的，政府是聚集区建设的主导力量。但是，同时出现了许多由民营企业、集体企业推动发展的服务业功能区，如文化新城——广东文化创意产业园（联星创意产业园）是由广东省文化厅、广州市海珠区和市联星经济合作社等共同发起建设的一个综合性文化产业发展基地；广州国际机械装备交易中心的开发企业则是一家股份制综合型民营企业——东凌集团；著名的万博—长隆商业旅游休闲区，主要由外资企业荷兰 BUSINESS CONSUL-TANCY CHIAN B. VI WANBO IAIRNATTONAL、大型民营企业长隆集团以及广州市番禺区房地产有限公司等共同推动发展。广州现代集聚区建设形成了以政府推动建设为主，以民营和外资企业为重要补充，投资主体多元化的发展格局。

（五）现代服务业聚集区区域经济带动作用与辐射效应日益增强

广州现代服务业聚集区对区域经济的带动作用与辐射效应日益增强。广州梓元岗皮革皮具市场群成为在全国具有影响力的皮具皮材交易中心；广东音像城是文化部授予的全国唯一的"国家级音像制品批发市场"，建立了业务范围遍及全球的中国音像商务网；广州江南果菜批发市场是华南地区最大的

蔬菜集散地，也是全国最大的进口水果集散地；天河软件园作为国家软件产业基地，园区总体经济规模在全国 11 个国家软件产业基地中位居前列，成为天河区经济发展的强大引擎。

四、基于城市功能区的广州现代服务业集聚

选择区位熵作为广东现代服务业集聚程度测度指标，选取六类现代服务业重要行业作为研究对象，包括交通运输、仓储和邮政业，信息传输、计算机服务和软件业，金融业，房地产业，租赁和商务服务业，科学研究、技术服务和地质勘查业。考虑到现代服务业最重要的生产要素是人力资本，选用从业人员的数据更能反映生产性服务业的集聚情况。此处所用数据来源于 2005—2011 年的《中国城市统计年鉴》。由于 2002 年颁布的《GB/T 4754—2002 国民经济行业分类》对第三产业的分类重新进行了调整，为了保持统计数据的一致性，此处主要就 2004 年以来的广州现代服务业发展变化情况进行分析。

（一）广州市中心城区服务业集聚程度高于郊区

2004—2010 年，以服务业从业人数以及全市口径测算，广州市服务业区位熵呈缓慢增长趋势，但各年的 $LQ > 1$。以市区口径测算的均值（1.117 5）大于全市口径的均值（1.069 0），说明服务业在广州市中心城区集聚程度高于郊区（见表 4-13、表 4-14）。

表 4-13　　　　　　2004—2010 年广州市服务业区位熵
（以服务业从业人数、全市口径测算）

	2004 年	2005 年	2006 年	2007 年	2008 年	2009 年	2010 年	平均值
区位熵	1.027 2	1.066 6	1.080 1	1.063 9	1.070 1	1.081 8	1.093 6	1.069 0

说明：数据来源于 EPS 数据平台，EPS 数据来源于各年度《中国统计年鉴》、《中国区域经济统计年鉴》、《中国城市统计年鉴》等。

表 4-14　　　　　　2004—2010 年广州市服务业区位熵
（以服务业从业人数、市区口径测算）

	2004 年	2005 年	2006 年	2007 年	2008 年	2009 年	2010 年	平均值
区位熵	1.117 0	1.136 3	1.135 4	1.108 2	1.109 6	1.100 4	1.115 8	1.117 5

说明：数据来源于 EPS 数据平台，EPS 数据来源于各年度《中国统计年鉴》、《中国区域经济统计年鉴》、《中国城市统计年鉴》等。

对于服务业在广州市中心城区集聚程度高于郊区这一观点，还可从分析广州各区县服务业区位熵进一步得以证实。2007—2011 年，在广州市的 10

区 2 县中，区位熵均值 $LQ>1$ 的有 5 个区，依次是越秀区、天河区、海珠区、荔湾区、白云区，其他 5 区 2 县小于 1。区位熵唯一超过 1.5 的是越秀区，最低的是南沙区，仅为 0.28，中心城区服务业集聚度高于番禺区、花都区、萝岗区、南沙区郊区，也高于从化市、增城市，广州各区县服务业空间分布非均衡性的特征突出（见表 4-15）。

表 4-15　　　　2007—2012 年广州市及各区县现代服务业区位熵

	2007 年	2008 年	2009 年	2010 年	2011 年	2012 年	均值
荔湾区	1.155 481	1.160 525	1.145 206	1.157 262	1.182 746	1.179 763	1.163 497
越秀区	1.661 076	1.628 404	1.597 096	1.589 858	1.576 126	1.528 452	1.596 835
海珠区	1.320 165	1.338 959	1.338 907	1.332 694	1.332 266	1.313 353	1.329 391
天河区	1.376 284	1.379 359	1.369 036	1.395 369	1.389 163	1.357 723	1.377 822
白云区	1.132 486	1.138 918	1.153 787	1.188 234	1.194 594	1.171 703	1.163 287
黄埔区	0.504 478	0.521 662	0.605 014	0.573 773	0.575 577	0.605 629	0.564 356
番禺区	0.828 538	0.831 637	0.906 331	0.892 981	0.895 483	0.891 702	0.874 445
花都区	0.501 165	0.513 661	0.500 698	0.509 4	0.510 951	0.542 361	0.513 039
南沙区	0.263 412	0.277 365	0.278 629	0.271 411	0.272 898	0.300 963	0.277 446
萝岗区	0.255 945	0.290 695	0.326 764	0.331 179	0.340 824	0.363 794	0.318 2
增城市	0.613 299	0.601 438	0.601 879	0.629 703	0.535 003	0.602 541	0.597 311
从化市	0.656 687	0.689 318	0.902 175	0.723 078	0.722 698	0.712 355	0.734 385

注：广州市及各区县区位熵＝（广州各区县第三产业值/广州市第三产值)÷(广州各区县地区生产总值/广州市地区生产总值)。

数据来源：广州市统计局网站，http：//www.gzstats.gov.cn/tjgb/。

（二）现代服务业在广州空间分布表现出明显的集聚现象

总体上看，现代服务业在广州空间分布表现出明显的集聚现象。2004—2010 年，在考量的六类现代服务业中，无论是全市口径，还是市区口径，除广州的金融业 LQ 平均值<1 之外，其他五大现代服务业均呈现出空间集中布局现象（$LQ\geqslant1$）。从全市口径看，如房地产业、交通仓储邮电业甚至大于 2，显示出较强的区域竞争力。其他区位熵均值由高到低依次是租赁和商务服务业、信息传输与计算机服务和软件业、科学研究与技术服务和地质勘查业，金融业集聚程度最低（见图 4-11、图 4-12）。但是六大行业其全市口径区位熵均值都大于市区口径的值，表明广州市中心城区现代服务业有向远郊扩展的趋势。

广州是全国性中心城市，城市综合服务功能强、高级生产要素聚集程度高、市场需求规模大、制度环境基础好等因素为生产性服务业的集聚发展创造了良好的外部条件。第一，近年，广州城市向远郊拓展较快。第二，广州是综合交通枢纽城市，拥有完善的交通设施，通达性高。第三，作为国家中心城市拥有良好的城市综合服务功能，为发展商务服务业提供了前提和基础。第四，广州是广东地区拥有最多高校和科研院所的城市，科研实力强。

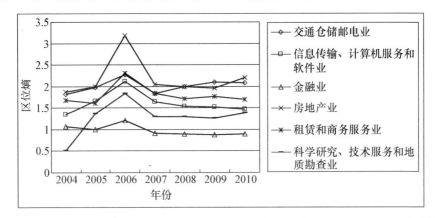

图 4-11　2004—2010 年广州市主要现代服务业区位熵（全市口径）

说明：根据附表 4-11"2004—2010 年广州市现代服务业区位熵（全市口径）"数据作图。

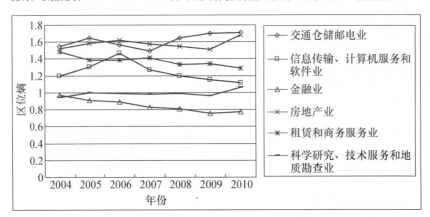

图 4-12　2004—2010 年广州市主要现代服务业区位熵（市区口径）

说明：根据附表 4-12"2004—2010 年广州市现代服务业区位熵（市区口径）"数据作图。

第五章

服务业集聚路径之三：基于城市总体规划的服务业集聚

城市总体规划是统筹和引导城市经济社会环境整体协调发展的一项重要的公共政策，确定和部署一定时期内城市经济和社会发展目标。如 2001 年 5 月颁布的《上海市城市总体规划（1999 年—2020 年）》，明确提出要把上海建设成为现代化国际大都市和国际经济、金融、贸易、航运中心之一，促进服务经济发展，形成以服务经济为主的产业结构。城市总体规划促使整个城市成为服务业集聚载体，对促进我国城市产业结构转型具有重要指导意义。因此，基于城市总体规划的服务业集聚成为城市服务业集聚演化路径的第三步。

第一节 中心城市及其服务业辐射力

一、中心城市的概念

早在 2000 年，全球 GDP 的 90％就已经由城镇生产。而这 90％中，又有 50％以上由国家中心级别城市生产。在城市化与全球化时代，一个国家的地位，正是由中心城市的地位所决定。

西方国家的中心城市，通常指在一组相互接近、联系密切、不同规模的城镇群体中，一两个规模最大或位置适中的城市，它们在经济、社会、文化等方面发挥主导作用。中心城市是经济区域内生产和交换集中的地方，对周围地区产生较强的经济辐射作用，它们承担组织和协调区域经济活动，其主要途径为：一是进行生产的分工、协作和扩散；二是通过流通，互通有无，促进竞争，形成优势；三是通过财政、金融、税收等经济手段和人才培训等促进地方经济发展。

20 世纪 80 年代以来，中国经济学界认为，中心城市是指在一定区域内和全国社会经济活动中处于重要地位、具有综合功能或多种主导功能、起着枢纽作用的大城市和特大城市。中心城市的城市性质以多职能综合性为主，除包括生产、服务、金融和流通等作用外，大多是政治和行政管理中心、交通运输中心、信息与科技中心和人才密集之地，它们构成了全国经济活动网络的主要连接点，对全国国民经济发展起主导作用。2010年2月中国住房和城乡建设部发布《全国城镇体系规划》，按中心城市影响范围大小，将中心城市分为全国性、区域性和地方性三个层级。

第一层级，五大国家中心城市。北京、重庆、上海、天津和广州被确定为国家中心城市。其中，北京是全国的政治中心，上海是全国的金融经济中心，重庆是中西部地区的经济、金融中心，天津是北方地区和环渤海地区的经济中心，广州是华南地区的经济交通行政中心。这从国家层面肯定了五大城市在全国经济发展中具备的引领、辐射、集散功能。

第二层级，六大区域中心城市。沈阳、南京、武汉、深圳、成都和西安被确定为区域中心城市。其中，沈阳是东北区域中心城市，南京是华东区域中心城市，武汉是华中区域中心城市，深圳是华南区域中心城市，成都是西南区域中心城市，西安是西北区域中心城市。

第三层级，其他省会城市和沿海经济发达城市。包括石家庄、太原、呼和浩特、长春、哈尔滨、杭州、合肥、福州、南昌、济南、郑州、长沙、南宁、海口、成都、贵阳、昆明、拉萨、西安、兰州、西宁、银川、乌鲁木齐23个省会城市，以及大连、青岛、苏州经济发达城市。

二、中心城市总体规划重视服务业发展

（一）五大国家中心城市功能规划

北京侧重其作为我国首都的政治功能和文化功能，上海侧重其现代化国际大都市的功能，天津则是国际港口城市，广州侧重于对外交往功能，重庆侧重其对长江上游及西部地区的聚集、辐射和带动作用。具体来说，在空间上，北京是我国的首都，上海是东部的中心，天津是北部（环渤海地区）的中心，广州是珠三角地区的中心，重庆是西部（长江上游）的中心；在对外开放程度上，北京定位为世界城市，上海是现代化国际大都市，天津是国际港口城市，广州是国际城市和对外交往中心，而重庆则是内陆开放高地；在文化功能上，北京定位为文化名城，上海和重庆为国家历史文化名城，广州则为文化中心；在基础设施方面，上海是国际航运中心之一，天津是国际港口城市，重庆则是西南地区综合交通枢纽。五大国家中心城市功能规划如表5-1所示。

表 5-1   五大国家中心城市功能规划

城市	政治功能	经济功能	文化功能	对外形象	生态宜居	基础设施
北京	国家首都	国际创新中心、商贸中心之一	文化名城	世界城市	宜居城市	全国交通枢纽
上海	国际重要的政治交往中心	我国经济引擎，全球经济中心之一	国家历史文化名城	现代化国际大都市，国际金融、贸易中心之一	国际宜居大都市	国际航运中心之一
天津	华北地区重要的政治中心	环渤海地区的经济中心，北方经济中心，北方金融中心	文化名城	国际港口城市	生态城市	国际港口城市
重庆	西部政治中心	长江上游经济中心，国家重要的现代制造业基地，西部创新中心，西部现代服务中心	国家历史文化名城	我国重要的中心城市之一，内陆城市对外开放基地	宜居城市	西南地区综合交通枢纽
广州	华南地区政治中心	南方经济中心	文化中心	国际城市，对外交往中心	生态城市	现代港口城市，南方交通枢纽

资料来源：李林，赵文丹. 国家中心城市的选择与功能定位 [J]. 学术交流，2012（4）：144。

（二）六大区域中心城市总体规划

目前，我国六大区域中心城市相继出台了城市功能规划，如《沈阳市城市总体规划（2011 年—2020 年）》、《南京市城市总体规划（2011 年—2030 年）》、《武汉市城市总体规划（2010 年—2020 年）》、《深圳市城市总体规划（2010 年—2020 年）》、《深圳市城市总体规划（2010 年—2020 年）》、《成都市城市总体规划（2011 年—2020 年）》、《西安市城市总体规划（2008 年—2020 年）》，六大区域中心城市城市规划各自依据区位优势，彰显产业特色，辐射带动区域经济发展。六大区域中心城市功能规划如表 5-2 所示。

表 5-2   六大区域中心城市功能规划

城市	城市辐射范围	文化功能	经济功能	基础设施
沈阳	东北地区中心城市	国家历史文化名城	国家先进装备制造业基地与科技创新产业基地，国家重要国际交流中心和文化产业基地。东北地区经济中心和金融中心，东北地区旅游集散地和目的地，沈阳经济区核心城市	国家综合交通、信息枢纽

续表

城市	城市辐射范围	文化功能	经济功能	基础设施
南京	华东地区中心城市	国家历史文化名城	国家重要创新基地。区域现代服务中心、长三角先进制造业基地	国家综合交通枢纽
武汉	中部地区中心城市	国家历史文化名城	国家重要的工业基地、科教基地。中部地区重要战略支点和龙头城市。高新技术产业为先导、先进制造业和现代服务业为支撑产业	国家综合交通、通信枢纽
深圳	国家经济中心城市	—	国际性金融、贸易和航运中心，国家高新技术产业基地和文化产业基地。国际著名旅游城市	国家重要的综合交通枢纽、边境口岸
成都	西部地区主要中心城市	国家历史文化名城	西部地区重要的金融中心、科技中心、物流和商贸中心。高新技术为先导、现代制造业为基础的新型工业基地。国家重要旅游城市	国家综合交通枢纽、通信枢纽
西安	西部地区中心城市	国家历史文化名城	国家重要的科研、教育和工业基地。装备现代制造、高新技术产业基地。强化金融、商贸、信息、物流等区域功能。国际旅游城市	国家交通枢纽

说明：根据六大区域中心城市的城市总体规划整理。

三、中心城市现代服务业区域经济辐射能力

康弗斯（P. D. Converse）1949 年对赖利（W. J. Reilly）在 1929—1931 年提出的"零售引力规律"加以发展提出城市地理学断裂点理论，该学说认为，一个城市对周围地区的吸引力，与它的规模成正比，与距它的距离的平方成反比。

依据这一理论，王利军（2012）[1]认为，中心城市现代服务业的区域经济辐射力应对现代服务业的发展基础、产业规模、产业结构和发展潜力 4 个指标进行综合测评，由此得到我国 19 个主要城市现代服务业区域经济辐射力综合得分。结果显示，北京、上海现代服务业区域经济辐射强度值分别为 0.815、0.725，远高于其他 17 个城市，居全国领先地位；武汉市为 0.269，在 19 个城市中居第 8 位，辐射力水平中等，为北京和上海两城市得分的一半不到，略高于广州和深圳得分的一半，与重庆、天津、成都、杭州及南京水平相当，高于大连、沈阳、宁波、西安、济南、哈尔滨、厦门和长春等城市（见表5-3）。

---

[1] 王利军. 武汉市现代服务业区域经济辐射力研究 [D]. 武汉：武汉理工大学，2002：30.

表 5-3　2011 年我国 19 个主要城市现代服务业区域经济辐射力综合得分

城市	发展基础		产业规模		产业结构		发展潜力		综合	
	得分	排名	得分	排名	得分	排名	得分	排名	得分	排名
北京	0.120	3	0.224	1	0.261	1	0.211	1	0.815	1
上海	0.157	1	0.178	2	0.226	2	0.163	2	0.725	2
广州	0.109	4	0.144	4	0.151	5	0.091	3	0.495	3
深圳	0.109	5	0.146	3	0.170	3	0.055	12	0.480	4
重庆	0.121	2	0.042	17	0.156	4	0.076	6	0.394	5
天津	0.102	6	0.086	5	0.078	7	0.086	5	0.351	6
成都	0.051	14	0.065	9	0.111	6	0.074	7	0.301	7
武汉	0.055	12	0.075	7	0.052	10	0.086	4	0.269	8
杭州	0.084	7	0.068	8	0.054	8	0.059	10	0.265	9
南京	0.054	13	0.076	6	0.053	9	0.062	9	0.244	10
大连	0.068	9	0.049	15	0.033	13	0.051	14	0.202	11
沈阳	0.058	11	0.056	12	0.030	14	0.054	13	0.199	12
宁波	0.080	8	0.039	18	0.045	11	0.031	17	0.195	13
西安	0.025	18	0.051	14	0.037	12	0.070	8	0.183	14
青岛	0.065	10	0.056	13	0.029	15	0.032	16	0.181	15
济南	0.041	16	0.065	10	0.018	16	0.057	11	0.180	16
哈尔滨	0.051	15	0.046	16	0.013	17	0.044	15	0.154	17
厦门	0.023	19	0.061	11	0.004	19	0.007	19	0.095	18
长春	0.037	17	0.023	19	0.005	18	0.025	18	0.090	19

数据来源：王利军. 武汉市现代服务业区域经济辐射力［D］. 研究武汉理工大学，2002：30.

第二节　中心城市服务业集聚的分析

　　城市的本质在于它的空间集聚性，人口在城市的集聚必然会对诸如餐饮、教育、卫生等生活服务业产生巨大的需求，工业企业和服务企业在城市的聚集，必然会需要金融、财会、研发等生产服务业的支持。此外，城市作为客流、物流、资金流、信息流的主要集中地，能为产业在城市的集聚提供大规模的公共基础设施、大量的劳动力和消费者。因此，城市成为服务业布局的首选之地。[1]

　　考虑数据的可获得性，选择中国各省、自治区、直辖市所辖市作为研究

---

[1]　陈泽鹏，李文秀. 区域中心城市服务业空间布局实证研究［J］. 广东社会科学，2008（1）：31.

中心城市服务业集聚的样本，以分析其服务业的空间布局。根据《中国经济年鉴》对中国东部、中部、西部地区的划分，东部沿海地区的 12 个中心城市是北京、天津、石家庄、沈阳、上海、南京、杭州、福州、济南、广州、南宁、海口；中部地区的 9 个中心城市是太原、呼和浩特、长春、哈尔滨、合肥、南昌、郑州、武汉、长沙；西部地区的 10 个中心城市是重庆、成都、贵阳、昆明、拉萨、西安、兰州、西宁、银川、乌鲁木齐。[1]

在我国，关于城市的概念可有不同的界定，即"建成区"（城镇非农业活动的建设地段）、"市辖区"（包括城区和郊区）、"全市"（包括市辖区、下辖的县和县级市）。"建成区"最为接近，但并不是我国现有城市有关数据的统计口径；"全市"则包含了大量的市辖县，它不完全是城市功能的主体，且其数量变动很大，不利于进行各个城市之间的比较；而"市辖区"基本上反映了城市各个主要方面，体现了城市的各项主要功能，能够比较正确地反映城市的作用和发展特点，且其界限相对稳定、数据可得，能够进行横向对比。

一、我国中心城市服务业发展现状

（一）31 个中心城市服务业总量规模快速扩张

虽然上述 31 个中心城市对各省、自治区、直辖市经济的拉动作用差异较大（见表 5-4），但是这些中心城市服务业发展迅速，服务业总量规模不断扩大，引领着全国服务业的发展。2004—2010 年，全国 31 个省、自治区、直辖市所辖中心城市服务业总量规模从 23 136.50 亿元增加到 69 838.83 亿元，年均增长率达到 33.64%（见表 5-5）。

表 5-4　　2004—2010 年，除 4 个直辖市外，全国 27 个中心城市国民
　　　　　生产总值占各省、自治区、直辖市国民生产总值的比重

城市	2004 年	2005 年	2006 年	2007 年	2008 年	2009 年	2010 年
石家庄	0.19	0.18	0.17	0.17	0.18	0.17	0.17
太原	0.18	0.21	0.21	0.22	0.21	0.21	0.19
呼和浩特	0.17	0.19	0.19	0.18	0.17	0.17	0.16
沈阳	0.28	0.26	0.27	0.29	0.29	0.28	0.27
长春	0.49	0.46	0.41	0.40	0.40	0.39	0.38
哈尔滨	0.35	0.33	0.34	0.34	0.35	0.37	0.35

---

[1]　资料来源：http://baike.baidu.com/view/2846647.htm。

续表

城市	2004 年	2005 年	2006 年	2007 年	2008 年	2009 年	2010 年
南京	0.13	0.13	0.13	0.13	0.12	0.12	0.12
杭州	0.22	0.22	0.22	0.22	0.22	0.22	0.21
合肥	0.12	0.16	0.17	0.18	0.19	0.21	0.22
福州	0.27	0.22	0.22	0.21	0.21	0.21	0.21
南昌	0.22	0.25	0.25	0.25	0.26	0.24	0.23
济南	0.14	0.15	0.10	0.10	0.10	0.00	0.10
郑州	0.16	0.16	0.16	0.17	0.16	0.17	0.17
武汉	0.35	0.34	0.34	0.34	0.35	0.36	0.35
长沙	0.20	0.23	0.24	0.24	0.27	0.29	0.28
广州	0.22	0.23	0.23	0.23	0.23	0.23	0.23
南宁	0.17	0.18	0.18	0.18	0.18	0.20	0.19
海口	0.32	0.34	0.33	0.32	0.30	0.30	0.29
成都	0.34	0.32	0.32	0.32	0.31	0.32	0.32
贵阳	0.26	0.27	0.26	0.25	0.24	0.25	0.24
昆明	0.31	0.31	0.30	0.30	0.27	0.29	0.29
拉萨	—	—	—	0.36	0.36	0.37	—
西安	0.35	0.35	0.33	0.32	0.32	0.33	0.32
兰州	0.30	0.29	0.28	0.27	0.27	0.27	0.27
西宁	0.37	0.44	0.44	0.44	0.44	0.46	0.47
银川	0.35	0.48	0.47	0.46	0.47	0.43	0.46
乌鲁木齐	0.22	0.22	0.21	0.23	0.24	0.26	0.25

说明：依据 EPS 数据平台的数据计算，EPS 数据来源于各年度《中国统计年鉴》、《中国区域经济统计年鉴》、《中国城市统计年鉴》等，拉萨数据不全。

表 5-5　　　　　　　2004—2010 年全国 31 个中心城市服务业产值　　　单位：亿元

区域	城市	2004 年	2005 年	2007 年	2008 年	2009 年	2010 年
东部地区	北京	2 570.00	4 761.80	6 742.66	7 682.07	9 179.19	10 600.80
	天津	1 266.70	1 534.10	2 047.68	2 410.73	3 405.16	4 238.65
	石家庄	608.70	673.40	920.58	1 104.13	1 205.05	1 377.66
	沈阳	852.90	1 051.50	1 499.26	1 742.68	1 934.01	2 254.86
	上海	3 565.30	4 620.90	6 408.50	7 350.43	8 930.85	9 833.51
	南京	835.00	1 130.80	1 590.07	1 887.00	2 170.42	2 660.49
	杭州	1 043.00	1 297.50	1 879.77	2 213.14	2 509.92	2 896.69
	福州	596.20	607.60	852.52	965.34	1 253.86	1 438.76
	济南	757.80	878.30	1 254.47	1 511.73	1 720.33	2 057.90
	广州	2 182.60	2 978.80	4 152.54	4 849.13	5 560.77	6 557.45
	南宁	301.10	372.40	538.80	656.90	784.88	903.94
	海口	151.10	198.00	258.83	302.37	340.24	422.39

续表

区域	城市	2004 年	2005 年	2007 年	2008 年	2009 年	2010 年
中部地区	太原	269.80	454.40	592.60	706.06	841.14	949.28
	呼和浩特	248.30	418.70	623.49	739.32	972.65	1 095.43
	长春	625.00	638.10	839.69	1 032.24	1 181.84	1 356.38
	哈尔滨	761.90	884.50	1 186.56	1 400.40	1 628.30	1 867.59
	合肥	238.50	418.40	602.98	724.72	888.45	1 112.23
	南昌	307.00	403.00	548.89	638.90	709.16	834.50
	郑州	576.80	715.40	1 092.79	1 249.80	1 418.92	1 646.43
	武汉	951.00	1 109.40	1 572.35	1 987.73	2 328.98	2 812.90
	长沙	526.00	763.80	1 066.62	1 261.19	1 671.77	1 908.02
西部地区	重庆	1 060.50	1 348.00	1 748.02	2 087.99	2 474.44	2 881.08
	成都	995.70	1 182.20	1 585.05	1 814.18	2 233.03	2 785.34
	贵阳	178.60	241.20	326.18	382.89	526.76	607.77
	昆明	421.90	507.50	664.55	760.23	869.97	1 039.15
	拉萨	50.10	60.40	83.28	92.95	99.63	114.01
	西安	540.20	664.50	908.71	1 098.89	1 468.95	1 694.91
	兰州	209.10	294.90	370.59	419.93	461.82	537.41
	西宁	77.10	117.50	150.23	175.59	232.55	283.05
	银川	78.30	139.40	198.34	233.17	297.17	352.08
	乌鲁木齐	290.30	345.50	487.43	576.92	603.99	718.17

说明：依据 EPS 数据平台的数据计算，EPS 数据来源于年度《中国统计年鉴》、《中国区域经济统计年鉴》、《中国城市统计年鉴》等。缺 2006 年数据。

（二）31 个中心城市服务业对其所在省、自治区、直辖市国内生产总值贡献差距较大

2010 年，全国 31 个中心城市服务业增加值占地区国内生产总值的比重平均为 49.94％，其中，北京高达 75.11％，居全国之首，不仅服务业总量规模最大，而且服务业占经济总量的比重也较高，达到发达国家水平，比占比最低的重庆 36.35％高出 38.76 个百分点，服务业成为推动北京经济发展的主导产业。海口、广州、呼和浩特、上海服务业发展也较迅速，服务业增加值占国内生产总值的比重均超过 57％。重庆、石家庄、长春、郑州的比重均低于 41％，虽然服务业总量规模不断扩大，但是在经济总量中的比重偏低，服务业对城市经济的拉动作用未得到充分发挥。

（三）中西部中心城市服务业占各省、自治区、直辖市服务业的比重高于全国平均值

2004—2010 年间，从全国范围看，除了 4 个直辖市，27 个省、自治区所辖市的服务业占各省、自治区服务业的比重整体波动较小（见表5-6）。其中，沈阳、南京、合肥、南昌、郑州、武汉、长沙、南宁、成都、西宁、乌鲁木齐11个城市增加，石家庄、呼和浩特、长春、哈尔滨、福州、济南、广州、海口、贵阳、昆明、拉萨、西安、兰州13个城市则表现为降低，而太原、杭州、银川3个城市没有明显变化，中部的合肥（92.86％）、长沙（30.43％）、郑州（13.64％）、武汉（12.20％）增幅在全国领先，尤为突出。

表5-6　2004—2010年，除4个直辖市外全国27个中心城市服务业在各省、自治区所辖市服务业所占的比重

城市	2004 年	2005 年	2007 年	2008 年	2009 年	2010 年	增幅
石家庄	0.22	0.20	0.20	0.21	0.20	0.19	−0.136 36
太原	0.28	0.29	0.29	0.30	0.29	0.28	0
呼和浩特	0.28	0.27	0.29	0.29	0.26	0.26	−0.071 43
沈阳	0.30	0.33	0.37	0.37	0.33	0.33	0.1
长春	0.61	0.45	0.41	0.42	0.43	0.44	−0.278 69
哈尔滨	0.49	0.48	0.48	0.49	0.51	0.48	−0.020 41
南京	0.15	0.17	0.17	0.16	0.16	0.16	0.066 667
杭州	0.24	0.24	0.25	0.25	0.25	0.24	0
合肥	0.14	0.19	0.21	0.22	0.24	0.27	0.928 571
福州	0.26	0.24	0.23	0.23	0.25	0.25	−0.038 46
南昌	0.26	0.29	0.31	0.32	0.27	0.27	0.038 462
济南	0.15	0.15	0.14	0.15	0.15	0.14	−0.066 67
郑州	0.22	0.22	0.24	0.24	0.25	0.25	0.136 364
武汉	0.41	0.42	0.40	0.43	0.45	0.46	0.121 951
长沙	0.23	0.29	0.29	0.30	0.31	0.30	0.304 348
广州	0.37	0.31	0.31	0.32	0.31	0.32	−0.135 14
南宁	0.25	0.23	0.24	0.25	0.27	0.27	0.08
海口	0.50	0.53	0.52	0.51	0.45	0.44	−0.12
成都	0.40	0.42	0.41	0.42	0.43	0.46	0.15
贵阳	0.33	0.31	0.28	0.28	0.28	0.28	−0.151 52
昆明	0.41	0.37	0.36	0.34	0.35	0.36	−0.121 95
拉萨	0.45	0.43	0.44	0.42	0.41	0.41	−0.088 89
西安	0.50	0.48	0.48	0.49	0.47	0.46	−0.08
兰州	0.40	0.37	0.36	0.34	0.34	0.35	−0.125
西宁	0.43	0.55	0.53	0.54	0.58	0.60	0.395 349
银川	0.50	0.55	0.58	0.59	0.53	0.50	0
乌鲁木齐	0.39	0.37	0.39	0.40	0.38	0.41	0.051 282

说明：依据EPS数据平台的数据计算，EPS数据来源于年度《中国统计年鉴》、《中国区域经济统计年鉴》、《中国城市统计年鉴》等。缺2006年数据。

2010 年，上述 27 个城市服务业占全省、自治区服务业的比重的平均值为 34％。其中，12 个城市超过平均值。西宁、银川分别高达 60％、50％；哈尔滨 48％；武汉、成都、西安均为 46％；长春、海口均为 44％；拉萨、乌鲁木齐均为 41％；昆明为 36％；兰州为 35％。这 12 城市中东西部城市就有 11 个，说明中西部省、自治区服务业主要集聚在省级中心城市，其他地县级市服务业发展与其差异较大。另外 15 个省级城市则低于全国均值，主要分布在东部地区，其地县级城市与省级中心城市之间服务业发展差距相对较小。

（四）三大区域中心城市服务业东部领先、中部居中、西部滞后

2004 年，全国 31 个中心城市服务业在全国服务业的比重为 35.58％，至 2010 年该值上升到 40.35％。但是东中西部三大区域中心城市之间的服务业发展极不平衡。2010 年，东部地区的北京市，其服务业地区生产总值为 10 600.80 亿元，在全国 31 个中心城市中居第 1 位，是西部地区西宁市的 37.45 倍，两者差距巨大。三大区域中心城市的服务业在全国服务业占比：2004 年，东部地区 12 个城市为 63.67％，中部地区 9 个城市为 19.47％，西部 10 个城市为 16.86％；2010 年，东中西部则分别为 65％、19％、16％（见图 5-1）。数据表明我国三大区域中心城市之间服务业发展不平衡，这一差异格局将成为我国服务业未来发展趋势。

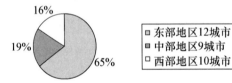

16%
19%
65%

□ 东部地区12城市
■ 中部地区9城市
□ 西部地区10城市

图 5-1 2010 年东、中、西部地区中心城市服务业占
全国 31 个中心城市服务业的比重

（五）31 个中心城市现代服务业成为就业重要渠道

随着中心城市现代服务业的不断发展，全国 31 个中心城市服务业的从业人数不断增加，北京市即是其中的典型代表。2010 年末，北京服务业从业人员达 492.16 万人，占三次产业从业人员总数的 76.11％。其中，现代服务业的主要行业，如信息、计算机软件服务业、金融业、房地产业、租赁和商务服务业、科学研究、技术服务和地质勘察业、水利、环境和公共设施管理业、文化、体育和娱乐业、公共管理和社会组织，这九大行业的从业人数比 2005 年增加 98.6 万人达 296.5 万人，占当年

服务业就业人员总数的 30.35%。[1]

二、中心城市服务业集聚程度测度及分析

一般用区位熵计算式来测算产业的集聚程度。

$$LQ_{ij} = (e_{ij}/E_i)/(e_j/E)$$

式中，LQ_{ij} 为全国各中心城市第三产业区位熵；e_{ij} 为各中心城市第三产业地区生产总值或从业人数；e_j 为各中心城市地区生产总值或从业人数；E_i 为全国第三产业生产总值或从业人数；E 为全国生产总值或从业人数。区位熵从空间特征上描述了区域产业的专业化问题。一般认为 LQ 的临界值为 1。若 $LQ > 1$，表明某产业在该区域的比重高于全国平均水平，具有产业集聚；$LQ < 1$，意味某产业在该区域的比重低于全国平均水平；$LQ = 1$，说明某产业在该区域的比重与全国平均水平相同。

因为我国是以三次产业为标准对产业结构进行划分的，所以缺乏针对服务业的整体数据。而三次产业中的第三产业采用剩余法界定，包含了除第一、第二产业外的所有产业，其主体与服务业基本一致，因此，为了便于分析，国内外的统计机构以及很多学者均以第三产业数据代表我国服务业的数据进行统计和研究，在此也采用相同的方法，即用第三产业来代表服务业，采用全市和市区两个口径分别予以测算中心城市服务业及其分行业的区位熵，继而分析中心城市的集聚程度。

(一) 以地区服务业生产总值测度中心城市集聚程度

1. 以服务业生产总值取全市口径测算，全国 31 个中心城市服务业均有明显的竞争优势，总体上各中心城市服务业集聚程度呈增长趋势，但是有所波动

2004—2010 年，从全国 31 个中心城市服务业区位熵平均值看（见表 5-7、图 5-2），$LQ > 1.4$ 的有 4 个中心城市，依次是北京市第一（1.719 8），海口第二（1.655 5），广州第三（1.449 4），乌鲁木齐第四（1.435 2）。$1.4 > LQ > 1$，依次有呼和浩特（1.388 3），上海（1.328 0），西安（1.280 6），南宁（1.261 3），武汉（1.240 0），太原（1.223 7），哈尔滨（1.214 2），兰州（1.211 6），南京（1.209 6），成都（1.196 9），贵阳（1.192 3），昆明（1.191 1），银川（1.161 6），沈阳（1.148 7），杭州

---

[1] 北京统计信息网. 北京统计年鉴 2011 [EB/OL]. http://www.bjstats.gov.cn/nj/main/2011-tjnj/index.htm, 2011.

（1.140 7），长沙（1.134 3），西宁（1.118 3），合肥（1.085 1），福州（1.071 5），郑州（1.052 6），天津（1.049 3），重庆（1.002 0）22 个城市。LQ 接近 1 的有长春（0.999 6），南昌（0.970 8），石家庄（0.966 5）3 个城市。由于缺少 2008 年数据，以 5 年均值测算，济南为 1.107 0，拉萨却高达1.653 4。数据显示，我国 31 个中心城市服务业均有明显的竞争优势，总体上各中心城市服务业集聚程度呈增长趋势，但是有所波动。

2. 以服务业生产总值取全市口径测算，全国东部中心城市服务业集聚程度高于西部，西部又高于中部，中部与东部存在一定差距

2004—2010 年，从全国三大经济区域看，东部地区 12 个中心城市服务业区位熵平均值在 0.966 5（石家庄）～1.719 8（北京）之间变动，东部地区均值为 1.258 9；西部地区 9 个中心城市（剔除较为异常的拉萨）LQ 变化范围为 1.00 2（重庆）～1.435 2（乌鲁木齐），西部地区均值为 1.198 8；而中部地区 9 个中心城市 LQ 变动范围是 0.970 8（南昌）～1.388 3（呼和浩特），中部地区均值为 1.145 4。数据显示，东部地区中心城市服务业集聚程度高于西部地区，西部地区又高于中部地区，中部地区与东部地区存在一定差距。对这一现象的解释是，一方面，经济发达的东部地区中心城市其城市化水平高，较高的人均收入水平对服务消费需求旺盛，从而服务业总量大，使得服务业集聚程度高于中西部地区中心城市。另一方面，随着东、中部地区产业向西部地区转移，服务业在西部地区趋于密集，因而西部地区中心城市的服务业集聚程度比中部地区高。

表 5-7　　　　　　2004—2010 年全国 31 个中心城市服务业区位熵
（以服务业生产总值取全市口径测算）

城市	2004 年	2005 年	2007 年	2008 年	2009 年	2010 年	平均值
北京	1.475 4	1.735 0	1.797 9	1.827 8	1.742 0	1.741 0	1.719 8
天津	1.062 4	1.041 0	1.011 2	1.072 2	1.044 1	1.065 1	1.049 3
石家庄	0.916 3	0.945 6	0.972 5	1.099 4	0.926 0	0.938 9	0.966 5
太原	1.035 8	1.276 5	1.177 7	1.359 2	1.255 4	1.237 5	1.223 7
呼和浩特	1.192 3	1.412 7	1.412 1	1.587 2	1.364 5	1.360 9	1.388 3
沈阳	1.103 4	1.265 9	1.160 8	1.275 7	1.045 0	1.041 7	1.148 7
长春	1.001 2	0.953 9	1.002 4	1.138 7	0.956 9	0.944 4	0.999 6
哈尔滨	1.114 9	1.212 4	1.214 4	1.379 9	1.182 6	1.181 2	1.214 2
上海	1.176 7	1.266 6	1.311 2	1.516 5	1.368 9	1.327 8	1.328 0
南京	1.075 0	1.176 8	1.207 6	1.412 7	1.183 3	1.202 0	1.209 6
杭州	1.019 8	1.106 3	1.143 4	1.308 2	1.137 8	1.128 6	1.140 7
合肥	0.994 5	1.229 9	1.126 8	1.230 2	0.974 7	0.954 3	1.085 1
福州	0.946 8	1.032 7	1.076 8	1.194 4	1.110 5	1.067 7	1.071 5

续表

城市	2004 年	2005 年	2007 年	2008 年	2009 年	2010 年	平均值
南昌	0.979 8	1.003 4	0.984 9	1.087 7	0.890 1	0.879 2	0.970 8
济南	0.861 2	0.817 5	1.220 8	1.415 9	—	1.219 8	1.107 0
郑州	1.029 4	1.080 9	1.096 0	1.175 8	0.989 1	0.944 4	1.052 6
武汉	1.195 5	1.243 8	1.248 1	1.418 5	1.162 4	1.171 4	1.240 0
长沙	1.140 7	1.260 9	1.214 5	1.187 7	1.029 6	0.972 6	1.134 3
广州	1.304 0	1.450 1	1.456 7	1.668 0	1.403 4	1.414 1	1.449 4
南宁	1.257 3	1.291 8	1.257 0	1.410 5	1.187 2	1.163 9	1.261 3
海口	1.468 5	1.648 6	1.639 7	1.928 2	1.602 9	1.645 1	1.655 5
重庆	0.978 4	1.101 5	1.057 5	1.157 8	0.873 9	0.842 6	1.002 0
成都	1.120 2	1.251 2	1.189 2	1.314 3	1.143 8	1.163 0	1.196 9
贵阳	0.990 0	1.151 4	1.172 6	1.334 2	1.249 9	1.255 8	1.192 3
昆明	1.101 2	1.199 5	1.179 6	1.421 3	1.109 3	1.136 0	1.191 1
拉萨	—	—	1.703 7	1.849 2	1.407 3	—	1.653 4
西安	1.212 1	1.312 7	1.284 9	1.418 0	1.243 7	1.212 0	1.280 6
兰州	1.018 9	1.304 9	1.261 3	1.402 3	1.150 2	1.132 0	1.211 6
西宁	1.085 0	1.241 0	1.094 1	1.175 4	1.070 4	1.044 3	1.118 3
银川	1.018 9	1.212 4	1.210 6	1.281 7	1.185 4	1.060 7	1.161 6
乌鲁木齐	1.474 1	1.541 2	1.482 0	1.597 9	1.272 7	1.243 7	1.435 2

注：济南的平均区位熵是按 2004 年、2005 年、2007 年、2008 年、2010 年 5 年数据计算的平均值，拉萨是按 2008 年、2009 年两年数据计算的平均值。

说明：依据 EPS 数据平台的数据计算，EPS 数据来源于年度《中国统计年鉴》、《中国区域经济统计年鉴》、《中国城市统计年鉴》等。缺少 2006 年中心城市第三产业数据，拉萨数据不全。

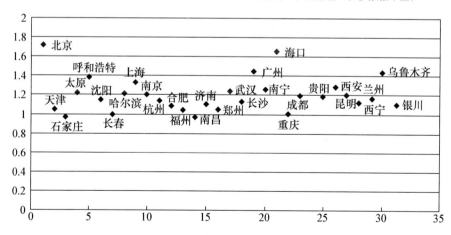

图 5-2 2004—2010 年全国 30 个中心城市服务业平均区位熵

（以服务业生产总值取全市口径测算）

说明：根据表 5-7 的数据作图。由于拉萨市区位熵数据不全，作图时没有考虑，故只有 30 个城市。

3. 以服务业生产总值取市区口径测算，全国 31 个中心城市服务业区位熵平均值均大于 1，服务业集聚程度较高，大多数中心城市 LQ 市区值均高于全市值

2004—2010 年，全国 31 个中心城市服务业区位熵平均值均大于 1（见表 5-8、图 5-3），说明我国各中心城市的服务业都有较高的集聚程度。对市区口径与全市口径测算的 LQ 值进行比较，除了上海、海口、乌鲁木齐 3 市的 LQ 市区值低于全市值外，其他 27 市的 LQ 市区值均高于全市值。这一结果可以解释为，对于大多数中心城市而言，服务业主要集中于主城区，服务产品作为中间产品或最终产品主要供给于主城区的生产厂商和消费者个人，因此，市区值可能会高于全市值。然而，上海市近年城市规划有效地引导服务业，从黄浦、卢湾、虹口、闸北、杨浦、静安、普陀、长宁、徐汇、浦东新区等中心城区集聚逐渐向新城区扩散，推进建设宝山、闵行、嘉定、金山、松江、青浦、奉贤、崇明等新城区的现代服务业集聚区，以促进新城区的服务业快速发展，所以服务业企业分布相对分散。因此，上海服务业区位熵 LQ 的市区值低于全市值。而海口、乌鲁木齐两市的市区值低于全市值或许各有其他原因。

4. 以服务业生产总值取市区口径测算，全国呈现中部地区中心城市区位熵均值高、东部地区次之、西部地区较低的局面，这一结果与东部地区服务业比中西部地区发达的现实不一致

2004—2010 年，从全国三大经济区域看，东部 12 个中心城市服务业区位熵平均值在 1.116 5（天津）～2.411 6（石家庄），其均值为 1.604 9，但城市间服务业集聚程度差异较大；而中部地区 9 个中心城市 LQ 为 1.246 7（长春）～2.345 8（郑州），其均值是 1.632 2；西部地区 9 个中心城市（剔除较为异常的拉萨）LQ 变化范围则在 1.379 8（兰州）～1.765 3（成都）之间，其均值为 1.534 7，城市间服务业集聚程度差异较小。全国呈现中部地区中心城市区位熵均值高，东部地区次之，西部地区较低的局面，这一结果与东部地区服务业比中西部地区发达的现实不一致。

表 5-8　　　　2004—2010 年全国 31 个中心城市服务业区位熵
（以服务业生产总值取市区口径测算）

城市	2004 年	2005 年	2007 年	2008 年	2009 年	2010 年	平均值
北京	1.518 8	1.766 0	1.826 3	1.856 7	1.768 3	1.767 2	1.750 5
天津	1.196 9	1.131 1	1.088 1	1.018 0	1.117 1	1.147 6	1.116 5
石家庄	2.162 9	2.320 2	2.423 5	2.419 1	2.568 3	2.575 7	2.411 6

续表

城市	2004 年	2005 年	2007 年	2008 年	2009 年	2010 年	平均值
太原	1.243 0	1.465 0	1.325 9	1.375 9	1.363 8	1.356 3	1.355 0
呼和浩特	1.610 0	1.979 1	2.028 0	2.022 1	1.898 9	2.124 9	1.943 8
沈阳	1.246 2	1.451 8	1.300 4	1.284 4	1.216 3	1.248 9	1.291 3
长春	1.367 7	1.334 0	1.356 6	1.364 2	1.327 4	1.330 0	1.346 7
哈尔滨	1.729 3	1.827 0	1.684 6	1.695 4	1.652 7	1.676 6	1.710 9
上海	1.189 3	1.280 0	1.324 6	1.352 7	1.384 6	1.343 0	1.312 4
南京	1.168 5	1.269 5	1.315 0	1.366 0	1.308 4	1.365 8	1.298 8
杭州	1.315 6	1.390 1	1.439 0	1.457 6	1.422 3	1.416 3	1.406 8
合肥	1.262 3	1.557 2	1.468 0	1.475 9	1.287 5	1.342 4	1.398 9
福州	1.989 1	2.131 9	2.221 4	2.167 1	2.177 6	2.160 6	2.141 3
南昌	1.329 2	1.459 6	1.412 2	1.421 8	1.312 1	1.288 7	1.370 6
济南	1.664 4	1.496 7	1.601 2	1.664 8	—	1.611 6	1.607 8
郑州	2.116 9	2.395 4	2.657 7	2.443 6	2.285 6	2.175 9	2.345 8
武汉	1.195 5	1.243 8	1.447 5	1.462 1	1.381 2	1.430 1	1.360 1
长沙	1.900 9	2.096 0	2.047 8	1.704 4	1.713 5	1.683 1	1.857 6
广州	1.415 5	1.559 6	1.576 2	1.600 5	1.525 0	1.538 5	1.535 9
南宁	2.060 2	1.809 6	1.748 5	1.741 3	1.639 2	1.606 9	1.767 6
海口	1.468 5	1.648 6	1.639 7	1.702 6	1.602 9	1.645 1	1.617 9
重庆	1.912 5	1.943 9	1.482 3	1.432 2	1.166 7	1.141 4	1.513 2
成都	1.812 2	1.954 5	1.889 7	1.653 2	1.640 2	1.641 8	1.765 3
贵阳	1.177 2	1.458 4	1.490 5	1.500 8	1.673 5	1.705 9	1.501 0
昆明	1.448 9	1.581 4	1.580 4	1.656 6	1.487 9	1.555 3	1.551 8
拉萨	—	—	—	9.219 1	7.488 4	—	8.353 8
西安	1.329 6	1.453 8	1.704 6	1.416 8	1.463 4	1.421 9	1.465 0
兰州	1.165 3	1.470 9	1.457 1	1.442 5	1.323 3	1.420 0	1.379 8
西宁	1.694 2	1.791 2	1.626 7	1.513 5	1.511 0	1.489 7	1.604 4
银川	1.476 2	1.638 6	1.741 0	1.646 0	1.558 3	1.593 8	1.609 0
乌鲁木齐	1.495 1	1.562 7	1.501 4	1.428 1	1.290 5	1.260 7	1.423 1

注：济南的平均区位熵是按 2004 年、2005 年、2007 年、2008 年、2010 年 5 年数据计算的平均值，拉萨是按 2008 年、2009 年两年数据计算的平均值。

说明：依据 EPS 数据平台的数据计算，EPS 数据来源于年度《中国统计年鉴》、《中国区域经济统计年鉴》、《中国城市统计年鉴》等。缺少 2006 年中心城市第三产业数据。

（二）以服务业从业人数测算中心城市集聚程度

数据主要来源于 2004—2010 年《中国城市统计年鉴》。根据 2003 年起开始启用的新国民经济行业代码（编码为 GB/T 4754—2002），将服务业分为交通运输、仓储和邮政业等 14 个行业。为统一口径，在此选取的人口统计指标为 30 个中心城市年末单位从业人员数。由于受到数据限制，统计地区不包含港、澳、台。因为大陆地区拉萨市只有 2007 年、2008 年数据，其余年份的数据欠缺，所以不考虑拉萨市。

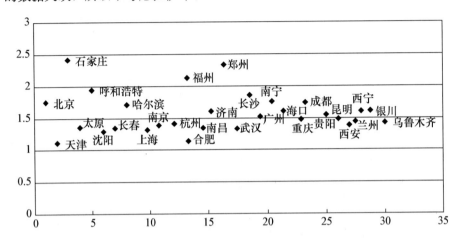

图 5-3 2004—2010 年全国 30 个中心城市服务业平均区位熵
（以服务业生产总值取市区口径测算）

说明：根据表 5-8 的数据作图。由于拉萨市区位熵数据不全，作图时没有考虑，故只有 30 个城市。

1. 以服务业从业人数取全市口径测算，全国大多数中心城市的服务业集聚程度提高，但总体波动不大

2004—2010 年，全国 30 个中心城市服务业区位熵平均值在 0.851 2—1.386 6 之间，排名前 5 的依次为北京（1.386 6）、呼和浩特（1.327 1）、海口（1.279 9）、南宁（1.241 1）、乌鲁木齐（1.162 9）；服务业总值占国内生产总值比重较高的上海（1.123 4）、广州（1.069）、武汉（0.979 6）却分别位居全国第 11、14、22 位；LQ 高于 1 的有 19 个，LQ 低于 1 的有 11 个（见表 5-9、图 5-4）。2010 年与 2004 年相比，南京、合肥、南昌、武汉、长沙服务业集聚程度微幅降低，其他 25 个中心城市则有不同幅度的提高，但总体上波动不大。30 个中心城市服务业区位熵均值与其服务业在全国的现实地位并不一致，显然，以服务业从业人数全市口径测算的区位熵值未能充分反映全国 30 个中心城市服务业的发展现状。

2. 以服务业从业人数取全市口径测算，服务业集聚呈现东部地区高、中部地区居中、西部地区低的阶梯态势，较好地反映了我国三大区域中心城市服务业东部地区强于中西部地区的发展现状

2004—2010 年，从全国三大经济区域看，东部地区 12 个中心城市服务业区位熵平均值介于 0.851 2（福州）～1.386 6（北京）之间，其均值为

1.104 5，但城市间服务业集聚程度差异较大；而中部地区 9 个中心城市 *LQ* 变动区间是 0.947 0（太原）～1.327 1（呼和浩特），其均值为 1.061 7；西部地区 9 个中心城市（剔除较为异常的拉萨）*LQ* 变化范围为 0.893 0（西宁）～1.162 9（银川），其均值为 1.036 0，城市间服务业集聚程度差异较小。全国服务业集聚呈现东部地区高、中部地区居中、西部地区低的阶梯态势，较好地反映了我国三大区域中心城市服务业东部地区强于中西部地区的发展现状。

表 5-9　　　　2004—2010 年全国 30 个中心城市服务业区位熵
（以服务业从业人数取全市口径测算）

城市	2004 年	2005 年	2006 年	2007 年	2008 年	2009 年	2010 年	平均值
北京	1.238 6	1.267 1	1.393 7	1.428 9	1.445 1	1.468 4	1.464 3	1.386 6
天津	0.937 8	0.939 0	0.954 0	0.978 7	1.016 5	1.003 0	1.002 9	0.976 0
石家庄	1.084 6	1.113 4	1.146 4	1.162 5	1.172 2	1.205 3	1.203 3	1.155 4
太原	0.905 9	0.922 2	0.944 8	0.957 4	0.971 6	0.982 1	0.944 7	0.947 0
呼和浩特	1.292 3	1.254 0	1.309 8	1.348 4	1.349 1	1.373 7	1.362 6	1.327 1
沈阳	1.113 3	1.120 3	1.182 2	1.197 7	1.155 9	1.160 4	1.187 6	1.159 6
长春	1.082 6	0.988 0	1.114 8	1.140 0	1.122 6	1.138 0	1.120 0	1.100 9
哈尔滨	0.843 9	0.886 9	0.923 1	0.960 6	0.964 2	1.002 5	1.138 7	0.960 0
上海	1.087 7	1.157 5	1.139 1	1.095 7	1.105 6	1.136 0	1.141 9	1.123 4
南京	1.070 4	1.056 6	1.061 9	1.081 0	1.066 3	1.019 0	1.005 2	1.051 5
杭州	1.177 3	1.039 7	0.975 8	0.905 3	0.870 5	0.863 5	0.882 1	0.959 2
合肥	1.227 8	1.159 3	1.114 0	1.155 0	1.156 1	1.087 1	1.030 2	1.132 8
福州	0.827 9	0.804 4	0.809 2	0.809 2	0.884 8	0.932 0	0.890 9	0.851 2
南昌	0.987 4	1.019 1	1.073 0	1.005 0	0.993 7	0.972 5	0.964 1	1.002 1
济南	0.965 9	1.007 7	0.991 8	1.004 6	1.002 9	1.046 2	0.990 0	1.001 3
郑州	0.980 4	0.980 5	1.031 1	1.027 4	1.033 5	1.029 4	1.026 3	1.015 5
武汉	0.990 6	1.047 0	1.037 2	0.948 6	0.930 7	0.947 7	0.955 5	0.979 6
长沙	1.138 5	1.086 8	1.116 6	1.091 5	1.084 9	1.062 5	1.051 1	1.090 3
广州	1.027 2	1.066 6	1.080 1	1.063 9	1.070 1	1.081 8	1.093 6	1.069 0
南宁	1.198 7	1.209 6	1.251 7	1.251 3	1.255 3	1.252 1	1.269 2	1.241 1
海口	1.249 3	1.274 4	1.071 0	1.346 2	1.353 0	1.335 1	1.330 3	1.279 9
重庆	0.965 6	0.976 2	1.001 1	1.022 0	1.013 8	1.012 0	1.008 2	0.999 8
成都	0.949 1	0.975 7	0.983 2	0.976 3	0.943 4	0.938 0	0.904 8	0.952 9
贵阳	0.933 6	0.922 6	0.977 6	0.992 0	0.991 9	1.029 9	0.982 5	0.975 7
昆明	1.147 5	1.116 7	1.146 1	1.113 2	1.105 1	1.141 6	1.152 9	1.131 9
西安	1.015 0	1.027 8	1.055 4	1.031 4	1.032 6	1.108 3	1.134 3	1.057 8
兰州	0.946 4	0.978 7	0.981 0	0.985 1	1.039 0	1.036 5	1.014 4	0.997 3
西宁	1.135 4	1.139 0	1.174 2	1.151 4	1.166 5	1.162 4	1.140 9	1.152 8

续表

城市	2004 年	2005 年	2006 年	2007 年	2008 年	2009 年	2010 年	平均值
银川	0.821 0	0.830 1	0.873 6	0.918 6	0.923 4	0.930 5	0.953 7	0.893 0
乌鲁木齐	1.094 6	1.076 7	1.183 9	1.195 5	1.198 1	1.189 4	1.202 4	1.162 9

说明：依据 EPS 数据平台的数据计算，EPS 数据来源于年度《中国统计年鉴》、《中国区域经济统计年鉴》、《中国城市统计年鉴》等。拉萨数据不全，故未考虑。

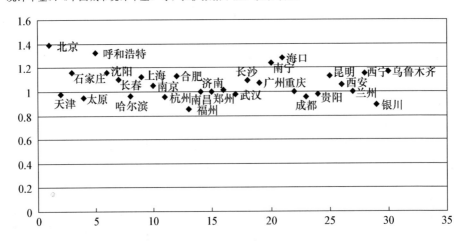

图 5-4　2004—2010 年全国 30 个中心城市服务业平均区位熵
（以服务业从业人数取全市口径测算）

说明：根据表 5-9 的数据作图。

3. 以服务业从业人数取市区口径测算，与全市口径类似，未能充分反映全国 30 个中心城市服务业的发展状况

2004—2010 年，全国 30 个中心城市服务业区位熵平均值高于 1 的有 23 个，LQ 低于 1 的有 7 个（见表 5-10、图 5-5）。与全市口径类似，北京（1.441 4）、呼和浩特（1.438 9）、海口（1.309）、南宁（1.306 2）服务业集聚程度仍然处于全国前 4 位，上海（1.147 2）、广州（1.117 5）、武汉（1.083 4）居中，分别为第 11、12、15 位。因此，以服务业从业人数市区口径测算的区位熵值与全市口径类似，仍未能够充分反映全国 30 个中心城市服务业的发展状况。

4. 以服务业从业人数取市区口径测算，结果与全市口径相同，较好地反映了我国三大区域中心城市服务业东部地区强于中西部地区的发展现状

2004—2010 年，从全国三大经济区域看，东部地区 12 个中心城市服务业区位熵平均值介于 0.844 9（天津）～1.441 4（北京）之间，其均值为 1.133 6；而中部地区 9 个中心城市 LQ 的变动范围是 0.962 8（太原）～

1.438 9（呼和浩特），其均值为 1.114 4；西部地区 9 个中心城市（剔除较为异常的拉萨）LQ 变化范围则为 0.915 3（银川）～1.303 0（西宁），其均值为 1.067 0。与全市口径相同，全国服务业集聚呈现东部地区高、中部地区居中、西部地区低的阶梯态势，较好地反映了我国三大区域中心城市服务业东部地区强于中西部地区的发展现状。

综上所述，全市口径和市区口径测得的中心城市区位熵差别不大；以服务业总值口径与从业人数口径测算结果相比，后者测得的区位熵较好地反映了中心城市服务业发展和集聚现状；以三大经济区域口径测得的经济区域区位熵，能更好地反映我国东、中、西部区域服务业发展和集聚现状。

表 5-10　　　　2004—2010 年全国 30 个中心城市服务业区位熵
（以服务业从业人数取市区口径测算）

城市	2004 年	2005 年	2006 年	2007 年	2008 年	2009 年	2010 年	平均值
北京	1.383 9	1.391 8	1.440 1	1.463 9	1.469 3	1.469 8	1.471 1	1.441 4
天津	0.982 0	0.967 9	0.964 2	0.982 3	1.012 7	0.985 2	0.020 3	0.844 9
石家庄	1.017 4	1.048 0	1.080 7	1.097 4	1.097 5	1.158 1	1.159 4	1.094 1
太原	0.974 0	0.977 4	0.980 4	0.982 5	0.955 3	0.951 7	0.918 0	0.962 8
呼和浩特	1.389 9	1.357 9	1.409 8	1.461 7	1.457 3	1.454 2	1.541 5	1.438 9
沈阳	1.152 1	1.139 0	1.185 5	1.191 2	1.139 5	1.128 5	1.163 7	1.157 1
长春	1.041 0	0.995 2	1.079 7	1.101 5	1.082 1	1.083 4	1.071 8	1.064 9
哈尔滨	0.892 3	0.899 8	0.927 9	0.960 3	0.952 5	0.981 1	1.153 3	0.966 8
上海	1.151 3	1.214 8	1.166 8	1.112 3	1.115 2	1.130 0	1.139 6	1.147 2
南京	1.134 2	1.104 6	1.088 1	1.101 3	1.086 5	1.029 4	1.025 2	1.081 3
杭州	1.226 0	1.088 6	1.008 7	0.939 1	0.883 8	0.862 7	0.891 0	0.985 7
合肥	1.214 5	1.175 2	1.129 4	1.170 6	1.176 4	1.123 7	1.050 6	1.148 6
福州	0.985 2	0.967 6	0.975 1	0.926 1	1.065 7	1.134 2	1.104 3	1.022 6
南昌	1.050 4	1.082 9	1.138 6	1.076 5	1.059 8	1.023 7	1.021 5	1.064 9
济南	1.050 8	1.114 5	1.063 5	1.101 3	1.108 5	1.149 1	1.087 9	1.096 5
郑州	0.991 2	1.002 5	1.081 2	1.086 2	1.111 2	1.077 2	1.066 2	1.059 4
武汉	1.050 9	1.095 6	1.148 2	1.056 0	1.080 5	1.071 2	1.081 2	1.083 4
长沙	1.241 0	1.228 0	1.251 3	1.241 8	1.249 7	1.213 6	1.256 9	1.240 3
广州	1.117 0	1.136 3	1.135 4	1.108 2	1.109 6	1.100 4	1.115 8	1.117 5
南宁	1.302 7	1.271 2	1.310 4	1.326 1	1.313 5	1.291 7	1.327 8	1.306 2
海口	1.325 4	1.333 6	1.101 1	1.371 6	1.368 0	1.331 7	1.330 6	1.309 0
重庆	0.961 9	0.947 3	0.951 7	0.965 6	0.958 3	0.943 2	0.942 3	0.952 9
成都	1.020 9	1.054 7	1.039 0	1.027 5	0.981 9	0.954 3	0.909 6	0.998 3
贵阳	1.012 6	0.986 7	1.022 0	1.030 2	1.017 4	1.046 9	1.001 7	1.016 8

续表

城市	2004 年	2005 年	2006 年	2007 年	2008 年	2009 年	2010 年	平均值
昆明	1.234 0	1.168 3	1.189 0	1.199 1	1.104 2	1.140 1	1.092 5	1.161 0
西安	1.055 6	1.057 3	1.071 3	1.032 6	1.028 8	1.093 5	1.140 8	1.068 6
兰州	1.006 5	1.010 6	0.942 5	0.994 1	1.040 9	1.017 2	0.999 5	1.001 6
西宁	1.324 1	1.319 9	1.324 1	1.297 7	1.308 8	1.282 3	1.264 5	1.303 0
银川	0.868 6	0.865 1	0.890 7	0.943 0	0.946 4	0.932 2	0.961 4	0.915 3
乌鲁木齐	1.167 0	1.120 4	1.211 6	1.212 0	1.207 0	1.181 4	1.198 5	1.185 4

说明：依据 EPS 数据平台的数据计算，EPS 数据来源于年度《中国统计年鉴》、《中国区域经济统计年鉴》、《中国城市统计年鉴》等。拉萨数据不全，故未考虑。

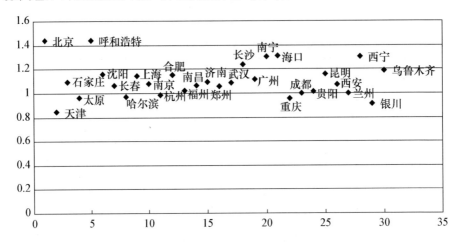

图 5-5　2004—2010 年全国 30 个中心城市服务业平均区位熵
（以服务业从业人数取市区口径测算）

说明：根据表 5-10 的数据作图。

（三）以从业人数口径测算中心城市服务业行业集聚程度

1. 全国 30 个中心城市交通运输、仓储和邮政业集聚程度

2004—2010 年，从全市口径测算，全国 30 个中心城市交通运输、仓储和邮政区位熵平均值在 0.618 2（银川）～2.443 3（乌鲁木齐）之间（见图 5-6），其均值为 1.476 7。区位熵排名前 5 的依次为乌鲁木齐（2.443 3）、南昌（2.344 0）、沈阳（2.285 2）、广州（2.011 0）、上海（1.992 9）。交通运输、仓储和邮政业发达的武汉（1.748 1）居全国第 10 位，北京（1.701 1）仅列第 12 位。LQ 高于 1 的有 24 个，其中大于 2 的有 4 个；LQ 低于 1 的有 6 个。2010 年与 2004 年相比，福州、昆明、海口、重庆、郑州、南京、合肥、长沙、成都、南宁、杭州、长春、呼和浩特、兰州 14 个中心城市交通运输、仓储和邮政业集聚程度依次降低，降幅最大的是兰州（53.21%）；而其他 16 个中心城市的平均增幅高达 29.18%，增幅位居前三的为南昌（70.13%）、武汉（64.17%）、太原（54.46%）。

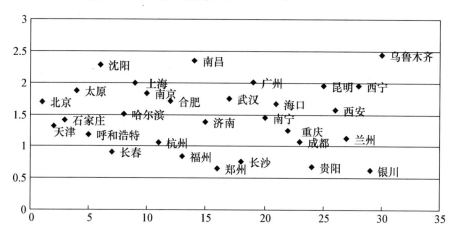

图 5-6 2004—2010 年全国 30 个中心城市交通运输、
仓储和邮政业平均区位熵（全市口径）

说明：根据表附 5-1 的数据作图。

2004—2010 年，从市区口径测算，全国 30 个中心城市交通运输、仓储和邮政业区位熵平均值在 0.4669（银川）～2.2289（南昌）之间（见图 5-7），其均值为 1.250 4。区位熵排名前 5 的依次为南昌（2.228 9）、西宁（1.931 2）、乌鲁木齐（1.897 4）、沈阳（1.844 0）、广州（1.615 6）。交通运输、仓储和邮政业发达的武汉（1.555 6）居全国第 6 位，北京（1.329 0）仅列第 15 位。LQ 高于 1 的有 20 个，其中大于 2 的有 1 个；LQ 低于 1 的有 10 个。2010 年与 2004 年相比，福州、海口、长春、西宁、南京、重庆、合肥、长沙、南宁、杭州、呼和浩特、成都、昆明、兰州、天津 15 个中心城市交通运输、仓储和邮政业集聚程度依次降低，降幅最大的是天津（97.93%）；而其他 15 个中心城市的平均增幅高达 30.34%，增幅位居前三的为武汉（92.97%）、南昌（73.97%）、哈尔滨（53.11%）。

2. 全国 30 个中心城市信息传输、计算机服务和软件业集聚程度

2004—2010 年，从全市口径测算，全国 30 个中心城市信息传输、计算机服务和软件业区位熵平均值在 0.683 0（成都）～4.258 1（北京）之间（见图 5-8），其均值为 1.276 0。区位熵排名前 5 的依次为北京（4.251 8）、杭州（2.114 8）、西宁（1.876 7）、呼和浩特（1.757 5）、长春（1.739 1）。

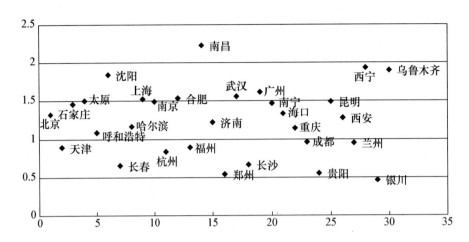

**图 5-7　2004—2010 年全国 30 个中心城市交通运输、
仓储和邮政业平均区位熵（市区口径）**

说明：根据附表 5-2 的数据作图。

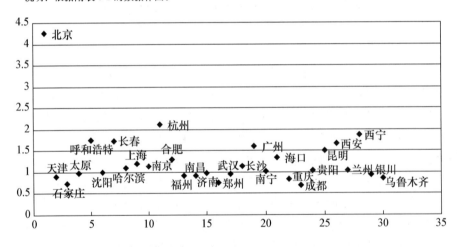

**图 5-8　2004—2010 年全国 30 个中心城市信息传输、
计算机服务和软件业平均区位熵（全市口径）**

说明：根据附表 5-3 的数据作图。

上海（1.205 2）居全国第 11 位，武汉（0.954 7）仅列第 21 位。LQ 高于 1 的有 17 个，其中大于 2 的有 2 个；LQ 低于 1 的有 13 个。2010 年与 2004 年相比，天津、沈阳、武汉、贵阳、郑州、长沙、重庆、昆明、南宁、福州、西宁、海口、合肥、成都、南昌、兰州 16 个中心城市信息传输、计算机服务和软件业集聚程度依次降低，降幅最大的是兰州（42.26%）；而其他 14 个中心城市的平均增幅高达 42.35%，增幅位居前三的为西安（226.67%）、呼和浩特（88.71%）、长春（49.75%）。

2004—2010 年，从市区口径测算，全国 30 个中心城市信息传输、计算机服务和软件业区位熵平均值在 0.632 4（天津）～2.914 1（北京）之间（见图 5-9），其均值为 1.038 8。区位熵排名前 5 的依次为北京（2.914 1）、西宁（1.879 0）、呼和浩特（1.562 9）、杭州（1.477 2）、长春（1.431 7）。武汉（0.915 8）居全国第 15 位，上海（0.850 3）仅列第 19 位。LQ 高于 1 的有 13 个，其中大于 2 的有 1 个；LQ 低于 1 的有 17 个。2010 年与 2004 年相比，武汉、哈尔滨、石家庄、广州、银川、长沙、乌鲁木齐、郑州、太原、贵阳、福州、沈阳、重庆、合肥、兰州、海口、南宁、成都、南昌、西宁、昆明、天津 22 个中心城市信息传输、计算机服务和软件业集聚程度依次降低，降幅最大的是天津（98.39%）；而其他 8 个中心城市的平均增幅高达 46.71%，增幅位居前三的为西安（179.05%）、呼和浩特（76.24%）、北京（28.77%）。

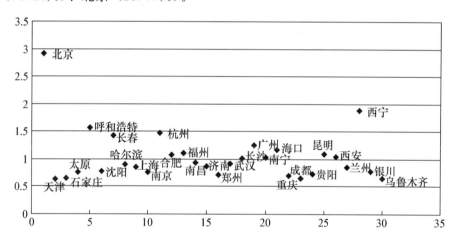

图 5-9 2004—2010 年全国 30 个中心城市信息传输、计算机服务和软件业平均区位熵（市区口径）

说明：根据附表的 5-4 数据作图。

3. 全国 30 个中心城市金融业集聚程度

2004—2010 年，从全市口径测算，全国 30 个中心城市金融业区位熵平均值在 0.735 9（贵阳）～1.727 1（呼和浩特）之间（见图 5-10），其均值为 1.098 4。区位熵排名前 5 的依次为呼和浩特（1.727 1）、银川（1.617 5）、上海（1.589 2）、石家庄（1.339 0）、济南（1.303 4）。北京（1.066 6）居全国第 14 位，武汉（0.903 2）仅列第 23 位。LQ 高于 1 的有 17 个，其中大于

1.5 的有 3 个；*LQ* 低于 1 的有 13 个。2010 年与 2004 年相比，福州、西宁、济南、南昌、贵阳、郑州、海口、昆明、成都、广州、合肥、沈阳、南京、乌鲁木齐、杭州 15 个中心城市金融业集聚程度依次降低，降幅最大的是杭州（40.31%）；而其他 15 个中心城市的平均增幅高达 24.34%，增幅位居前三的为北京（96.62%）、哈尔滨（69.79%）、兰州（41.05%）。

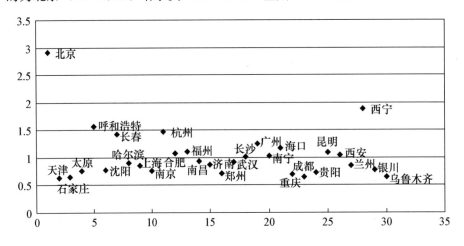

图 5-10　2004—2010 年全国 30 个中心城市
金融业平均区位熵（全市口径）

说明：根据附表 5-5 的数据作图。

2004—2010 年，从市区口径测算，全国 30 个中心城市金融业区位熵平均值在 0.572 0（昆明）～1.632 9（呼和浩特）之间（见图 5-11），其均值为 0.975 7。区位熵排名前 5 的依次为呼和浩特（1.632 9）、银川（1.443 6）、上海（1.320 6）、长沙（1.269 8）、西宁（1.251 5）。北京（0.989 3）居全国第 11 位，武汉（0.869 9）仅列第 19 位。*LQ* 高于 1 的有 10 个，其中大于 1.5 的有 1 个；*LQ* 低于 1 的有 20 个。2010 年与 2004 年相比，银川、郑州、南昌、长春、合肥、太原、重庆、贵阳、海口、西宁、成都、广州、沈阳、南京、乌鲁木齐、杭州、昆明、天津 18 个中心城市金融业集聚程度依次降低，降幅最大的是天津（97.88%）；而其他 12 个中心城市的平均增幅高达 23.68%，增幅位居前三的为石家庄（57.80%）、哈尔滨（51.89%）、呼和浩特（35.23%）。

4. 全国 30 个中心城市房地产业集聚程度

2004—2010 年，从全市口径测算，全国 30 个中心城市房地产业区位熵平均值在 0.310 7（石家庄）～3.235 0（北京）之间（见图 5-12），其均值为

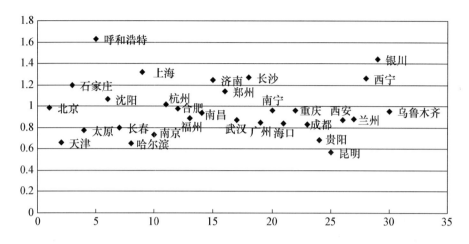

图 5-11　2004—2010 年全国 30 个中心城市
金融业平均区位熵（市区口径）

说明：根据附表 5-6 的数据作图。

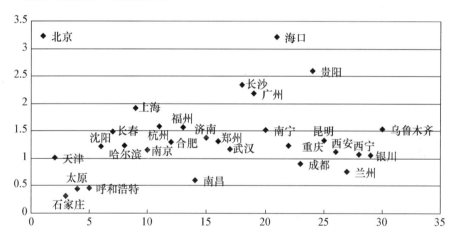

图 5-12　2004—2010 年全国 30 个中心城市
房地产业平均区位熵（全市口径）

说明：根据附表 5-7 的数据作图。

1.408 5。区位熵排名前 5 的依次为北京（3.235 0）、海口（3.220 3）、贵阳（2.597 7）、长沙（2.343 1）、广州（2.179 1）。上海（1.917 7）居全国第 6 位，武汉（1.166 0）仅列第 19 位。*LQ* 高于 1 的有 24 个，其中大于 2 的有 5 个；*LQ* 低于 1 的有 6 个。2010 年与 2004 年相比，南宁、沈阳、贵阳、呼和浩特、上海、成都、银川、南京、石家庄、武汉、太原、乌鲁木齐、南昌 13 个中心城市房地产业集聚程度依次降低，降幅最大的是南昌（55.36％）；而其他 17 个中心城市的平均增幅高达 37.95%，增幅位居前三的为西宁（186.98%）、西安（100.70%）、合肥（71.54%）。

2004—2010 年，从市区口径测算，全国 30 个中心城市房地产业区位熵平均值在 0.277 9（石家庄）～2.482 8（海口）之间（见图 5-13），其均值为 1.100 2。区位熵排名前 5 的依次为海口（2.482 8）、北京（2.475 0）、贵阳（2.073 1）、长沙（1.919 2）、广州（1.576 7）。上海（1.356 0）居全国第 7 位，武汉（0.922 0）仅列第 18 位。LQ 高于 1 的有 15 个，其中大于 2 的有 3 个；LQ 低于 1 的有 15 个。2010 年与 2004 年相比，长春、福州、哈尔滨、沈阳、呼和浩特、南宁、上海、武汉、北京、贵阳、银川、南京、石家庄、成都、太原、乌鲁木齐、南昌、天津 18 个中心城市房地产业集聚程度依次降低，降幅最大的是天津（97.96%）；而其他 12 个中心城市的平均增幅高达 57.30%，增幅位居前三的为西宁（144.41%）、兰州（113.13%）、西安（101.12%）。

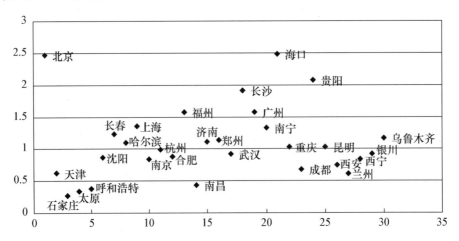

**图 5-13　2004—2010 年全国 30 个中心城市
房地产业平均区位熵（市区口径）**

说明：根据附表 5-8 的数据作图。

5. 全国 30 个中心城市租赁和商务服务业集聚程度

2004—2010 年，从全市口径测算，全国 30 个中心城市租赁和商务服务业区位熵平均值在 0.478 1（石家庄）～5.020 1（北京）之间（见图 5-14），其均值为 1.265 8。区位熵排名前 5 的依次为北京（5.020 1）、上海（2.306 7）、广州（1.801 6）、杭州（1.778 0）、福州（1.774 7）。武汉（0.657 2）仅列第 25 位。LQ 高于 1 的有 17 个，其中大于 2 的有 2 个；LQ

低于 1 的有 13 个。2010 年与 2004 年相比，兰州、上海、杭州、海口、石家庄、西安、长沙、贵阳、西宁、武汉 10 个中心城市租赁和商务服务业集聚程度依次降低，降幅最大的是武汉（56.84%）；而其他 20 个中心城市的平均增幅高达 63.35%，增幅位居前三的为银川（300.25%）、福州（233.29%）、济南（130.55%）。

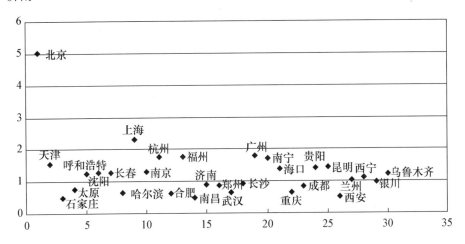

图 5-14 2004—2010 年全国 30 个中心城市租赁
和商务服务业平均区位熵（全市口径）

说明：根据附表 5-9 的数据作图。

2004—2010 年，从市区口径测算，全国 30 个中心城市租赁和商务服务业区位熵平均值在 0.304 3（南昌）～3.646 0（北京）之间（见图 5-15），其均值为 1.0139。区位熵排名前 5 的依次为北京（3.646 0）、上海（1.735 0）、福州（1.596 2）、南宁（1.511 8）、杭州（1.388 9）。武汉（0.5512）仅列第 24 位。LQ 高于 1 的有 13 个，其中大于 2 的有 1 个；LQ 低于 1 的有 17 个。2010 年与 2004 年相比，郑州、成都、乌鲁木齐、广州、兰州、太原、上海、杭州、海口、南昌、西安、长沙、石家庄、贵阳、武汉、西宁、天津 17 个中心城市租赁和商务服务业集聚程度依次降低，降幅最大的是天津（98.10%）；而其他 13 个中心城市的平均增幅高达 80.23%，增幅位居前三的为银川（289.46%）、福州（234.51%）、济南（120.27%）。

6. 全国 30 个中心城市科学研究、技术服务和地质勘察业集聚程度

2004—2010 年，从全市口径测算，全国 30 个中心城市科学研究、技术服务和地质勘察业区位熵平均值在 1.120 1（重庆）～2.871 7（西安）之间（见图 5-16），其均值为 1.806 9。区位熵排名前 5 的依次为西安（5.020 1）、

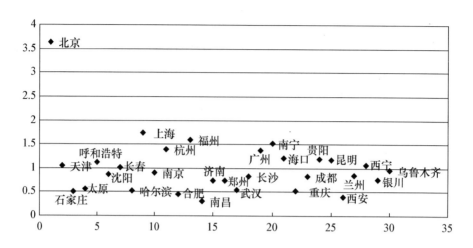

图 5-15　2004—2010 年全国 30 个中心城市租赁
和商务服务业平均区位熵（市区口径）

说明：根据附表 5-10 的数据作图。

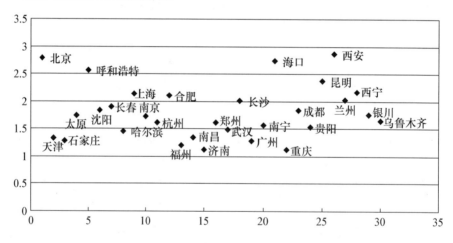

图 5-16　2004—2010 年全国 30 个中心城市科学研究、
技术服务和地质勘察业平均区位熵（全市口径）

说明：根据附表 5-11 的数据作图。

北京（2.786 4）、海口（2.747 5）、呼和浩特（2.564 6）、昆明（2.379 7）。
上海（2.140 4）居全国第 7 位，科教大市武汉（1.489 2）仅列第 22 位。30
个中心城市科学研究、技术服务和地质勘察业 LQ 均高于 1。2010 年与 2004
年相比，西宁、合肥、重庆、石家庄、南昌、哈尔滨、郑州、济南、银川、
长沙、呼和浩特、贵阳、昆明、海口 14 个中心城市（未考虑乌鲁木齐）科学
研究、技术服务和地质勘察业集聚程度依次降低，降幅最大的是海口

（88.90％）；而其他15个中心城市的平均增幅高达191.15％，增幅位居前三的为北京（938.43％）、上海（468.34％）、兰州（228.51％）。武汉市科学研究、技术服务和地质勘察业集聚程度提高56.17％，增幅居全国第10位。

2004—2010年，从市区口径测算，全国30个中心城市科学研究、技术服务和地质勘察业区位熵平均值在0.8760（天津）～2.3748（西安）之间（见图5-17），其均值为1.4147。区位熵排名前5的依次为西安（2.3748）、北京（2.3297）、成都（1.8320）、兰州（1.7959）、昆明（1.7887）。上海（1.5335）居全国第10位，武汉（1.2717）仅列第18位。LQ高于1的有25个，其中大于2的有2个；LQ低于1的有5个。2010年与2004年相比，杭州、乌鲁木齐、西宁、南京、兰州、长沙、西安、成都、银川、太原、昆明、南宁、郑州、济南、贵阳、合肥、重庆、南昌、天津19个中心城市科学研究、技术服务和地质勘察业集聚程度依次降低，降幅最大的是天津（97.85％）；而其他11个中心城市的平均增幅达15.78％，增幅位居前三的为上海（53.81％）、哈尔滨（45.88％）、福州（36.62％）。武汉科学研究、技术服务和地质勘察业集聚程度提高3.24％，增幅居全国第7位。

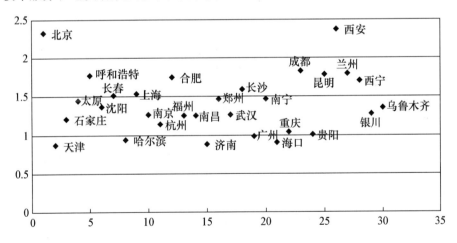

图5-17 2004—2010年全国30个中心城市科学研究、
技术服务和地质勘察业平均区位熵（市区口径）

说明：根据附表5-12的数据作图。

7. 全国30个中心城市批发和零售业集聚程度

2004—2010年，从全市口径测算，全国30个中心城市批发和零售业区位熵平均值在0.5872（南昌）～3.5955（合肥）之间（见图5-18），其均值为1.2595。区位熵排名前5的依次为合肥（3.5955）、北京（1.8794）、贵阳（1.6459）、石家庄（1.5978）、海口（1.5871）。上海（1.5805）居全国第7位，武汉（1.2368）仅列第14位。*LQ* 高于1的中心城市有21个，其中大于2的有1个；*LQ* 低于1的的9个。2010年与2004年相比，兰州、北京、太原、南昌、西安5个中心城市批发和零售业集聚程度依次降低，降幅最大的是西安（26.33%）；而其他25个中心城市的平均增幅高达37.17%，增幅位居前三的为南京（91.12%）、海口（90.64%）、武汉（73.99%）。

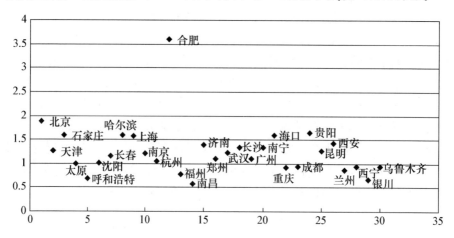

图 5-18   2004—2010 年全国 30 个中心城市批发
和零售业平均区位熵（全市口径）

说明：根据附表 5-13 的数据作图。

2004—2010 年，从市区口径测算，全国 30 个中心城市批发和零售业区位熵平均值在 0.5763（南昌）～2.3817（合肥）之间（见图 5-19），其均值为 1.1903。区位熵排名前5的依次为合肥（2.3817）、石家庄（1.6485）、哈尔滨（1.6260）、长沙（1.6200）、贵阳（1.6198）。北京（1.4660）、上海（1.4364）居全国第6、第8位，武汉（1.2776）列第13位。*LQ* 高于1的有19个，其中大于2的有1个；*LQ* 低于1的有11个。2010年与2004年相比，哈尔滨、郑州、上海、广州、乌鲁木齐、银川、兰州、南昌、太原、西安、天津11个中心城市批发和零售业集聚程度依次降低，降幅最大的是天津（97.63%）；而其他19个中心城市的平均增幅达27.91%，增幅位居前三的为武汉（71.79%）、南京（58.75%）、海口（54.23%）。

8. 全国 30 个中心城市住宿和餐饮业集聚程度

2004—2010 年，从全市口径测算，全国 30 个中心城市住宿和餐饮业区位熵平均值在 0.4405（南昌）～2.8270（北京）之间（见图 5-20），其均值

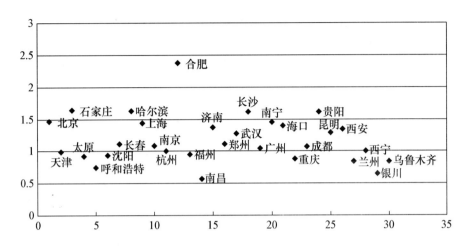

图 5-19　2004—2010 年全国 30 个中心城市批发和零售业平均区位熵（市区口径）

说明：根据附表 5-14 的数据作图。

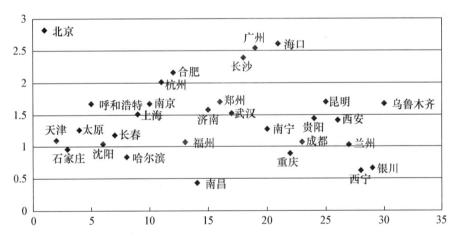

图 5-20　2004—2010 年全国 30 个中心城市住宿和餐饮业平均区位熵（全市口径）

说明：根据附表 5-15 的数据作图。

为 1.461 8。区位熵排名前 5 的依次为北京（2.827 0）、海口（2.610 2）、广州（2.543 6）、长沙（2.390 1）、合肥（2.163 1）。武汉（1.514 7）居全国第 13 位，上海（1.507 2）列第 14 位。LQ 高于 1 的有 19 个，其中大于 2 的有 1 个；LQ 低于 1 的有 11 个。2010 年与 2004 年相比，海口、石家庄、郑州、广州、北京、杭州、兰州、呼和浩特、乌鲁木齐、武汉、银川、南昌 12 个中心城市住宿和餐饮业集聚程度依次降低，降幅最大的是南昌（54.33%）；而其他 18 个中心城市的平均增幅达 28.02%，增幅位居前三的为哈尔滨（62.62%）、重庆（53.60%）、西宁（49.62%）。

2004—2010 年，从市区口径测算，全国 30 个中心城市住宿和餐饮业区位熵平均值在 0.505 6（南昌）～3.223 6（长沙）之间（见图 5-21），其均值为 1.280 4。区位熵排名前 5 的依次为长沙（3.223 6）、海口（2.209 8）、郑州（1.946 4）、合肥（1.875 7）、北京（1.829 1）。武汉（1.149 0）居全国第 14位，上海仅列（1.033 2）第 19 位。LQ 高于 1 的有 19 个，其中大于 2 的有 2个；LQ 低于 1 的有 11 个。2010 年与 2004 年相比，长春、昆明、贵阳、南京、石家庄、南宁、济南、西宁、合肥、海口、呼和浩特、郑州、哈尔滨、长沙、南昌、银川、天津 17 个中心城市住宿和餐饮业集聚程度依次降低，降幅最大的是天津（92.82%）；而其他 13 个中心城市的平均增幅高达242.41%，增幅位居前三的为广州（750.18%）、北京（567.96%）、杭州（335.37%）。

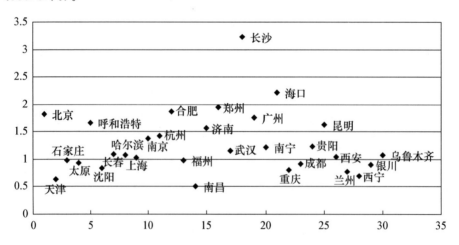

**图 5-21　2004—2010 年全国 30 个中心城市住宿
和餐饮业平均区位熵（市区口径）**

说明：根据附表 5-16 的数据作图。

9. 全国 30 个中心城市水利、环境和公共设施管理业集聚程度

2004—2010 年，从全市口径测算，全国 30 个中心城市水利、环境和公共设施管理业区位熵平均值在 0.694 3（西安）～4.122 0（合肥）之间（见图 5-22），其均值为 1.236 3。区位熵排名前 5 的依次为合肥（4.122 0）、呼和浩特（3.016 9）、沈阳（1.701 0）、长春（1.644 3）、海口（1.626 0）。武汉（1.081 1）居全国第 16 位，上海（0.934 5）仅列第 18 位。LQ 高于 1 的

有 17 个，其中大于 2 的有 2 个；LQ 低于 1 的有 13 个。2010 年与 2004 年相比，广州、福州、昆明、长春、石家庄、呼和浩特、西宁、上海、乌鲁木齐、银川、成都、郑州、兰州、南昌、海口、天津、合肥、南京、济南、武汉 20 个中心城市水利、环境和公共设施管理业集聚程度依次降低，降幅最大的是武汉（38.45％）；而其他 10 个中心城市的平均增幅高达 27.09％，增幅位居前三的为哈尔滨（71.23％）、西安（55.74％）、北京（35.74％）。

2004—2010 年，从市区口径测算，全国 30 个中心城市水利、环境和公共设施管理业区位熵平均值在 0.625 3（西安）～3.090 4（合肥）之间（见图 5-23），其均值为 1.169 9。区位熵排名前 5 的依次为合肥（3.090 4）、呼和浩特（2.783 4）、海口（1.621 5）、沈阳（1.587 7）、长春（1.491 7）。武汉（1.160 4）居全国第 11 位，北京（0.857 1）、上海（0.925 5）列第 18、第 21 位。LQ 高于 1 的中心城市有 16 个，其中大于 2 的有 2 个。LQ 低于 1 的有 14 个。2010 年与 2004 年相比，太原、北京、上海、乌鲁木齐、长春、银川、海口、兰州、成都、郑州、南昌、武汉、济南、南京、合肥、天津 16 个中心城市水利、环境和公共设施管理业集聚程度依次降低，降幅最大的是天津（98.39％）；而其他 14 个中心城市的平均增幅达 30.41％，增幅位居前三的为长沙（89.86％）、西安（74.25％）、哈尔滨（61.92％）。

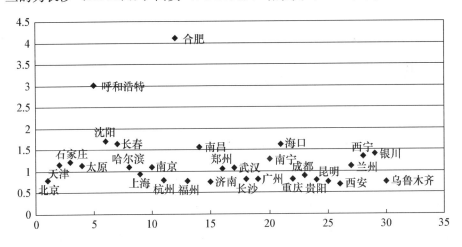

图 5-22　2004—2010 年全国 30 个中心城市水利、
环境和公共设施管理业平均区位熵（全市口径）

说明：根据附表 5-17 的数据作图。

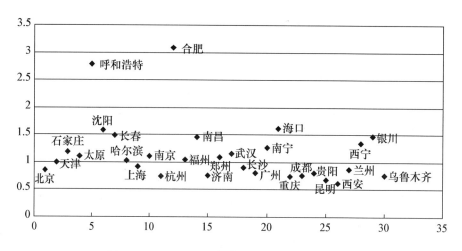

图 5-23　2004—2010 年全国 30 个中心城市水利、
环境和公共设施管理业平均区位熵（市区口径）

说明：根据附表 5-18 的数据作图。

10. 全国 30 个中心城市居民服务和其他服务业集聚程度

2004—2010 年，从全市口径测算，全国 30 个中心城市居民服务和其他服务业区位熵平均值在 0.132 2（银川）～5.154 1（天津）之间（见图 5-24），其均值为 1.215 1。区位熵排名前 5 的依次为天津（5.154 1）、北京（3.810 1）、海口（2.358 8）、哈尔滨（2.270 2）、上海（2.110 0）。广州（2.032 2）居全国第 7 位，武汉（0.787 2）列第 16 位。LQ 高于 1 的有 12 个，其中大于 2 的有 7 个；LQ 低于 1 的有 18 个。2010 年与 2004 年相比，太原、银川、福州、兰州、北京 5 个中心城市居民服务和其他服务业集聚程度依次降低，降幅最大的是北京（63.64%）；而其他 25 个中心城市的平均增幅高达 143.24%，增幅位居前三的为济南（814.21%）、海口（619.29%）、沈阳（291.46%）。

2004—2010 年，从市区口径测算，全国 30 个中心城市居民服务和其他服务业区位熵平均值在 0.135 2（银川）～3.580 0（天津）之间（见图 5-25），其均值为 1.012 6。区位熵排名前 5 的依次为天津（2.381 7）、北京（2.327 6）、哈尔滨（2.295 9）、上海（1.833 6）、西安（1.820 9）。广州（1.741 3）居全国第 7 位，武汉（0.725 8）列第 17 位。LQ 高于 1 的有 10 个，其中大于 2 的有 3 个；LQ 低于 1 的有 20 个。2010 年与 2004 年相比，合肥、南宁、西宁、南昌、石家庄、昆明、上海、南京、北京、太原、银川、福州、呼和浩特、兰州、天津 15 个中心城市居民服务和其他服务业集聚程度依次降低，降幅最大的是天津（96.94％）；而其他15个中心城市的平均增幅达115.27％，增幅位居前三的为济南（581.97％）、海口（387.22％）、沈阳（174.55％）。

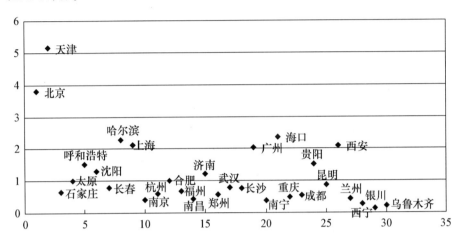

图 5-24　2004—2010 年全国 30 个中心城市居民服务和其他服务业平均区位熵（全市口径）

说明：根据附表 5-19 的数据作图。

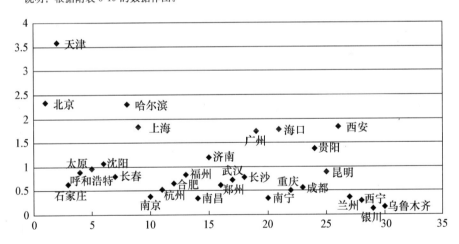

图 5-25　2004—2010 年全国 30 个中心城市居民服务和其他服务业平均区位熵（市区口径）

说明：根据附表 5-20 的数据作图。

11. 全国 30 个中心城市教育业集聚程度

2004—2010 年，从全市口径测算，全国 30 个中心城市教育业区位熵平均值在 0.511 2（北京）～4.801 0（合肥）之间（见图 5-26），其均值为

0.978 2。区位熵排名前 5 的依次为合肥（4.801 0）、呼和浩特（1.206 6）、南宁（1.190 1）、石家庄（1.178 8）、重庆（1.150 0）。武汉（0.828 6）居全国第 16 位，上海（0.572 3）仅列第 29 位。LQ 高于 1 的有 6 个，其中大于 2 的有 1 个；LQ 低于 1 的有 24 个。2010 年与 2004 年相比，重庆、沈阳、昆明、福州、南宁、南昌、上海、西宁、武汉、成都、合肥、长沙、济南、南京、杭州 15 个中心城市教育业集聚程度依次降低，降幅最大的是杭州（46.42%）；而其他 15 个中心城市的平均增幅高达 20.21%，增幅位居前三的为哈尔滨（79.16%）、北京（37.26%）、海口（33.55%）。

2004—2010 年，从市区口径测算，全国 30 个中心城市教育业区位熵平均值在 0.777 3（天津）～3.429 9（合肥）之间（见图 5-27），其均值为 1.131 9。区位熵排名前 5 的依次为合肥（3.429 9）、呼和浩特（1.649 8）、南宁（1.285 7）、南京（1.272 1）、长春（1.256 1）。武汉（1.216 42）居全国第 9 位，北京（0.817 1）、上海（0.811 5）列第 28、第 29 位。LQ 高于 1 的有 19 个，其中大于 2 的有 1 个；LQ 低于 1 的有 11 个。2010 年与 2004 年相比，广州、太原、长春、沈阳、南昌、合肥、福州、成都、上海、北京、武汉、济南、南京、杭州、天津 15 个中心城市教育业集聚程度依次降低，降幅最大的是天津（98.07%）；而其他 15 个中心城市的平均增幅达 21.60%，增幅位居前三的为哈尔滨（72.03%）、兰州（34.52%）、郑州（30.39%）。

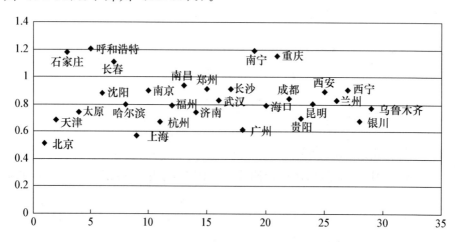

**图 5-26　2004—2010 年全国 29 个中心城市
教育业平均区位熵（全市口径）**

说明：根据附表 5-21 的数据作图，由于合肥市区位熵数据不太正常，作图时没有考虑，故只有 29 个城市。

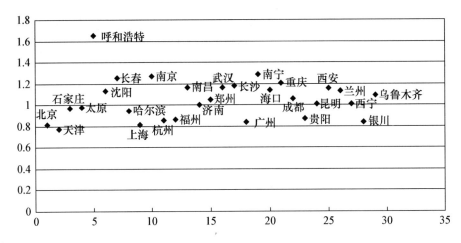

**图 5-27　2004—2010 年全国 29 个中心城市
教育业平均区位熵（市区口径）**

说明：根据附表 5-22 的数据作图，由于合肥市区位熵数据不太正常，作图时没有考虑，故只有 29 个城市。

12. 全国 30 个中心城市卫生、社会保障和社会福利业集聚程度

2004—2010 年，从全市口径测算，全国 30 个中心城市卫生、社会保障和社会福利业区位熵平均值在 0.657 3（北京）～4.397 0（合肥）之间（见图 5-28），其均值为 1.056 0。区位熵排名前 5 的依次为合肥（4.397 0）、南宁（1.274 6）、西宁（1.262 2）、沈阳（1.178 3）、乌鲁木齐（1.128 9）。上海（0.956 9）居全国第 12 位，武汉（0.864 0）仅列第 23 位。LQ 高于 1 的有 9 个，其中大于 2 的有 1 个；LQ 低于 1 的有 21 个。2010 年与 2004 年相比，重庆、沈阳、海口、太原、长沙、成都、南昌、昆明、福州、上海、武汉、南京、合肥、济南、杭州 15 个中心城市卫生、社会保障和社会福利业集聚程度依次降低，降幅最大的是杭州（50.81%）；而其他 15 个中心城市的平均增幅高达 17.97%，增幅位居前三的为哈尔滨（61.09%）、乌鲁木齐（41.14%）、北京（32.19%）。

2004—2010 年，从市区口径测算，全国 30 个中心城市卫生、社会保障和社会福利业区位熵平均值在 0.786 8（兰州）～3.276 7（合肥）之间（见图 5-29），其均值为 1.112 6。区位熵排名前 5 的依次为合肥（3.276 7）、西宁（1.636 2）、南宁（1.335 5）、乌鲁木齐（1.287 0）、呼和浩特（1.284 5）。上海（1.071 9）居全国第 9 位，武汉（1.017 6）列第 17 位，北京（0.816 7）仅列第 28 位。LQ 高于 1 的有 18 个，其中大于 2 的有 1 个；LQ 低于 1 的有 12 个。2010 年与 2004 年相比，沈阳、成都、海口、福州、北京、太原、武

汉、合肥、上海、昆明、南京、济南、杭州、天津14个中心城市卫生、社会
保障和社会福利业集聚程度依次降低，降幅最大的是天津（97.85%）；而其
他16个中心城市的平均增幅达18.07%，增幅位居前三的为哈尔滨
（53.32%）、乌鲁木齐（42.34%）、呼和浩特（35.09%）。

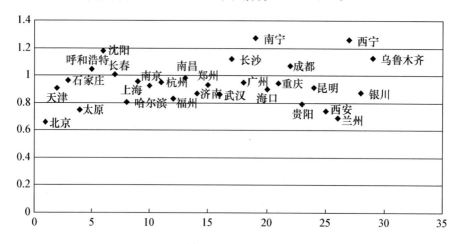

图5-28　2004—2010年全国29个中心城市卫生、
社会保障和社会福利业平均区位熵（全市口径）

说明：根据附表5-23的数据作图，由于合肥市区位熵数据不太正常，作图时没有考虑，故只有
29个城市。

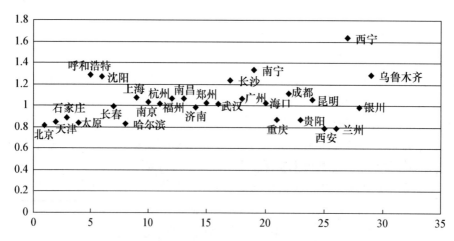

图5-29　2004—2010年全国29个中心城市卫生、
社会保障和社会福利业平均区位熵（市区口径）

说明：根据附表5-24的数据作图，由于合肥市区位熵数据不太正常，作图时没有考虑，故只有
29个城市。

13. 全国 30 个中心城市文化、体育和娱乐业集聚程度

2004—2010 年，从全市口径测算，全国 30 个中心城市文化、体育和娱乐业区位熵平均值在 0.879 4（重庆）～3.941 2（合肥）之间（见图 5-30），其均值为 1.672 6。区位熵排名前 5 的依次为合肥（3.941 2）、呼和浩特（2.949 1）、北京（2.494 2）、海口（2.291 7）、郑州（2.083 1）。武汉（1.288 2）、上海（1.207 9）仅列全国第 23、第 25 位。LQ 高于 1 的有 28 个，其中大于 2 的有 7 个；LQ 低于 1 的有 2 个。2010 年与 2004 年相比，长春、上海、福州、天津、成都、南宁、济南、长沙、贵阳、合肥、武汉、杭州 12 个中心城市文化、体育和娱乐业集聚程度依次降低，降幅最大的是杭州（48.53%）；而其他 18 个中心城市的平均增幅高达 23.13%，增幅位居前三的为兰州（77.82%）、哈尔滨（59.24%）、重庆（47.01%）。

2004—2010 年，从市区口径测算，全国 30 个中心城市文化、体育和娱乐业区位熵平均值在 0.630 7（天津）～3.095 6（合肥）之间（见图 5-31），其均值为 1.507 8。区位熵排名前 5 的依次为合肥（3.095 6）、呼和浩特（2.930 0）、郑州（2.256 8）、长沙（2.161 4）、北京（2.098 9）。武汉（1.170 4）居全国第 23 位，上海（0.969 8）列第 27 位。LQ 高于 1 的有 26 个，其中大于 2 的有 5 个；LQ 低于 1 的有 4 个。2010 年与 2004 年相比，北京、上海、长春、长沙、济南、成都、南宁、武汉、昆明、合肥、杭州、天津 12 个中心城市文化、体育和娱乐业集聚程度依次降低，降幅最大的是天津（98.16%）；而其他 18 个中心城市的平均增幅达 20.88%，增幅位居前三的为兰州（75.32%）、重庆（42.48%）、哈尔滨（41.46%）。

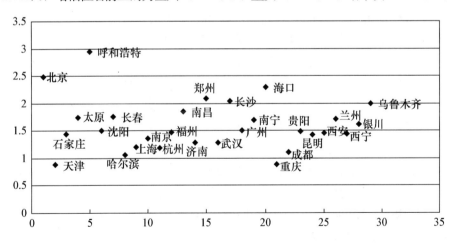

图 5-30 2004—2010 年全国 29 个中心城市文化、
体育和娱乐业平均区位熵（全市口径）

说明：根据附表 5-25 的数据作图，由于合肥市区位熵数据不太正常，作图时没有考虑，故只有 29 个城市。

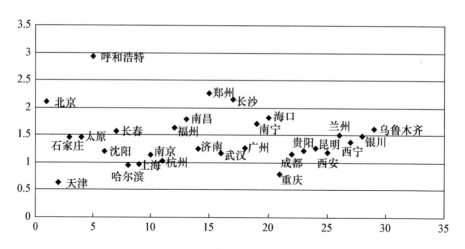

图5-31　2004—2010年全国29个中心城市文化、
体育和娱乐业平均区位熵（市区口径）

说明：根据附表5-26的数据作图，由于合肥市区位熵数据不太正常，作图时没有考虑，故只有29个城市。

14. 全国30个中心城市公共管理和社会组织业集聚程度

2004—2010年，从全市口径测算，全国30个中心城市公共管理和社会组织业区位熵平均值在0.4693（上海）～4.3825（合肥）之间（见图5-32），其均值为0.9472。区位熵排名前5的依次为合肥（4.3825）、呼和浩特（1.3488）、石家庄（1.1887）、郑州（1.0276）、南宁（1.0230）。武汉（0.5973）、北京（0.5211）仅列全国第27、第29位。LQ高于1的有7个，其中大于2的有1个；LQ低于1的有23个。2010年与2004年相比，重庆、长春、成都、济南、南昌、天津、沈阳、昆明、上海、海口、南京、西宁、福州、武汉、长沙、合肥、杭州17个中心城市公共管理和社会组织业集聚程度依次降低，降幅最大的是杭州（48.25％）；而其他13个中心城市的平均增幅高达19.01％，增幅位居前三的为北京（78.05％）、兰州（47.75％）、哈尔滨（31.07％）。

2004—2010年，从市区口径测算，全国30个中心城市公共管理和社会组织业区位熵平均值在0.6143（上海）～3.3781（合肥）之间（见图5-33），其均值为1.0647。区位熵排名前5的依次为合肥（3.3781）、呼和浩特（1.7133）、西宁（1.4043）、海口（1.3297）、乌鲁木齐（1.2643）。武汉（0.8008）居全国第22位，北京（0.7306）列第26位。LQ高于1的有14个，其中大于2的有1个；LQ低于1的有16个。2010年与2004年相比，太原、南昌、成都、长春、济南、沈阳、西宁、上海、南京、海口、福州、武汉、长沙、合肥、杭州、天津 16 个中心城市文化业集聚程度依次降低，降幅最大的是天津（98.14%）；而其他 14 个中心城市的平均增幅达 15.50%，增幅位居前三的为南宁（42.48%）、兰州（41.46%）、哈尔滨（26.43%）。

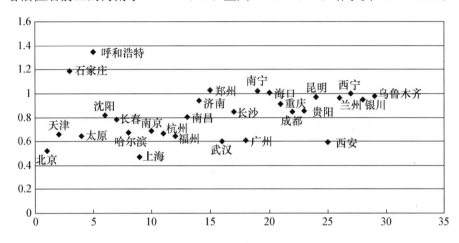

图 5-32　2004—2010 年全国 29 个中心城市公共管理
和社会组织业平均区位熵（全市口径）

说明：根据附表 5-27 的数据作图，由于合肥市区位熵数据不太正常，作图时没有考虑，故只有 29 个城市。

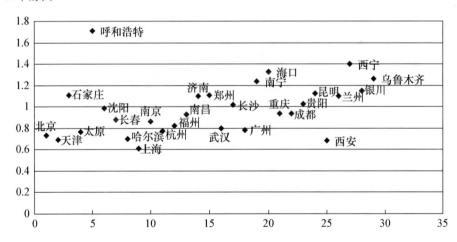

图 5-33　2004—2010 年全国 29 个中心城市公共管理
和社会组织业平均区位熵（市区口径）

说明：根据附表 5-28 的数据作图，由于合肥市区位熵数据不太正常，作图时没有考虑，故只有 29 个城市。

三、中心城市服务业集聚小结

综合上述对全国省、自治区、直辖市所辖市服务行业区位熵测算结果的分析，得出以下结论：

（一）全国 30 个中心城市服务行业集聚程度与其经济总量和服务业发展水平具有相关性

全国 30 个中心城市服务行业集聚程度与其经济总量和服务业发展水平具有相关性。从三大经济区域看，综合服务业生产总值口径、服务业从业人数口径，全市口径、市区口径测算结果，总体上，经济相对发达的地区，服务业集聚程度相对高些，经济相对落后的地区，服务业集聚程度相对低些，亦即东部市服务业集聚程度高于中部，中部又高于西部。但是，从个别城市视角，从服务业产值市区口径看，如石家庄的区位熵（2.411 6）高于北京（1.750 5），贵阳的区位熵（1.501 0）高于上海（1.312 4），可能服务业在经济相对落后的地区越密集，在经济相对发达地区反而越分散，这种现象同样出现在服务业产值全市口径、以及服务业从业人数全市和市区口径测算中。究其原因，可能是因为在相对落后地区，很多地方收入水平达不到服务业所要求的消费起点规模，所以服务企业一般集聚在当地的核心区，在边缘区分布的企业很少；而发达地区由于收入水平高，很多地方对服务消费需求旺盛，也能满足服务企业所要求的起点规模，所以其分布就相对分散（见表 5-11、表 5-12）。

表 5-11　　　　　2004—2010 年全国 30 个中心城市
平均区位熵（以服务业生产总值市区口径测算）

区域	城市	2004—2010 年区位熵均值（全市口径）	2004—2010 年三地区均值（全市口径）	2004—2010 年区位熵均值（市区口径）	2004—2010 年三地区均值（市区口径）
东部地区	北京	1.719 8		1.750 5	
	天津	1.049 3		1.116 5	
	石家庄	0.966 5		2.411 6	
	沈阳	1.148 7		1.291 3	
	上海	1.328 0		1.312 4	
	南京	1.209 6	1.258 9	1.298 8	1.604 9
	杭州	1.140 7		1.406 8	
	福州	1.071 5		2.141 3	
	济南	1.107 0		1.607 8	
	广州	1.449 4		1.535 9	
	南宁	1.261 3		1.767 6	
	海口	1.655 5		1.617 9	

续表

区域	城市	2004—2010 年区位熵均值（全市口径）	2004—2010 年三地区均值（全市口径）	2004—2010 年区位熵均值（市区口径）	2004—2010 年三地区均值（市区口径）
中部地区	太原	1.223 7		1.355 0	
	呼和浩特	1.388 3		1.943 8	
	长春	0.999 6		1.346 7	
	哈尔滨	1.214 2		1.710 9	
	合肥	1.085 1	1.145 4	1.398 9	1.632 2
	南昌	0.970 8		1.370 6	
	郑州	1.052 6		2.345 8	
	武汉	1.240 0		1.360 1	
	长沙	1.134 3		1.857 6	
西部地区	重庆	1.002 0		1.513 2	
	成都	1.196 9		1.765 3	
	贵阳	1.192 3		1.501 0	
	昆明	1.191 1		1.551 8	
	西安	1.280 6	1.198 8	1.465 0	1.534 7
	兰州	1.211 6		1.379 8	
	西宁	1.118 3		1.604 4	
	银川	1.161 6		1.609 0	
	乌鲁木齐	1.435 2		1.423 1	

说明：依据 EPS 数据平台的数据计算，EPS 数据来源于年度《中国统计年鉴》、《中国区域经济统计年鉴》、《中国城市统计年鉴》等。

表 5-12　　　　　**2004—2010 年全国 30 个中心城市平均区位熵（以服务业从业人数口径测算）**

区域	城市	2004—2010 年区位熵均值（全市口径）	2004—2010 年三地区均值（全市口径）	2004—2010 年区位熵均值（市区口径）	2004—2010 年三地区均值（市区口径）
东部地区	北京	1.386 6		1.441 4	
	天津	0.976 0		0.844 9	
	石家庄	1.155 4		1.094 1	
	沈阳	1.159 6	1.104 5	1.157 1	1.133 6
	上海	1.123 4		1.147 2	
	南京	1.051 5		1.081 3	
	杭州	0.959 2		0.985 7	

续表

区域	城市	2004—2010 年区位熵均值（全市口径）	2004—2010 年三地区均值（全市口径）	2004—2010 年区位熵均值（市区口径）	2004—2010 年三地区均值（市区口径）
东部地区	福州	0.851 2		1.022 6	
	济南	1.001 3		1.096 5	
	广州	1.069 0	1.104 5	1.117 5	1.133 6
	南宁	1.241 1		1.306 2	
	海口	1.279 9		1.309 0	
中部地区	太原	0.947 0		0.962 8	
	呼和浩特	1.327 1		1.438 9	
	长春	1.100 9		1.064 9	
	哈尔滨	0.960 0		0.966 8	
	合肥	1.132 8	1.061 7	1.148 6	1.114 4
	南昌	1.002 1		1.064 8	
	郑州	1.015 5		1.059 4	
	武汉	0.979 6		1.083 4	
	长沙	1.090 3		1.240 3	
西部地区	重庆	0.999 8		0.952 9	
	成都	0.952 9		0.998 3	
	贵阳	0.975 7		1.016 8	
	昆明	1.131 9		1.161 0	
	西安	0.997 3	1.072 5	1.001 6	1.108 4
	兰州	1.152 8		1.303 0	
	西宁	0.893 0		0.915 3	
	银川	1.162 9		1.185 4	
	乌鲁木齐	1.386 6		1.441 4	

说明：依据 EPS 数据平台的数据计算，EPS 数据来源于年度《中国统计年鉴》、《中国区域经济统计年鉴》、《中国城市统计年鉴》等。

（二）全国 30 个中心城市 14 个不同服务行业集聚程度与其行业特性密不可分

全国 30 个中心城市（不含拉萨市）14 个不同服务行业集聚程度与其行业特性密不可分，可归纳为四点：

一是传统服务业比现代服务业集聚程度高。传统服务业，如批发和零售业，其服务产品一般都具有难以储藏、不可转移、生产与消费同时进行的特性，有些服务产品甚至只能在服务消费者所在地就地生产，而其服务消费者（大多是居民）遍布城市的每个角落，根据消费便利性原则，其网点分布必然比较分散（相对现代服务业而言）。现代服务业中的科学研究、技术服务和地质勘察业，属于知识密集型行业，其产品具有可储存和可快速、低成本转移的特性，这种可贸易性使其能够集中在城市中的某个区域进行规模生产，并且较易产生技术知识外溢，获得外部规模经济效益。

二是商业化程度高或市场准入门槛较低的服务行业比公益性或市场管制较多的服务行业集聚程度高。其一，从全市口径看，服务行业集聚程度较高的三个行业是科学研究、技术服务和地质勘察业，文化、体育和娱乐业，交通运输、仓储和邮政业，这三个行业都是市场化程度比较高的行业，政府对其管制较少，其发展受市场规律影响大，企业为了追求利润最大化，尽量在消费需求密集的地区开展业务。服务行业集聚程度较低的三个行业是公共管理和社会组织业，教育业，卫生、社会保障和社会福利业，这些行业基本上归属政府部门，或者是公共产品或准公共产品部门，或者是保证人民基本生存条件、保障社会基本公平部门管理，其分布不是由市场利益决定的，而是由政府部门安排的，所以为了公平，这些行业必然会在各地区比较均衡地分布。其二，从市区口径看，服务行业集聚程度较高的三个行业是文化、体育和娱乐业，科学研究、技术服务和地质勘察业，住宿和餐饮业；服务行业集聚程度较低的三个行业是金融业，居民服务和其他服务业，租赁和商务服务业（见表5-13）。由此看来，市区口径与全市口径结论基本相同。

三是知识密集型的生产者服务业，如交通运输、仓储和邮政业，信息传输、计算机服务和软件业，金融业，房地产业，租赁和商务服务业，科学研究、技术服务和地质勘查业，在北京、上海、广州等经济发达的中心城市集聚程度高。而劳动密集型服务业，如批发和零售业，住宿和餐饮业，在乌鲁木齐、海口、合肥等中等规模的中心城市集聚程度高。公益性的社会公共管理服务业，如水利、环境和公共设施管理业，居民服务和其他服务业，教育业，卫生、社会保障和社会福利业，文化、体育和娱乐业，公共管理和社会组织业，则在合肥、南宁、西宁等中等规模的中心城市集聚程度高，而在北京、上海等规模大的城市却相对较低。

四是在30个中心城市中，北京、海口、广州、乌鲁木齐4个城市服务业集聚程度高，在全国居于领先水平。

表 5-13

2004—2010 年全国 30 个中心城市
14 个服务业行业区位熵平均值（服务业从业人员口径）

	交通运输、仓储和邮政业	信息传输、计算机服务和软件业	金融业	房地产业	租赁和商务服务业	科学研究、技术服务和地质勘察业	批发和零售业	住宿和餐饮业	水利、环境和公共设施管理业	居民服务和其他服务业	教育业	卫生、社会保障和社会福利业	文化、体育和娱乐业	公共管理和社会组织业
全市	1.476 7	1.276 0	1.098 4	1.408 5	1.265 8	1.806 9	1.259 5	1.461 8	1.236 3	1.215 1	0.978 2	1.056 0	1.672 6	0.947 2
市区	1.250 4	1.038 8	0.975 7	1.100 2	1.013 9	1.414 7	1.190 3	1.280 4	1.169 9	1.012 6	1.131 9	1.112 6	1.507 8	1.064 7

说明：依据 EPS 数据平台的数据计算，EPS 数据来源于年度《中国统计年鉴》、《中国区域经济统计年鉴》、《中国城市统计年鉴》等。

第三节　城市服务业集聚与经济增长

黄永兴等（2007）[1]采用因子分析法对我国生产性服务业的发展水平进行了度量，并利用 2004 年的截面数据对生产性服务业发展与经济增长之间的相关性进行了分析，结果表明生产性服务业发展与地区经济增长之间呈显著正相关关系，生产性服务业在地区经济增长差异中占据着重要的地位。祝佳（2012）[2]指出在服务业大部分行业中，产业集聚对区域经济发展水平都有显著的正向效应。服务业各行业集聚对区域经济发展的效应存在行业差异，新兴生产性服务业的集聚对区域经济发展水平的促进作用相对较大，而传统服务业的积极效应较小，即传统服务业的集聚对区域经济发展水平的促进作用相对较小。而马鹏，李文秀（2010）[3]则进一步认为，一方面，城市经济发展对服务需求的不断增加促使城市服务业集聚，另一方面，城市服务业集聚成为城市经济结构转型和发展的重要动力，城市服务业集聚与城市经济发展存在互动机制。

一、城市服务业集聚化发展的影响因素

与传统的制造业集聚相比，影响城市服务业集聚的因素有其特殊性。

一是创新因素取代了传统的资源因素。服务业是知识化与信息化的主要载体，信息技术的创新与扩散解除了传统空间因素和物质因素对区位主体空间行为的制约，新的时空距离发生改变，以信息、技术和知识为核心的创新成为服务业集聚的影响因素。而且，技术创新对研究与开发和其他信息技术产业等技术依赖型服务业有着强烈的引力作用，也促使集聚的产生。

二是概念距离取代了物理距离，成本因素不再是单一的运输成本因素。服务产品因其无形性、不可储藏性、不可运输性、生产与消费的同时性等特征，使得服务的提供者与使用者之间必须近距离接触以节约交易成本。但信

---

[1] 黄永兴，刘莉. 中国地区经济增长：生产性服务业与产业集聚 [J]. 统计教育，2007（6）：15-22.

[2] 祝佳. 产业集聚效应的行业差异分析——基于广东服务业的实证研究 [J]. 中央财经大学学报，2012（6）：74-79.

[3] 马鹏，李文秀. 服务业的空间集聚与城市经济发展实证研究 [J]. 中南财经政法大学学报2010，（3）：87-93.

息网络技术等的广泛运用，使得面对面的接触减少，改变了传统的交易方式。因此，时间距离、经济距离和心理距离等构成的概念距离取代了传统的物理距离，多种交通工具和信息技术手段的结合成为新的制约可达性的因素，交易因素也不再是单一的运输成本因素。

三是社会经济因素取代自然资源因素占据主导地位。服务的面对面接触需求以及服务产品的无形性使得市场需求成为服务企业存在和发展的内在驱动力，因此，与制造业相比，土地不再是决定服务业区位布局的最主要因素，相反，市场需求、潜力、范围因素（消费者人口总量与密度、构成、居民收入与消费水平、人流量和市场范围与潜力等因素）和外部竞争等社会经济因素变得越来越重要。

二、城市服务业集聚的原因

丹尼尔对英国服务业区位布局研究时发现，英国服务业最突出的区位特征是空间集聚过程发生在伦敦附近。[1]但服务企业为什么聚集在城市，马鹏、李文秀（2010）结合服务业集聚的影响因素，以及服务产品、聚集经济和城市经济学等的研究成果，发现服务业城市集聚原因主要有三。

（一）区位地租是内生动力

根据威廉·阿隆索（Willian Alonso）的竞租模型，各种经济活动在使用土地方面是彼此竞争的，决定各种经济活动区位的因素是其所能支付的地租，通过土地供给中的竞价决定各自的最适区位，最终自动形成一种产业布局，促进城市土地资源的最优配置，使土地的潜在效益得到最大的发挥。

藤田昌久指出，用于第一、第二、第三产业的土地单位面积产值之比为1：100：1000，服务业产出最高，可以支付最高的地租。而在服务业中，金融保险业、信息服务业等现代服务业由于具有较高的劳动生产率和利润率，能够支付的租金远高于零售业等传统服务业。假设一个城市只有三种产业：现代服务业、传统服务业和制造业（如图5-34所示），以金融保险业、信息服务业为代表的现代服务业有接近城市中心的强烈需求，且能支付较高的单位租金，因此其竞租曲线斜率较高。而以零售业、餐饮业为代表的传统服务业虽然也有接近城市中心的需求，但由于其能支付的单位租金较低，因此其竞租曲线斜率相对较低。制造业需要大片土地，能支付的单位租金最低，因

---

[1] Daniels, P. W, O′ Connor, K, Hutton, T. A. The Planning Response to Urban Service Sector Growth: An Inter-national Comparison. Growth and Change [J]. 1991: 3-26。

此其竞租曲线斜率最低。对土地竞价的结果，使得现代服务业、零售业和制造业分别占据了 *OA*、*AB* 和 *B* 以外的三个区域，产业布点与城市中心的距离与其地租支付能力成反比。

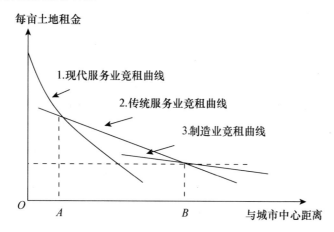

图 5-34 城市土地在不同产业的分配

资料来源：陈泽鹏，李文秀. 区域中心城市服务业空间布局实证研究［J］. 广东社会科学，2008（1）：31。

（二）城市经济和制度特征有利于服务业在城市的集聚

一方面，城市的经济特征有利于服务业在城市集聚。首先，城市一般拥有完善发达的铁路枢纽、高速公路或航空港口运输设施等，能够提供高质量的运输服务，方便旅行和运输，并降低相应的成本。尽管远程通讯技术的发展曾使许多学者对服务业在大都市区的集聚产生质疑，但信息交流的便捷以及创新的可能仍然会促使服务业在大都市区集聚。[1]因此，服务业在大都市区集聚的态势并没有削弱，技术进步反而会促进其在大都市区集聚，[2]尤其是高端生产性服务业向几个大的世界城市高度集中。[3]其次，城市拥有发达的通信基础设施、计算机网络和信息传播机构并提供广告、翻译、卫星资料等信息服务，一般是信息汇集、处理、传播与扩散中心，有利于创新的产生与扩散。科菲和波莱塞（Coffey and Polese）等也指出，服务业的生产和消

---

　　［1］　Marshall J. N，Wood P. A. The Role of Services in Urban and Regional Development：Recent Debates and New Directory［J］. Environment and Planning，1992，23（24）：1225-1275.

　　［2］　Kellerman A. Telecommunications and Geography［M］. London：Belhaven Press，1993：47-48.

　　［3］　Daniels P W. Service Industries in the World Economy［M］. Oxford：Blackwell Press，1993：24-26.

费同时性、对知识和信息的高依赖性等特征也使得其选择中心城市作为自己的集聚区。[1]最后，城市的本质特征就是集聚，包括人口、产业和各种生产要素、各种社会组织的空间集聚。因而，拥有足够大的人口规模，消费需求与消费潜力巨大。正如基伯尔和布赖森（Keeble and Bryson）认为的，中心城市拥有的大规模高素质劳动力和良好的环境条件，使得服务企业更倾向于在其中集聚。[2,3]

另一方面，城市的制度特征也有利于服务业在城市集聚。作为人类活动的空间组织形式之一的城市，也是为了节约市场运行的交易成本而产生的一种制度安排。城市化既是人类活动在空间上的聚集引起社会分工和专业化不断深化的过程，又是人类的组织形式和制度体系逐步完善的过程。此外，大都市深厚的文化底蕴也是服务业集群形成的重要诱因。在特定的历史文化底蕴基础上积淀起的城市经济社会，具有相当的知名度和独特的品牌效应，它不仅可以促使企业自动地向这些城市区域集聚发展，而且还会完成人才的积累和集聚过程。

三、城市服务业集聚与城市经济发展的互动机制

（一）服务业集聚促进城市经济增长

服务业在城市的区域集聚一旦形成后，其集聚效应又是城市经济的主要动力，即服务业集聚因能带来企业内部和产业内部的规模经济，以及区域内范围经济而促进城市经济发展。

首先，服务业集聚通过提升企业竞争力促进城市经济增长。一方面，服务业集聚有利于集群内服务企业获得内部规模经济，进而提升其竞争力。另一方面，服务业集聚有利于提升制造企业竞争力。服务业集聚尤其是生产者服务业的集聚，有利于城市范围内制造企业更方便地获得服务，进而提升竞争力。

其次，服务业集聚通过提升产业竞争力促进城市经济的增长。由于分工和专业化经济、需求关联带来的外部规模经济、知识外溢带来的外部经济的存在，服务业集聚有利于提升区域内产业的竞争力，而产业是城市经济发展

[1] Coffey W. J, Polese M. Intrafirm Trade in Business Services: Implication for the Location of Office Based A-tivities [J]. Regional Science Association, 1987, 23 (7), 13-25.

[2] 吴涛，李姗姗. 服务业对中国经济增长效应的实证研究 [J]. 北京工商大学学报（社会科学版），2009，（3）：102-106.

[3] Keeble E D, Bryson J, Wood P. A. Small Firms, Business Services Growth and Regional Development in the U K: Some Empirical Findings [J]. Regional Studies, 1991. 25 (5)：439-460.

的主要推动力，其竞争力的提升必然推动城市经济的增长。

最后，服务业集聚通过提升区域竞争能力促进城市经济的增长。服务业集聚能够提升区域创新能力从而促进城市经济发展。同时，服务业集聚通过提升区域品牌优势促进城市经济增长。一方面，服务业集聚有利于区域品牌的形成。另一方面，区域品牌的形成有利于城市经济的增长。因此，服务业集群的聚集经济效应有利于区域品牌的形成，而区域品牌又是城市经济增长的主要动力，因而服务业集聚有利于城市经济的发展。

（二）城市经济发展促进服务业集聚

城市经济的发展会带来两种经济效果，即专业化分工所引致的递增效益，以及由要素集聚引起的聚集经济，这两种经济效果又会导致经济活动在城市的集聚。

首先，人口的集聚会导致服务企业的集聚。一方面，伴随着人口在城市的集聚，必然会对诸如商贸、餐饮、房地产、教育、文化体育、卫生保健等生活服务业产生巨大的需求。而城市化的过程本身就包含着人口集聚的过程，城市经济的发展又必然会吸引更多的劳动力在城市的集聚。因此，人口集聚有利于形成规模化需求，而规模化需求又是吸引服务企业集聚的必要条件。另一方面，作为一些劳动密集型服务业，其集聚需要更多的劳动力资源。因此，城市经济的发展而带来的人口集聚会促进服务业集聚的形成和发展。

其次，产业集聚带来服务企业的集聚。城市作为重要资源周转中心、价值增值中心、物质集散和流转中心、资金配置中心和信息交换处理中心等，随着其经济的发展，必然会带来要素的集聚，即无论是人力资本还是物质资本都会不断地集聚于城市。而要素的集聚往往会带来各种经济活动在城市的集聚，各种经济活动在城市的聚集又必然会需要诸如金融、保险、通讯、交通运输仓储、财会、法律、技术服务等生产者服务业的支持，进而吸引更多的服务企业布局在城市。因此，随着城市经济的发展，各种要素会快速在城市聚集，从而带来各种经济活动在城市的聚集，进而带动服务业在城市的集聚。

最后，城市的区位优势也为服务企业在城市的集聚提供了条件。从服务业集聚的影响因素分析可知，服务企业的集聚需要大规模的公共基础设施、大量的劳动力、靠近消费者等良好的外部环境等支持，而这些只有城市能够提供。而且城市经济发展越好，这些外部环境会更加完善，相应地，城市内的服务业集聚发展得也就越快。

（三）服务业集聚与城市经济发展的互动关系

城市经济的发展使得越来越多的人口和经济活动开始向城市集中，再加上城市本身的区位优势，改善了影响服务业集聚的社会经济因素、创新环境因素和空间因素，从而吸引越来越多的服务企业在城市集聚，而集聚会带来服务企业内部的规模经济、产业内部的规模经济（企业外部规模经济）、区域内部的规模经济（企业外部范围经济），这又会促进城市经济增长。而城市经济增长和服务企业在城市的集聚，又会导致更多的人口和经济活动在城市的集聚，并带来更多的区位优势（区位品牌、区域环境改善、区域信息集中等），如此形成服务业集聚与城市经济发展的良性循环（见图 5-35）。

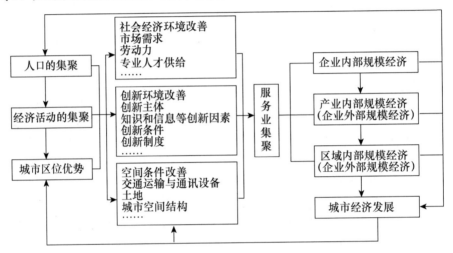

图 5-35　服务业集聚与城市经济发展互动关系

资料来源：马鹏，李文秀. 服务业的空间集聚与城市经济发展实证研究［J］. 中南财经政法大学学报 2010，（3）：90。

四、对我国城市服务业集聚的政策建议

城市服务业集聚的初期多是由于路径依赖，政府对此干预很少，市场起到关键作用，但是集聚初具规模以后，政府的规划和支持就格外重要，甚至成为能否集聚更多企业的关键因素。因此，从政府层面来讲，我国部分城市应高起点加快城市总体规划，支持发展与城市规划相适应的服务业，进一步完善政府服务功能，促进服务业集聚发展。

（一）政府要为城市服务业集聚提供制度保障

政府要为城市服务业集聚提供制度保障，一是建立顺畅有序的组织管理体系，明确城市市区两级服务业集聚区工作的管理职责和权限，做到一级抓一级、层层负责。二是做好服务业集聚区的统计工作。城市统计局负责指导各区、县（市）、开发区开展辖区内服务业集聚区主导产业统计工作，统计范

围为限额或规模以上企业（项目）。三是建立服务业集聚区考评机制。组建产、学、研相结合的服务业集聚区评价机构，建立一套比较科学、完善的服务业集聚区评价体系。四是将服务业集聚区培育与建设情况纳入城市政府对各区县（市）、开发区政府绩效考评体系，进行年度考评。五是探索构建激励机制。建立"两种基金"：第一种是服务业信贷担保基金；第二种是服务业绿色发展引导基金。另外，对进入城市服务业集聚区的企业，实施入驻与增资补助、营业收入奖励、自建或购房补助、总部高管奖励、房租补助等。

（二）政府要采取差异化发展政策，促进城市服务业集聚

对那些信息依赖性较高的现代服务业，政府应促进其在城市的集聚发展，并使之与城市发展之间形成良性循环。对那些已经发展比较成熟的传统服务业，政府要减少保护，使其按照市场原则进行充分有效的竞争，促进资源优化配置，进一步发挥企业集聚的优势；对那些市场进入门槛比较高的服务业行业，政府应根据经济发展的需要有针对性地进行布局和投资；对那些体现公平按照非市场原则进行分配的服务业行业，在区域布局上应该使其更合理，以防止垄断带来的福利不经济。

（三）政府要选择城市优势服务行业，大力促进集聚发展

政府要选择优势服务行业，如北京的文化创意产业、上海的金融业、广州的房地产业，通过政策促进优势服务业集聚发展，提升服务业乃至城市的竞争力。同时，对集聚区内无法继续发展的服务企业和项目进行淘汰，促进集聚区资源优化配置。

（四）政府要进一步扩大服务业"营改增"行业范围

长期以来，我国共对交通运输业、建筑业、金融保险业、邮电通信业、文化体育业、娱乐业、服务业、转让无形资产和销售不动产9个行业征收营业税。2012年1月1日，我国酝酿多年的"营改增"在上海的"1＋6"行业率先试点，其中"1"为陆路、水路、航空、管道运输在内的交通运输业，"6"包括研发、信息技术、文化创意、物流辅助、有形动产租赁、鉴证咨询等部分现代服务业。2013年8月1日"营改增"扩至全国后，在"1＋6"行业的基础上，部分现代服务业的试点范围有所扩容，广播影视作品的制作、播映、发行等服务也一并纳入。广播影视服务纳入"营改增"试点后，企业新购进固定资产的税额可以抵扣，从而鼓励企业积极推动地面数字电视网络技术、直播卫星技术等新传输技术应用，带动数字音频广播、3D电影电视、智能终端、IMAX等新业态不断涌现。虽然目前纳入"营改增"试点的行业还不到两个，但在"营改增"进入全国试点阶段后，将有更多的行业纳入试

点范围。[1]

通过合理界定服务业宏观税负水平，规范政府税费行为和各种非税收入形式，减轻服务业的整体负担。已入驻城市服务业集聚区的服务业企业，对其财产税和综合土地税给予减免，逐步加大对城市服务业集聚区的投入和税收政策支持力度，推动服务业集聚区建设和企业入驻。

（五）大力培养服务业人才

人力资本、技术密集型服务业，对劳动力素质要求很高。对此，我国城市应根据服务业人才的市场需求，除继续坚持目前各个服务行业的人才培训工程外，要有计划、有重点、分批次实施整个现代服务业的人才培训工程，为服务业的发展提供智力保障。

第四节　城市服务业集聚与低碳经济

低碳经济就是以低能耗、低污染、低排放为基础的经济模式，而如何有效实现这种经济模式，正是目前各国致力研究的问题。中心城市服务业发展特别是服务业集聚发展，是中心城市提高节能减排能力、构建低碳经济和实现经济可持续发展的有效途径。在低碳经济模式下，能源消费量的减少并不等同于二氧化碳排放量的减少，或者说能源消费并不一定能直接反映出低碳经济的发展水平。基于此，在此分别用二氧化碳排放量、以及能耗来衡量城市低碳经济的发展水平。

一、城市第三产业排放的二氧化碳量较第一、第二产业少

刘再起，陈春（2010）[2]选择美国、德国、法国、英国、俄罗斯、日本、中国7个全球具有代表性的国家，依据1990—2004年碳排放量及产业结构相关面板数据，运用 Eviews 6.0 软件对模型进行了实证分析。结果显示，从总趋势上分析，各国产业结构都是由第一、第二产业逐渐转向第二、第三产业，但每个国家调整的步伐与幅度不一致，因而造成了各国产业结构、经济发展方式的不同，导致各国第一、第二、第三产业发展对二氧化碳排放量

---

[1] 王悦威. 李克强营改增是深化财税体制改革"重头戏"[EB/OL]. http://news.qq.com/a/20130802/018536.htm, 2013-08-02.

[2] 刘再起，陈春. 低碳经济与产业结构调整研究 [J]. 国外社会科学, 2010 (3)：21-27.

的影响程度不同。这 7 个国家中除法国、俄罗斯以外，其他国家的第一产业发展会造成碳排放量的加大；而所有国家的二氧化碳排放量与第二产业发展成正比；除了中国以外其他国家的第三产业则促进碳排放量的增加。但是，美国的第三产业给碳排放量带来的正相关影响相当小。由于中国经济现在正处于转型期，经济总量在全球排名第二[1]，仅次于美国，但因技术的不先进性，其第一产业、第二产业对碳排放量的影响相当高，工业生产消耗的能源占能源消费总量的 70％，但第三产业却能使其二氧化碳排放量减少。从各影响系数看，总体上第一产业、第二产业、第三产业的影响逐次递减，也就是说发展第三产业要比第一、第二产业所带来的二氧化碳排放量少，但依然会增加碳排放量。

二、城市服务业比重上升二氧化碳排放强度相应降低

刘新宇（2010）[2]对北京、上海、广州三次产业排放的二氧化碳进行研究，认为第二产业或工业二氧化碳排放占到上海二氧化碳排放总量的 60％左右，第三产业的二氧化碳排放强度相当于第二产业或工业的 45％，即上海服务业二氧化碳排放比重刚刚达到 30％（见表 5-14）。因此，提高服务业比重是促使产业结构低碳化的主要努力方向之一。但服务业当中，交通运输、仓储和邮政业是高碳产业，其二氧化碳排放强度甚至超过工业 2 倍。因此，应当针对其采取更加严格的减碳措施。

表 5-14　　2007 年上海二氧化碳排放量、分布、强度和分产业强度

行业	二氧化碳排放量（万吨）	占总量比例（％）	GDP（亿元）	二氧化碳排放强度（吨/万元）
总　计	20 690.17	100.00	12 188.85	1.697 5（口径 1）
生产领域	19 009.89	91.88		1.559 6（口径 2）
其中：				
第一产业（农林牧渔）	163.35	0.79	181.84	1.604 0
第二产业	12 428.06	60.07	5 678.51	2.188 6
工业	12 046.48	58.22	5 298.08	2.273 7
建筑业	381.58	1.84	380.43	1.003 0
第三产业	6 418.48	31.02	6 408.50	1.001 6
交通运输、仓储和邮政业	3 979.18	19.23	723.13	5.502 7

---

[1]　2008 年、2009 年，中国经济总量全球排名第三，2010 年、2011 年、2012 年为第二。
[2]　刘新宇. 上海低碳经济发展及城市间比较 [J]. 环境经济，2010（6）：23-29.

续表

行业	二氧化碳排放量（万吨）	占总量比例（%）	GDP（亿元）	二氧化碳排放强度（吨/万元）
批发、零售业和住宿、餐饮业	918.14	4.44	1 297.12	0.707 8
其他	1 521.16	7.35	4 388.25	0.346 6
生活领域	1 680.28	8.12	—	—

注："口径 1"是指将二氧化碳排放总量除以 GDP，"口径 2"是指将生活领域引起的二氧化碳排放排除在外，即仅仅将生产领域引起的二氧化碳排放除以 GDP。

资料来源：(1)《上海工业能源交通统计年鉴 2008》和《上海统计年鉴 2008》。

(2) 刘新宇. 上海低碳经济发展及城市间比较 [J]. 环境经济，2010 (6)：25。

2007 年，由于北京市和广州市第三产业二氧化碳排放强度显著低于上海，而两市第三产业占 GDP 比重又显著高于上海，导致上海的总体二氧化碳排放强度明显高于北京和广州两市。在二氧化碳排放行业分布方面，上海和广州两市相差不大，北京的第二产业或工业二氧化碳排放比重比上海低很多，而第三产业和生活领域二氧化碳排放比重却比上海高很多。在以上 3 个城市中，假定技术水平不变，服务业的比重每上升 1 个百分点，工业的比重相应地下降 1 个百分点，整体的二氧化碳排放强度平均会降低 0.75～1.4 个百分点（见表 5-15）。

表 5-15　2007 年北京、上海、广州二氧化碳排放分布、强度和分产业强度比较

行业	占总量比例（%）			二氧化碳排放强度（吨/万元）		
	上海	北京	广州	上海	北京	广州
总量（万吨）	20 690.17	11 002.30	9 709.18	1.697 5（口径 1）	1.176 3（口径 1）	1.365 7（口径 1）
生产领域	91.88	83.85	90.92	1.559 6（口径 2）	0.986 3（口径 2）	1.241 7（口径 2）
其中：						
第一产业（农林牧渔）	0.79	1.57	1.61	1.604 0	1.708 4	1.046 2
第二产业	60.07	44.87	58.63	2.188 6	1.967 5	2.028 2
工业	58.22	43.22	57.11	2.273 7	2.283 2	2.138 8
建筑业	1.84	1.65	1.52	1.003 0	0.425 8	0.689 5
第三产业	31.02	37.40	30.67	1.001 6	0.610 3	0.717 2
生活领域	8.12	16.15	9.08	—	—	—

注："口径 1"是指二氧化碳排放总量除以国内生产总值，"口径 2"是指将生活领域引起的二氧化碳排放排除在外，即仅仅将生产领域引起的二氧化碳排放量除以国内生产总值。

资料来源：(1)《上海工业能源交通统计年鉴 2008》、《上海统计年鉴 2008》、《北京统计年鉴 2008》、《广州统计年鉴 2008》。

(2) 刘新宇. 上海低碳经济发展及城市间比较 [J]. 环境经济，2010 (6)：27。

三、我国四个直辖市服务业发展能有效降低能耗

（一）四个直辖市的单位国内生产总值能耗与第三产业的增加值显著负相关

随着我国城市经济快速发展，三次产业增加值与其能耗同时增加。然而，第三产业相对耗能较低，在此拟通过计量分析以了解城市第三产业的发展对降低城市能耗的影响。

考虑数据的可获得性，选择北京、上海、天津、重庆四个直辖市作为研究对象，采用单位国内生产总值能耗反映城市的能耗效率，以 2004—2010 年度四个直辖市第三产业增加值和单位国内生产总值能耗作为相关变量，利用spss 16.0 统计软件对其进行相关性分析。结果显示，四个直辖市的单位国内生产总值能耗与第三产业的增加值是显著负相关的（见表 5-16、表 5-17），说明发展第三产业可以有效降低中心城市单位国内生产总值能耗，促进生态环境的改善。

表 5-16　2004—2010 年四个直辖市第三产业增加值、单位国内生产总值能耗、区位熵

		2004 年	2005 年	2006 年	2007 年	2008 年	2009 年	2010 年
第三产业增加值（亿元）	北京	4 092.27	4 854.33	5 837.55	7 236.15	8 375.76	9 179.19	10 600.84
	天津	1 319.76	1 658.19	1 902.31	2 250.04	2 886.65	3 405.16	4 238.65
	上海	4 097.26	4 776.20	5 508.48	6 821.11	7 872.23	8 930.85	9 833.51
	重庆	1 151.96	1 440.32	1 649.20	1 825.21	2 160.48	2 474.44	2 881.08
单位 GDP 能耗（万吨标准煤/万元）	北京	0.851 952 5	0.792 301 1	0.727 304 6	0.638 283	0.569 242 4	0.540 635 4	0.492 719 8
	天津	1.188 375 3	1.045 813 8	1.008 383 1	0.940 995	0.798 271 1	0.780 936 3	0.739 130 5
	上海	0.917 398 2	0.889 419 2	0.839 528 6	0.774 006 7	0.725 476 4	0.689 024 8	0.652 519 1
	重庆	1.209 393 1	1.425 401 9	1.373 99	1.271 756 2	1.117 146	1.076 540 2	0.991 122 6
区位熵（服务业生产总值口径）	北京	1.475 4	1.735 0	1.797 9	1.827 8	1.742 0	1.741 0	1.475 4
	天津	1.062 4	1.041 0	1.011 2	1.072 2	1.044 1	1.065 1	1.062 4
	上海	1.176 7	1.266 6	1.311 2	1.516 5	1.368 9	1.327 8	1.176 7
	重庆	1.912 5	1.943 9	1.482 3	1.432 2	1.166 7	1.141 4	1.912 5
区位熵（服务业从业人口口径）	北京	1.383 9	1.391 8	1.440 1	1.463 9	1.469 3	1.469 8	1.471 1
	天津	0.982 0	0.967 9	0.964 2	0.982 3	1.012 7	0.985 2	0.020 3
	上海	1.087 7	1.157 5	1.139 1	1.095 7	1.105 6	1.136 0	1.141 9
	重庆	0.961 9	0.947 3	0.951 7	0.965 6	0.958 3	0.943 2	0.942 3

数据来源：2005—2011 年《中国能源统计年鉴》。

表 5-17　四个直辖市第三产业增加值与单位国内生产总值能耗相关性

	北京市	上海市	天津市	重庆市
第三产业增加值与单位国内生产总值能耗相关系数	−0.991 048 843	−0.942 920 26	−0.996 324 432	−0.798 560 32

（二）四个直辖市服务业集聚程度与单位国内生产总值能耗的相关性不强

上述研究表明，第三产业的发展可以促进城市产业格局的调整，降低能耗，进而减少二氧化碳的排放。为了进一步研究城市服务业的集聚程度与单位 GDP 能耗的相关关系，分别以 2004—2010 年度服务业生产总值口径和从业人口口径测度出的四个直辖市服务业区位熵与单位 GDP 能耗作为相关变量，利用 spss 16.0 统计软件对其进行相关性分析。结果显示，以服务业生产总值为口径的区位熵与单位 GDP 能耗没有表现出强相关性，但是服务业集聚在一定程度上还是能够降低北京、上海、天津的单位 GDP 能耗；而以服务业从业人口为口径的区位熵与单位 GDP 能耗的相关性在各城市表现不同，其中，在北京和天津市显示出负的相关性，表现出服务业集聚较显著地促进北京单位 GDP 能耗的降低，但在上海和重庆市则显示出正的相关性，表明服务业集聚反而促使两市单位 GDP 能耗上升（见表 5-18）。

表 5-18　　　　　四个直辖市服务业集聚与单位 GDP 能耗的相关性

	北京市	上海市	天津市	重庆市
服务业区位熵与单位 GDP 能耗相关系数（服务业生产总值口径）	−0.049 543 8	−0.215 704 1	−0.166 309 9	0.229 230 9
服务业区位熵与单位 GDP 能耗相关系数（服务业从业人口口径）	−0.938 143 4	0.486 772 21	−0.160 430 4	0.283 026 52

第五节　城市生产者服务业集聚与制造业集聚相互影响

一、国内外学者关于生产者服务业和制造业双重集聚的研究

国外主要从两个方向研究生产者服务业和制造业集聚的相互影响问题：一是以分析生产者服务业发展为切入点，延伸到对制造业集聚的影响；另一个方向是从制造业与生产者服务业的相互联系入手，研究制造业与生产者服务业的"协同集聚"效应。

第一个研究方向的代表性研究者包括 Selya（1994）[1]和 Richard

---

[1]　ROGER MARK SELYAR. Taiwan as a Service Economy [J]. Geoforum, 1994, 25 (3)：305−322。

（2002）[1]。Selya 利用台湾的样本数据进行了实证分析，研究发现生产者服务业的发展对城市中制造业的空间重构具有促进作用。Richard 则利用美国的样本数据进行了实证分析，研究发现生产者服务业的发展同样有利于制造业的集聚。第二个研究方向的代表性文献主要是 Desmet，Fafchamps（2005）[2]和 Andersson（2006）[3]。德斯梅特和法肯姆普斯（Desmet and Fafchamps）通过美国郡级区域数据，实证研究了生产者服务业与制造业双重集聚的互动效应，分析认为在同一地理区域范围内生产者服务业集聚度要高于制造业，而且有促进制造业集聚的作用。安德森（Andersson）则将区位选择作为生产者服务业与制造业相互集聚函数的自变量，来研究生产者服务业和制造业的双重集聚效应。利用瑞典数据进行的实证分析发现，城市中生产者服务业与制造业的集聚存在双重集聚效应，这种双重集聚产生的交互效应主要来自两种产业之间的投入产出关系，制造业要利用生产者服务业作为中间投入，因此两种产业的空间距离不能太远。

国内经济学界关于生产者服务业和制造业集聚问题的研究也主要集中于两类：一类是理论推论以及基于一定调查数据的分析，如刘志彪（2006）[4]研究认为发展生产者服务业来促进制造业结构的调整和优化，是知识经济和全球化背景下产业结构调整的新视角。高传胜（2006）[5]以"长三角制造"面临升级与发展困境为出发点，提出长三角制造业发展模式同时又阻碍了生产者服务业的升级，因此，需要创新发展思路，实现二者互动发展。胡丹（2009）[6]利用北京市的基本单位普查资料，研究不同类型的制造业和配套生产者服务业的空间结构，认为建立制造业和生产者服务业融合的新型产业集群对城市功能全面提升具有重要意义。另一类是以生产者服务业与制造业集聚之间的关联性为分析思路，通过实证检验研究生产者服务业对制造业集聚的效应，以及研

[1] RICHARD G. W. Factors Associated with the Development of Nonmetropolitan Growth Nodes in Producer Services Industries：1980—1990 [J]. Rural Sociology，2002，67（3）：416-441.

[2] DESMET K.，FAFCHAMPS M. Changes in the Spatial Concentration of Employment Across US Counties：A Sectoral Analysis 1972—2000 [J]. Journal of Economic Geography，2005，5（3）：261-284.

[3] ANDERSSON M. Co-location of Manufacturing & Producer Services：A Simultaneous Equation Approach [C] //Entrepreneurship and Dynamics in the Knowledge Economy，New York：Routledge，2006：94-124.

[4] 刘志彪. 发展现代生产者服务业与调整优化制造业结构 [J]. 南京大学学报：哲学·人文科学·社会科学，2006（5）：36-44.

[5] 高传胜. 生产者服务与制造业互动发展：经济增长新动力——基于长三角的分析 [J]. 现代经济探讨，2006（1）：44-47.

[6] 胡丹. 北京市生产性服务业与制造业互动的空间结构研究 [D]. 北京：首都师范大学经济学院，2009：16-31.

究生产者服务业对制造业生产率的促进作用等等。顾乃华（2010）[1]首先分析了生产者服务业对制造业发挥外溢效应的渠道，提出了理论假说并利用城市面板数据进行了检验，研究认为在城市中生产者服务业对制造业的技术效率提升有积极的作用，提高生产者服务业集聚有利于增强对制造业的外溢效用；顾乃华（2011）[2]还利用城市样本数据，通过多层线性模型实证检验了我国城市中生产者服务业集聚对制造业的外溢效应，研究发现我国城市中生产者服务业的集聚能显著提高本地制造业的全要素生产率。

二、城市生产者服务业集聚和制造业集聚的互补和挤出效应

从产业形态上来看，不论是服务业还是制造业都存在不同的类别，例如制造业可以分为技术密集型、资本密集型以及劳动密集型，不同类型的制造业价值链的长短不一。这就导致了对作为中间投入的生产者服务业的需求的不同，劳动密集型制造业价值链较短，其对生产者服务业的需求较弱，因此这类制造业和服务业的集聚互动效应不强。技术密集型制造业价值链较长，与生产者服务业互动效应较强。总之，不同行业形态的存在，使得生产者服务业和制造业在同一城市区域内的集聚存在不同程度的互动性，互动性上的差异使得双重集聚存在双重效应，即挤出效应和互补效应。而且城市中产业的集聚不只是制造业的集聚，服务业尤其是生产者服务业也会在城市中集聚，一个城市的空间范围只能承受有限度的经济能级，一个城市空间范围内能否同时容纳制造业与生产者服务业的双重集聚，不仅取决于空间范围的大小，同时也会受城市化水平等多方面因素的影响。因此，制造业和生产者服务业在同一城市区域内集聚既会带来互补效应也会有挤出效应。

如果在城市区域中服务业就业人员占比超过60%，就认为服务业集聚对制造业集聚产生了较大的挤出效应，如果比重小于40%则认为制造业集聚对服务业集聚产生了较大的挤出效应，介于这两个比重之间，可以认为存在较大的互补效应。《2011中国城市统计年鉴》的数据显示，2010年除拉萨市以外的我国286个地级及以上城市，其中77个城市的服务业就业人员占比超过60%，65个城市的服务业就业人员占比低于40%，其他的城市介于这两者之间。虽然划分标准比较简单，但是从我国统计数据来看，在城市层面上存在

---

[1] 顾乃华. 生产性服务业对工业获利能力的影响和渠道——基于城市面板数据和 SFA 模型的实证研究 [J]. 中国工业经济，2010（5）：48—58.

[2] 顾乃华. 我国城市生产性服务业集聚对工业的外溢效应及其区域边界——基于 HLM 模型的实证研究 [J]. 财贸经济，2011（5）：115—123.

制造业与服务业双重集聚的挤出效应和互补效应。

李强（2013）[1]通过互补效应和挤出效应从空间与产业链的视角进行研究，建立理论假说并进行实证检验，得到了以往研究没有关注到的结论，即在保持其他变量不变的情况下，城市中存在一个均衡的土地租金，使得双重效应的互补效应达到最大；城市规模有利于双重集聚效应的提高；区域中的中心城市对其他城市的双重集聚效应有一定的辐射作用，经济距离越短辐射作用越大。任何规模的城市其双重集聚效应对劳动生产率都有促进作用，但这种促进作用随着城市规模的增加，影响大小呈现出先上升后下降的"倒 U"型趋势。

三、城市生产者服务业和制造业双重集聚效应的启示

李强（2013）的实证分析认为，双重集聚效应对生产率的影响在城市人口数量为 50 万～100 万人时达到最大值，随着城市人口规模的继续扩大，影响程度开始降低，这意味着存在一个最优的城市规模使得双重集聚效应达到最优。而目前我国城市中有 56 个城市超过这个人口规模，随着我国城市化的不断发展，可通过打造都市圈促进生产者服务业与制造业的双重集聚。制造业与服务业的协调更多地涉及政府间的利益问题，通过都市圈的发展完善地区间的利益分配，使得生产者服务业集聚在中心城市、制造业向次中心城市集聚，从而带来双重集聚效应。此外，通过构建制造业与生产者服务业互动机制，鼓励制造业服务外包，将非核心的生产性服务环节分离为社会化的专业服务，促进制造业对生产者服务业的需求、生产者服务业对制造业的依赖，强化双重集聚效应。通过流程再造和管理创新促进制造业企业将非核心产业外包。从政策建议的角度来看，政府应制定合理的产业政策，创造良好的市场竞争环境，使制造企业将各种服务性业务外包给专业的服务业公司，从而降低成本提高效率。

第六节　城市服务业集聚与引进服务业 FDI 的关系

一、城市服务业集聚与引进服务业 FDI 研究成果

王硕（2012）[2]认为，国外学者较早地关注外商直接投资与产业集聚之

---

[1]　李强. 基于城市视角下的生产性服务业与制造业双重集聚研究［J］. 商业经济与管理，2013（1）：70-78.

[2]　王硕. FDI 与中国服务业集聚的发展——基于行业层面数据的分析［J］. 国际经济合作，2012（5）：35.

间的关系，但大多将产业集聚作为吸引外资进入的一种区位影响因素。有代表性的如：Krugman（1991）运用中心——外围（CP）模型从规模收益递增角度研究产业集聚的生成动力，指出产业集聚一旦形成，便会对外资产生强烈的区位吸引力，从而促使外资到该集聚区域内进行投资。Head（1996）运用中国54个城市931家合资企业1984—1991年的数据进行实证分析，得出FDI企业的增加会刺激专业化供应商在本地的集聚，集聚效应反过来又会增强该地区对后续FDI进入的吸引力，从而形成一个良性循环：FDI促成产业集聚，产业集聚吸引外资进一步流入。Porter（1998）指出某个区域之所以能够吸引大量外资进入，与集聚效应密不可分，发达的基础设施、熟练的劳动力、良好的区域形象以及产业集聚都是外资进入的关键因素，FDI与产业集聚之间存在某种协同效应。Raff & Ruhr（2001）运用1976—1995年美国对25个国家生产性服务业投资的面板数据建立FDI影响因素的计量模型，分析认为影响外商直接投资的因素不仅包括政治和文化壁垒，还包括信息沟通是否顺畅。由此进一步说明了生产者服务业的外资企业在选址时更倾向于与其下游行业如工业企业接近。Hilber & Voicu（2010）对罗马尼亚经济改革以来的巨额外资流入进行了研究，发现服务业集聚因素是影响外商直接投资的主要条件。

国内限于数据的可获得性，关于外商直接投资与产业集聚关系的研究起步较晚，主要集中在以下两个方面：

一方面，外资对产业集聚的影响以及产业集聚对外资区位选择的影响。Tuan Chyau & Linda F. Y. Ng（2003）在克鲁格曼CP模型的基础上，分析了1998年广东省服务业企业的数据，发现服务业同制造业一样，集聚都会成为其吸引FDI的一个重要因素。并且不论是制造业还是服务业，企业规模越小，集聚因素对FDI产生的作用越大。姜琴、胡汉辉（2004）以苏州IT产业集群为例指出外商直接投资促进了苏州IT产业集聚的发展，并指出政府可以通过吸引FDI促进地区产业聚集的形成，一旦形成聚集，通过集聚效应就能影响后续FDI聚集，从而促进地区经济发展，形成FDI与产业集聚的良性发展。吴丹丹、谢建国（2007）以江苏省FDI与制造业产业集群之间的互动关系为例，指出随着FDI的进入，可以强化产业集群的路径依赖效应，使之转变为累积型的产业集聚，从而促使产业升级发展。张洁（2009）采用我国27个省区和直辖市在2000—2007年第三产业实际利用外资的数据，进行面板数据计量检验，探讨影响我国第三产业外商直接投资的因素，发现市场化程度即第三产业集聚程度影响显著，而市场规模的作用并不明显。

另一方面，梁琦（2003）以空间经济理论为依据，指出地区的开放度和产业集聚所产生的关联效应是外商投资区位选择的最主要的驱动力，而低层次的地方专业化并不利于吸引 FDI。王永齐（2005）运用我国沿海地区 10 个省（直辖市）1992—2001 年的相关数据进行实证分析，结果表明一个地区产业集中度的高低会显著地影响外商投资的区位选择。肖文、林高榜（2008）以长三角地区经济发展为视角，同样得出产业集聚对 FDI 区位选择具有重要的影响，从而也揭示了长三角地区吸引外国直接投资数量之大的原因。

二、城市服务业集聚与服务业 FDI 区位选择要素

（一）服务业 FDI 区位选择要素

关于外商直接投资的区位理论，已有较为系统的阐述，但大多集中于制造行业。与制造业生产的有形产品特征不同，服务业生产的产品通常具有如下特征：一是无形性。服务的存在形态基本上是无形的、不固定的，人们看不到、听不见、也摸不着，并且有的情况下服务的效用或价值消费者不能立刻感觉到，往往需要经过一段时间其利益才会显现出来，比如教育等。二是异质性。服务产品具有高度异质性，同种类型的服务提供者在不同时空条件下所提供的服务不同，服务消费者的效用或满足程度则不同。即使是同一服务提供者，在不同条件下因客观因素或其主观因素的影响也会造成服务产品的差异。因此，服务的优劣好坏具有很大的弹性，这为优质服务的创造开拓了广阔的空间。三是不可分离性。服务的生产与消费在时空上具有不可分离性，服务的生产过程同时就是服务的消费过程。此外，服务的提供者和消费者之间存在互动关系，离开消费者的生产者无法提供服务，不参与生产过程消费者则无法享受服务，服务消费者的素质、能力、和态度在一定程度上也会影响服务的效果。四是不可存储性。某项服务生产过程完成的同时也就意味着服务消费过程的终结，服务的提供者不能将服务产品囤积起来，消费者也不能将服务买回家享用，这就使得服务产品具有极高的需求弹性。当然，如今信息技术的迅猛发展使得服务的不可存储性得以改变，而服务对需求的波动仍然较为敏感。服务业的特殊性质使得服务业 FDI 的区位选择要素也与制造业有所不同，主要体现在需求、供给和市场基础三个方面。

1. 需求

服务业对需求的波动较为敏感，而服务需求的不断提升也正是服务业

FDI 出现的重要原因。许多跨国企业一般希望与各国的消费群体或服务商建立长期的合作关系，而服务产品通过中间商的转移往往是不可能或者是低效率的，这就使得越来越多的服务型跨国企业开始出现，以获取更多的客户，有力地占领服务市场。

2. 供给

对服务业 FDI 而言，服务的供给主要表现在供给的成本方面。服务业 FDI 在进行区位选择时面临供给的成本主要有风险成本、信息成本和劳动力成本。风险成本是指一个国家或地区的突发性事件所带来的经营性损失。外资进入不熟悉的国家或地区所面临的不确定性因素同样会产生风险成本；与制造业相比，信息交流对于服务业尤为重要，一个国家或地区的通信状况和条件，对于投资者来说是一种经营成本，通信业发达的区域，可以运用现代先进科技实现通畅的信息交流以减少经营成本，提高工作效率；服务业对于人力资本的要求较高，高素质人才较为丰富的地区，对于服务型跨国企业的吸引力较大。而如今由于技术进步的作用使得许多制造型企业对劳动力的需求越来越少，这部分需求很快被迅速增长的服务业所吸收，因此我国许多制造业相对先进的地区其服务业发展也位居前列，其中汇聚了众多服务型外资企业。另外，劳动力成本也会影响到服务业 FDI 的区位选择，为了降低成本，许多跨国企业纷纷转移到发展中国家，以谋取廉价劳动力从而获得竞争优势。

3. 市场基础

市场基础包括基础设施状况、政策因素以及服务业开放程度。当地的交通、电信、公共设施等条件都会成为服务业 FDI 的隐性成本，跨国企业在选择投资地区时，往往会将这些条件作为硬件因素纳入考虑范围；政策因素主要是服务业外商投资政策。服务产品多为知识资产，没有固定形态，因此服务业比制造业更需要相应的法律法规来保护，服务业的投资安全也需要得到政策方面的保障；服务业的开放程度通常指一个国家是否利用关税、配额等一系列贸易壁垒来限制外资的进入，这些条件都会加大外商投资的风险，因此成为外资进行区位选择的考虑因素。

(二) 服务业集聚强化了服务业 FDI 区位选择要素

服务业 FDI 区位选择要素（需求、供给和市场基础）能很好地通过服务业集聚得以加强。具体而言，服务业集聚对服务业 FDI 的吸引力表现在静态成本优势和动态累积优势两个方面（见图 5-36）。

图 5-36 服务业集聚对服务业 FDI 的吸引优势

资料来源：何骏. 服务业集聚与引进服务业 FDI 的关系——基于我国东部主要城市面板数据的分析［J］. 中国经济问题，2012（6）：50。

1．静态成本优势

成本自始至终是外商投资考虑的一大要素。服务业集聚的静态成本优势主要体现在：一是集聚区内企业共享公共设施，这样能够减少由于分散布局所带来的额外投资；二是集聚区内企业之间通过建立相互信任关系，降低了交易成本和信息成本；三是集聚区聚集了充足的熟练劳动力以及中高级管理和技术人员，劳动力的自由流动能保证人力资本的有效供给，由此降低了员工培训的成本。

2．动态累积优势

服务业集聚对服务业 FDI 的影响不仅体现在静态的成本节约上，服务业配套环境、外资集聚效应、经济开放度和区位品牌优势综合而成的动态累积优势的作用更为突出。

（1）服务业配套环境。集聚形态比分散布局更有利于各个企业依靠价值链的节点相互建立密切联系。相比非集聚区，集聚区具有发展服务业最佳的市场基础，能提供大量的服务需求与供给。集聚区内的政府、大学或研究机构、中介服务组织等相关支撑体系也更为完善，企业之间、企业与各个组织之间通过建立长期有效的合作，需求信息能够及时获得，中间流程能够大大缩短，服务产品能够迅速销售，与此同时也能保证服务产品的质量，从而形成相对完善的产业配套环境。跨国企业就是利用这种集聚而成的动态积累优势，增强对服务产品的设计、市场需求等方面的快速应变能力，提高自身的经营灵活性。

（2）外资集聚效应。FDI 的增量通常受到存量的影响，外资在进行区位选择时会面临诸多不确定因素，在分析市场环境、获取市场信息等方面存在一定缺陷。因此跨国企业的投资行为往往会采取"跟进策略"，选择外资集聚区进行投资。也就是说，服务业集聚区内原有的 FDI 会为后续的投资行为减少信息成本，降低投资风险，增强投资信心。另外，外资集中程度高的地区高级技术人员和高级管理人员相对较多，产业科技水平也相对较高，由此更加吸引新的外资企业进入集聚区内。

（3）经济开放度。一个地区的集聚效应若要实现有效发挥，经济开放是重要因素之一。经济开放程度较高的集聚区一般有以下优势：一是集聚区内资本能够迅速集中及获得，劳动力、信息和技术能够自由流动；二是市场需求量大，集聚形成的规模优势以及集聚企业与外部市场保持的长期合作关系使得需求市场规模庞大，服务产品能够实现较快销售；三是集聚区通常享受一定的鼓励优惠政策，政府限制相对较少，企业因此能够实现较高的经营效率，有利于吸引更多的服务业 FDI。

（4）区位品牌优势。北京的中关村、金融街，上海的陆家嘴、张江高科等这些耳熟能详的名称都是区位品牌。在激烈的市场竞争下，单个企业的生命周期对于历史长河来说都是短暂的，品牌效应往往难以持久。集聚的好处就在于打破了单个企业的时间限制，以空间换取时间，集聚区内的企业经过市场竞争长期的洗涤和提炼，实现更具广泛持久意义的品牌效应。这种独特的动态累积优势更能吸引中外投资者的眼球，对于缺少本地经验的外资企业来说，区位品牌无疑是一笔能够实现较大投资收益的无形资产。

可见，服务业集聚之所以能吸引服务业 FDI，在于服务业集聚所特有的静态成本优势和动态累积优势。这些优势强化了服务业 FDI 区位选择要素，使得在服务业集聚区内，服务的需求、供给和市场基础更加完善。

三、城市服务业集聚促进服务业 FDI 的实证研究

何骏（2012）[1]以北京、天津、上海、南京、苏州、南通、宁波、青岛、沈阳、厦门、广州、深圳 12 个我国东部沿海地区大中城市为研究对象，设定基本模型，采用 Eviews 6.0 软件，估计 2000—2010 年各城市服务业 FDI 对各个变量的回归模型。模型如下：

$$lnSFDI_{it} = \varphi + \varphi lnSC_{it} + \eta Y_{it} + \eta \varepsilon_{it}$$

式中，下标 i 表示城市，即我国东部沿海地区 12 个大中城市；t 表示时间，模型采用的是 2000—2010 年的数据。$inSFDI_{it}$ 表示 i 城市 t 年服务业外商直接投资的对数值，Y_{it} 是控制变量的集合。ε_{it} 为误差项，服从均值为 0 方差为 σ^2 的正态分布。

$lnSFDI_{it}$ 是被解释变量，表示各个城市的服务业外商直接投资，下标 i 表示城市，t 表示时间，选取各个城市当年的外商直接投资实际吸收额来

[1] 何骏. 服务业集聚与引进服务业 FDI 的关系——基于我国东部主要城市面板数据的分析[J]. 中国经济问题，2012（6）：47—55.

衡量。

$lnSC_{it}$ 是解释变量，为服务业集聚度的对数值，用服务业增加值计算的区位熵来表示。

Y_{it} 为控制变量，控制变量是控制其他经济指标或政策环境变化对被解释变量的影响，从而避免伪回归的发生。在此主要考虑经济性因素的作用。

如前所述，影响服务业 FDI 区位选择要素主要有需求、供给和市场基础。其中需求主要依靠一定规模的消费群体和有效的购买力来拉动；人力资本是否自由流动及其成本主要影响服务业 FDI 的供给；市场基础则包括地区的经济发展程度、基础设施状况、服务业开放度、城市化水平等。此外，第二产业外商直接投资也会对服务业 FDI 产生影响。

在指标选取上，市场基础用交通、运输及邮电业增加值（FRA）来衡量，供给的推动用高等学校在校学生人数（STU）来表示，由于可以表示需求拉动的人均可支配收入与人均生产总值存在线性相关，故不作考虑。由此，式中的控制变量 Y_{it} 包括交通、运输及邮电业增加值（FRA）、高等学校在校学生人数（STU）和第二产业外商直接投资（MFDI）。

通过对服务业集聚对服务业 FDI 的影响进行实证检验研究，得出以下结论：

（1）服务业集聚对服务业 FDI 存在正向影响，且影响程度较为明显，即服务业集聚度增加 1 个百分点，将使得服务业 FDI 提高 1.04 个百分点。现阶段，我国东部地区服务业集聚态势已初具规模，这对服务业 FDI 产生强大的吸引力，成为区域吸引服务业 FDI 的重要因素。

（2）实证结果显示，对服务业 FDI 引入具有影响的因素除服务业集聚外，还包括人力资本、第二产业 FDI 和基础设施。这些因素虽然没有服务业集聚那么显著，但也不能忽视。我国在通过服务业集聚吸引服务业 FDI 的同时，要继续加强人才的培养，保持制造业 FDI 的吸引力度，并不断完善基础设施。

（3）为吸引更多服务业 FDI，政府在制定政策时，应将引资战略与集聚战略相结合。服务业要实现可持续发展，离不开服务业 FDI。因此，政府应积极利用服务业国际转移的机遇，大力发展服务业集聚区，加大对外资的产业导向力度，促进服务业 FDI 与服务业集聚的互动式发展。

附表 4-1　　　2004—2010 年北京主要现代服务业区位熵（全市口径）

	交通仓储邮电业	信息传输、计算机服务和软件业	金融业	房地产业	租赁和商务服务业	科学研究、技术服务和地质勘查业	文化产业
2004 年	1.260 2	3.435 1	0.591 3	2.889 6	4.117 4	0.302 1	1.820 7
2005 年	1.415 6	2.371 3	0.588 9	2.605 2	3.906 4	1.878 9	2.459 8
2006 年	2.071 1	6.731 9	1.667 9	4.433 9	7.277 5	4.420 0	2.510 9
2007 年	1.792 4	4.224 5	1.163 7	3.341 0	4.901 9	3.207 1	2.532 9
2008 年	1.793 0	4.381 8	1.148 4	3.383 5	4.821 2	3.300 9	3.319 9
2009 年	1.779 5	4.191 3	1.143 8	3.099 5	5.052 5	3.258 6	2.486 2
2010 年	1.795 7	4.426 8	1.162 6	2.892 5	5.063 4	3.137 1	2.329 3
均值	1.701 1	4.251 8	1.066 6	3.235 0	5.020 1	2.786 4	2.494 2

说明：数据来源于 EPS 数据平台，EPS 数据来源于各年度《中国统计年鉴》、《中国区域经济统计年鉴》、《中国城市统计年鉴》等。

附表 4-2　　　2004—2010 年北京主要现代服务业区位熵（市区口径）

	交通仓储邮电业	信息传输、计算机服务和软件业	金融业	房地产业	租赁和商务服务业	科学研究、技术服务和地质勘查业	文化产业
2004 年	1.141 0	2.519 8	0.899 4	2.687 3	3.717 8	2.149 8	2.040 0
2005 年	1.213 1	2.475 2	0.937 2	2.534 2	3.443 2	2.330 8	2.237 8
2006 年	1.330 0	2.624 7	1.045 8	2.552 8	3.615 7	2.381 8	2.141 6

续表

	交通仓储邮电业	信息传输、计算机服务和软件业	金融业	房地产业	租赁和商务服务业	科学研究、技术服务和地质勘查业	文化产业
2007 年	1.409 0	3.164 1	1.046 5	2.488 3	3.654 4	2.345 6	2.147 9
2008 年	1.415 0	3.286 6	1.021 4	2.525 5	3.607 8	2.420 2	2.110 5
2009 年	1.383 5	3.083 3	0.983 8	2.328 4	3.728 7	2.379 7	2.049 6
2010 年	1.411 0	3.244 7	0.991 1	2.208 2	3.754 8	2.299 8	1.965 3
均值	1.329 0	2.914 1	0.989 3	2.475 0	3.646 0	2.329 7	2.098 9

说明：数据来源于 EPS 数据平台，EPS 数据来源于各年度《中国统计年鉴》、《中国区域经济统计年鉴》、《中国城市统计年鉴》等。

附表 4-3　　　　2010—2011 年北京市各区生产总值和第三产业值

金额单位：亿元

区县	地区生产总值		第三产业生产总值		地区生产总值		第三产业生产总值	
	2011 年	增长速度（%）	2011 年	增长速度（%）	2010 年	增长速度（%）	2010 年	增长速度（%）
全市	16 251.930 0	8.1	12 363.180 0	8.7	14 113.6	10.3	10 600.8	9.3
首都功能核心区	3 700.486 0	12.8	3 401.814 8	13.3	—	—	—	—
东城区	1 339.723 7	9.5	1 281.788 8	9.8	1 223.6	9.0	1 167.8	9.2
西城区	2 360.762 3	14.7	2 120.026 0	15.5	2 057.7	13.3	1 835.8	12.6
城市功能拓展区	7 615.303 6	15.3	6 507.030 9	16.7	—	—	—	—
朝阳区	3 272.150 5	16.7	2 908.326 3	17.2	2 804.2	17.8	2 482.0	17.4
丰台区	842.681 1	14.7	634.502 1	14.2	734.8	17.1	555.5	17.3
石景山区	320.658 8	8.5	198.843 7	18.1	295.5	18.8	168.4	23.5
海淀区	3 179.813 2	14.7	2 765.358 8	16.6	2 771.6	13.3	2 371.2	14.9
城市发展新区	3 419.535 9	14.2	1 586.997 5	12.9	—	—	—	—
房山区	415.968 5	12.0	141.315 0	18.4	371.5	26.6	119.3	19.0
通州区	400.228 1	16.1	183.417 4	12.9	344.8	23.6	162.5	10.7
顺义区	1 014.995 7	17.0	549.516 8	16.4	867.9	25.7	472.2	27.2
昌平区	455.019 4	13.8	230.817 7	16.6	399.4	16.8	198.0	13.3
大兴区	350.833 8	12.5	195.010 1	10.1	311.9	15.0	177.1	15.8
北京经济技术开发区	782.490 4	12.0	28.692 05	3.6	698.6	17.9	276.8	16.1
生态涵养发展区	646.969 3	15.2	280.714 9	15.1	—	—	—	—
门头沟区	103.655 3	19.9	48.371 7	19.3	86.4	15.6	40.6	12.4
怀柔区	168.807 6	14.1	58.342 5	13.1	148.0	12.6	51.6	15.3

续表

区县	地区生产总值		第三产业生产总值		地区生产总值		第三产业生产总值	
	2011年	增长速度(%)	2011年	增长速度(%)	2010年	增长速度(%)	2010年	增长速度(%)
平谷区	136.635 6	15.8	58.922 4	16.8	117.9	10.2	50.5	3.3
密云县	162.039 3	14.6	69.422 1	13.5	141.5	18.3	61.1	21.7
延庆县	75.831 5	12.1	45.656 2	13.8	67.7	10.1	40.1	7.3

注：①行业按国家2002年国民经济行业分类标准核算。
②增长速度全市为可比价速度，区县为现价速度。
③地区生产总值区县合计不等于全市是由于区县中扣除了划归市一级核算部分。
数据来源：《北京统计年鉴》2011年、2012年。

附表4-4　　2010—2011年北京市各区限额以上第三产业基本情况

区县	2011年				2010年			
	从业人员平均人数(万人)	收入合计(亿元)	资产总计(亿元)	企业利润总额(亿元)	从业人员平均人数(万人)	收入合计(亿元)	资产总计(亿元)	企业利润总额(亿元)
全市	509.9	79 246.0	909 953.5	11 413.1	487.9	69 106.8	798 485.4	10 236.3
首都功能核心区	128.7	25 673.3	712 407.7	7 451.9	125.6	21 825.3	631 592.5.	6 686.7
东城区	56.5	12 004.3	88 948.1	3 711.3	50.8	10 154.1	77 853.7	4 231.5
西城区	72.1	13 669.0	623 459.6	3 740.7	74.8	11 671.2	553 738.8	2 455.2
城市功能拓展区	296.5	44 740.7	179 028.0	3 467.7	287.4	39 867.8	151 311.0	3 036.8
朝阳区	107.6	19 031.5	67 466.4	2 620.3	103.6	16 666.9	57 103.6	2 440.5
丰台区	51.0	4 090.6	9 724.3	85.1	50.7	3 400.0	8 871.6	79.4
石景山区	10.7	1 254.6	1 948.9	62.1	9.0	996.8	1 724.0	51.8
海淀区	127.3	20 364.1	99 888.4	700.2	124.1	18 804.1	83 611.8	465.1
城市发展新区	67.4	7 766.1	16 347.2	483.3	53.1	5 470.6	12 012.0	306.5
房山区	8.3	1 101.9	1 603.2	8.0	7.0	974.2	1 241.2	10.1
通州区	8.1	850.0	2 587.5	36.0	7.0	884.5	2 019.6	48.2
顺义区	20.9	2 464.0	5 541.3	209.4	17.9	2 151.2	4 933.5	186.0
昌平区	13.3	1 010.0	2 645.7	50.2	11.6	765.7	2 100.4	32.3
大兴区	10.4	836.2	2 002.4	37.4	9.6	695.0	1 717.3	29.9
北京经济技术开发区	6.4	1 503.9	1 967.1	142.3	5.8	1 092.4	1 711.1	182.5

区县	2011 年				2010 年			
	从业人员平均人数（万人）	收入合计（亿元）	资产总计（亿元）	企业利润总额（亿元）	从业人员平均人数（万人）	收入合计（亿元）	资产总计（亿元）	企业利润总额（亿元）
生态涵养发展区	17.3	1 065.9	2 170.6	10.1	16.1	850.6	1 858.7	23.8
门头沟区	2.8	266.5	388.1	3.0	2.6	174.2	246.0	0.9
怀柔区	3.6	192.2	360.5	−1.6	3.3	172.1	312.7	0.4
平谷区	3.8	228.3	573.5	4.0	3.5	173.9	554.4	16.4
密云县	4.5	269.0	591.2	1.4	4.0	235.1	530.9	4.6
延庆县	2.5	109.9	257.2	3.4	2.7	95.3	214.7	1.5

注：行业按国家 2002 年国民经济行业分类标准核算。

数据来源：《北京统计年鉴》2011 年、2012 年。

附表 4-5　　　　　　　　**2011 年上海银行业金融机构**　　　　单位：个

指标	2006 年	2007 年	2008 年	2009 年	2010 年	2011 年
金融业单位数	504	607	689	794	910	1 048
♯银行业	82	112	124	133	155	160
证券业	222	261	291	98	138	149
保险业	90	94	94	307	320	333
♯外资金融单位数	216	235	258	170	173	173

注：金融业单位数统计中，银行业统计至市分行及持牌运营中心；证券业统计至证券公司市分公司、基金公司、期货公司、证券投资咨询公司、资信评级机构、证券市场机构和登记结算机构；保险业统计至保险公司市分公司、专业保险运营中心和保险中介机构。此外，金融单位统计包括各金融监管部门。

数据来源：由中国银行业监督管理委员会上海监管局、中国保险监督管理委员会上海监管局、中国证券监督管理委员会上海监管局等。

附表 4-6　　　　　　**1994—2011 年上海市生产总值构成**　　　　单位：%

年份	上海市生产总值	其　　中				
		第一产业	第二产业	其中		第三产业
				工业	建筑业	
1994	100	2.4	57.7	54.0	3.7	39.9
1995	100	2.4	56.8	52.3	4.5	40.8
1996	100	2.3	54.0	49.1	4.9	43.7
1997	100	2.1	51.6	46.5	5.1	46.3
1998	100	1.9	49.3	44.0	5.3	48.8
1999	100	1.8	47.4	42.7	4.7	50.8
2000	100	1.6	46.3	41.9	4.4	52.1

续表

年份	上海市生产总值	其中				
		第一产业	第二产业	其中		第三产业
				工业	建筑业	
2001	100	1.5	46.1	41.6	4.5	52.4
2002	100	1.4	45.7	41.3	4.4	52.9
2003	100	1.2	47.9	43.9	4.0	50.9
2004	100	1.0	48.2	44.5	3.7	50.8
2005	100	1.0	47.4	43.7	3.7	51.6
2006	100	0.9	47.0	43.3	3.7	52.1
2007	100	0.8	44.6	41.3	3.3	54.6
2008	100	0.8	43.2	39.6	3.6	56.0
2009	100	0.7	39.9	36.0	3.9	59.4
2010	100	0.7	42.0	38.0	4.0	57.3
2011	100	0.7	41.3	37.6	3.7	58.0

资料来源：国家统计局网站，《中国统计年鉴》（1995—2012 年），http://www.stats.gov.cn/tjsj/ndsj/2012/indexch.htm。

附表 4-7 　　　　2004—2010 年上海市金融业区位熵（全市口径）

	交通仓储邮电业	信息传输、计算机服务和软件业	金融业	房地产业	租赁和商务服务业	科学研究、技术服务和地质勘查业
2004 年	2.020 8	0.939 5	1.293 5	1.966 5	2.199 5	0.461 8
2005 年	1.659 3	1.213 1	1.183 2	1.768 9	2.787 5	1.573 2
2006 年	2.277 7	1.672 5	2.235 6	2.422 0	2.693 8	3.471 5
2007 年	1.918 0	1.110 8	1.599 1	1.795 5	2.336 1	2.093 6
2008 年	1.935 7	1.116 3	1.580 7	1.891 3	2.128 2	2.256 2
2009 年	2.035 0	1.212 8	1.572 2	1.896 5	2.005 3	2.501 6
2010 年	2.103 7	1.171 6	1.659 9	1.683 1	1.996 5	2.624 6
均值	1.992 9	1.205 2	1.589 2	1.917 7	2.306 7	2.140 4

说明：数据来源于 EPS 数据平台，EPS 数据来源于各年度《中国统计年鉴》、《中国区域经济统计年鉴》、《中国城市统计年鉴》等。

附表 4-8　　　　2004—2010 年上海市金融业区位熵（市区口径）

	交通仓储邮电业	信息传输、计算机服务和软件业	金融业	房地产业	租赁和商务服务业	科学研究、技术服务和地质勘查业
2004 年	1.614 1	0.825 0	1.173 9	1.508 1	1.817 2	1.235 5
2005 年	1.320 0	0.930 6	1.072 0	1.346 1	2.298 2	1.117 4
2006 年	1.565 8	0.828 1	1.476 4	1.259 4	1.818 6	1.528 3
2007 年	1.479 0	0.817 0	1.411 7	1.321 9	1.704 5	1.510 3
2008 年	1.502 8	0.825 9	1.385 0	1.394 8	1.571 8	1.636 9
2009 年	1.555	0.880 1	1.330 9	1.400 1	1.468 9	1.805 6
2010 年	1.624 1	0.845 5	1.394 4	1.261 5	1.465 8	1.900 3
均值	1.523 0	0.850 3	1.320 6	1.356 0	1.735 0	1.533 5

说明：数据来源于 EPS 数据平台，EPS 数据来源于各年度《中国统计年鉴》、《中国区域经济统计年鉴》、《中国城市统计年鉴》等。

附表 4-9　　　　2007—2011 年广州市及各区县第三产业地区生产总值　　单位：万元

市区	2007 年	2008 年	2009 年	2010 年	2011 年	2012 年
广州市	41 646 681	48 903 250	55 607 710	65 574 525	76 419 207	86 173 300
荔湾区	2 837 159	3 219 008	3 648 311	4 340 464	5 051 500	5 594 048
越秀区	11 754 725	13 375 516	14 437 816	16 027 686	18 393 130	20 619 807
海珠区	3 509 303	4 351 814	4 891 341	5 932 768	7 159 589	8 371 591
天河区	10 096 538	11 886 257	13 417 121	15 938 870	18 523 234	20 676 511
白云区	4 176 306	4 849 562	5 679 097	6 807 785	7 909 259	8 879 505
黄埔区	1 321 044	1 454 920	1 627 197	1 985 824	2 183 910	2 466 479
番禺区	3 195 761	3 841 926	4 856 574	5 792 077	6 836 263	7 765 189
花都区	1 220 755	1 485 260	1 652 243	2 069 829	2 398 671	2 759 144
南沙区	478 302	602 508	671 726	808 466	967 209	1 159 759
萝岗区	1 218 533	1 724 035	2 310 367	2 791 600	3 367 267	3 895 767
增城市	1 346 876	1 521 027	1 759 696	2 253 017	2 624 799	2 871 036
从化市	491 379	591 417	856 221	826 139	1 004 376	1 114 416

数据来源：广州市统计局网站，http://www.gzstats.gov.cn/tjgb/。

附表 4-10　　　　2007—2011 年广州市及各区县地区生产总值　　　单位：万元

市区	2007 年	2008 年	2009 年	2010 年	2011 年	2012 年
广州市	71 403 223	82 873 816	91 382 135	107 482 828	124 234 390	135 512 100
荔湾区	4 209 768	4 700 534	5 235 215	6 147 639	6 943 338	7 456 532
越秀区	12 132 785	13 919 643	14 855 822	16 524 043	18 971 604	21 214 766
海珠区	4 557 537	5 507 859	6 003 492	7 296 775	8 736 481	10 023 786

续表

市区	2007 年	2008 年	2009 年	2010 年	2011 年	2012 年
天河区	12 577 714	14 603 179	16 105 377	18 722 872	21 677 181	23 948 113
白云区	6 322 616	7 215 887	8 088 719	9 390 914	10 763 528	11 917 260
黄埔区	4 489 647	4 726 390	4 419 781	5 672 896	6 168 374	6 404 367
番禺区	6 613 011	7 828 790	8 805 813	10 631 540	12 410 829	13 694 228
花都区	4 176 238	4 900 108	5 422 809	6 660 079	7 631 871	8 000 030
南沙区	3 113 179	3 681 207	3 961 793	4 882 454	5 761 810	6 059 817
萝岗区	8 162 577	10 050 517	11 619 115	13 816 375	16 061 514	16 840 022
增城市	3 765 243	4 285 738	4 804 570	5 864 525	7 975 891	7 493 032
从化市	1 282 908	1 453 964	1 559 629	1 872 716	2 259 324	2 460 119

数据来源：广州市统计局网站，http://www.gzstats.gov.cn/tjgb/。

附表 4-11　2004—2010 年广州市主要现代服务业区位熵（全市口径）

	交通仓储邮电业	信息传输、计算机服务和软件业	金融业	房地产业	租赁和商务服务业	科学研究、技术服务和地质勘查业
2004 年	1.825 5	1.349 1	1.060 8	1.874 6	1.680 5	0.515 1
2005 年	1.971 4	1.667 0	1.000 9	1.990 7	1.607 2	1.357 3
2006 年	2.273 2	2.116 5	1.208 8	3.183 3	2.303 4	1.840 6
2007 年	1.828 8	1.644 2	0.915 9	2.052 8	1.840 4	1.293 1
2008 年	1.990 9	1.542 0	0.900 0	1.997 1	1.723 4	1.290 4
2009 年	2.101 5	1.524 3	0.877 2	1.957 7	1.760 2	1.264 8
2010 年	2.085 8	1.472 9	0.891 7	2.197 6	1.696 0	1.382 5
均值	2.011 0	1.616 6	0.979 3	2.179 1	1.801 6	1.277 7

说明：数据来源于 EPS 数据平台，EPS 数据来源于各年度《中国统计年鉴》、《中国区域经济统计年鉴》、《中国城市统计年鉴》等。

附表 4-12　2004—2010 年广州市主要现代服务业区位熵（市区口径）

	交通仓储邮电业	信息传输、计算机服务和软件业	金融业	房地产业	租赁和商务服务业	科学研究、技术服务和地质勘查业
2004 年	1.546 2	1.198 7	0.974 8	1.519 5	1.486 9	0.941 3
2005 年	1.643 7	1.306 4	0.905 5	1.580 1	1.381 7	1.001 0
2006 年	1.567 0	1.468 7	0.890 1	1.616 2	1.390 2	0.988 9
2007 年	1.492 1	1.267 6	0.823 9	1.576 4	1.413 8	0.983 8
2008 年	1.645 8	1.193 8	0.805 8	1.550 6	1.335 7	0.988 3
2009 年	1.705 0	1.154 6	0.758 5	1.509 9	1.344 8	0.959 1

续表

	交通仓储邮电业	信息传输、计算机服务和软件业	金融业	房地产业	租赁和商务服务业	科学研究、技术服务和地质勘查业
2010 年	1.709 3	1.114 9	0.777 7	1.684 0	1.284 3	1.057 6
均值	1.615 6	1.243 5	0.848 0	1.576 7	1.376 8	0.988 6

说明：数据来源于 EPS 数据平台，EPS 数据来源于各年度《中国统计年鉴》、《中国区域经济统计年鉴》、《中国城市统计年鉴》等。

附表 5-1　　　　2004—2010 年全国 30 个中心城市交通运输、
仓储和邮政业区位熵（全市口径）

城市	2004 年	2005 年	2006 年	2007 年	2008 年	2009 年	2010 年	平均值
北京	1.260 2	1.415 6	2.071 1	1.792 4	1.793 0	1.779 5	1.795 7	1.701 1
天津	1.340 4	1.239 8	1.337 5	1.276 5	1.333 0	1.341 6	1.383 9	1.321 8
石家庄	1.271 2	1.352 1	1.358 1	1.380 0	1.449 7	1.510 5	1.534 1	1.408 0
太原	1.342 7	1.537 6	2.064 5	2.052 5	2.006 1	2.068 9	2.074 0	1.878 0
呼和浩特	1.864 3	0.718 9	1.001 8	0.951 9	1.234 5	1.407 6	1.040 8	1.174 3
沈阳	1.858 0	1.941 2	2.228 3	2.638 2	2.536 2	2.587 8	2.206 3	2.285 2
长春	1.344 7	0.786 0	0.833 0	0.873 9	0.872 3	0.864 7	0.834 1	0.915 5
哈尔滨	1.493 7	1.267 4	1.516 6	1.388 9	1.399 0	1.670 3	1.824 2	1.508 6
上海	2.020 8	1.659 3	2.277 7	1.918 0	1.935 7	2.035 0	2.103 7	1.992 9
南京	1.891 2	1.968 0	1.919 0	1.941 1	1.814 3	1.642 6	1.607 4	1.826 2
杭州	1.334 6	1.167 3	1.416 6	0.894 6	0.850 0	0.853 1	0.859 0	1.053 6
合肥	1.754 3	1.813 7	2.071 8	1.795 8	1.681 0	1.435 2	1.447 4	1.714 2
福州	0.849 6	0.800 0	0.938 1	0.827 0	0.810 0	0.863 1	0.846 2	0.847 7
南昌	1.550 8	2.109 8	2.769 8	2.319 8	2.559 7	2.459 8	2.638 3	2.344 0
济南	1.205 1	1.062 3	1.829 7	1.217 6	1.358 5	1.403 7	1.582 0	1.379 9
郑州	0.686 5	0.672 8	0.655 9	0.600 6	0.635 5	0.639 4	0.629 5	0.645 7
武汉	1.159 5	1.733 2	2.022 9	1.708 1	1.851 9	1.857 5	1.903 5	1.748 1
长沙	0.835 5	0.851 8	0.768 6	0.828 4	0.789 3	0.670 7	0.584 9	0.761 3
广州	1.825 5	1.971 4	2.273 2	1.828 8	1.990 9	2.101 5	2.085 8	2.011 0
南宁	1.514 4	1.610 0	1.070 3	1.591 3	1.601 7	1.756 0	1.026 3	1.452 9
海口	1.874 9	1.928 1	0.610 5	1.806 4	1.819 8	1.840 5	1.775 2	1.665 0
重庆	1.331 9	1.314 8	1.277 1	1.174 8	1.227 8	1.190 2	1.231 1	1.249 7
成都	1.045 5	1.149 9	0.812 1	1.292 8	1.200 6	1.245 0	0.717 3	1.066 2
贵阳	0.595 8	0.578 0	0.840 7	0.542 6	0.684 9	0.744 9	0.789 8	0.682 4
昆明	1.916 3	2.174 4	2.137 1	1.767 2	1.840 4	1.907 0	1.895 8	1.948 3
西安	1.409 3	1.415 5	1.666 2	1.593 8	1.666 7	1.663 4	1.620 4	1.576 5
兰州	1.658 1	1.924 3	0.643 9	1.363 3	0.761 6	0.796 6	0.775 8	1.131 9

续表

城市	2004 年	2005 年	2006 年	2007 年	2008 年	2009 年	2010 年	平均值
西宁	1.815 8	1.974 8	2.197 3	2.037 5	1.921 8	1.837 7	1.859 6	1.949 2
银川	0.548 0	0.576 0	0.636 3	0.596 7	0.621 6	0.667 9	0.681 2	0.618 2
乌鲁木齐	1.908 4	2.103 6	2.708 9	2.536 3	2.468 1	2.573 6	2.804 4	2.443 3

说明：依据 EPS 数据平台的数据计算，EPS 数据来源于年度《中国统计年鉴》、《中国区域经济统计年鉴》、《中国城市统计年鉴》等。拉萨数据不全，故未考虑。

附表 5-2　　　2004—2010 年全国 30 个中心城市交通运输、
仓储和邮政业区位熵（市区口径）

城市	2004 年	2005 年	2006 年	2007 年	2008 年	2009 年	2010 年	平均值
北京	1.141 0	1.213 1	1.330 0	1.409 0	1.415 0	1.383 5	1.411 0	1.329 0
天津	1.097 3	1.005 9	0.980 2	1.008 2	1.064 6	1.055 2	0.022 7	0.890 6
石家庄	1.336 2	1.417 3	1.458 7	1.410 8	1.479 7	1.554 4	1.576 7	1.462 0
太原	1.155 3	1.319 7	1.457 0	1.699 2	1.620 3	1.643 9	1.661 0	1.508 1
呼和浩特	1.753 9	0.661 5	0.764 2	0.880 0	1.161 1	1.309 8	1.032 4	1.080 4
沈阳	1.492 7	1.570 6	1.947 9	2.104 7	2.030 3	2.024 8	1.737 0	1.844 0
长春	0.727 5	0.580 2	0.646 5	0.628 0	0.687 3	0.654 2	0.647 4	0.653 0
哈尔滨	0.990 5	1.049 7	0.973 1	1.117 9	1.131 7	1.353 2	1.516 6	1.161 8
上海	1.614 1	1.320 0	1.565 8	1.479 0	1.502 8	1.555 0	1.624 1	1.523 0
南京	1.574 1	1.628 5	1.535 8	1.561 0	1.479 9	1.325 4	1.312 9	1.488 2
杭州	1.174 6	1.039 5	0.799 3	0.750 0	0.698 4	0.687 3	0.704 4	0.836 2
合肥	1.656 5	1.757 4	1.587 2	1.627 6	1.548 0	1.285 0	1.292 9	1.536 4
福州	0.952 8	0.887 6	0.891 8	0.837 1	0.866 9	0.892 9	0.898 9	0.889 7
南昌	1.493 7	2.030 8	2.312 9	2.258 3	2.520 5	2.387 2	2.598 6	2.228 9
济南	1.161 2	1.018 7	0.965 9	1.178 0	1.334 6	1.340 9	1.539 6	1.219 8
郑州	0.540 2	0.549 3	0.573 1	0.470 6	0.557 7	0.558 5	0.560 9	0.544 3
武汉	0.921 6	1.370 9	1.830 4	1.520 0	1.738 1	1.730 2	1.778 4	1.555 6
长沙	0.707 1	0.703 3	0.725 9	0.709 9	0.732 8	0.547 8	0.550 3	0.668 2
广州	1.546 2	1.643 7	1.567 0	1.492 1	1.645 8	1.705 0	1.709 3	1.615 6
南宁	1.603 2	1.520 0	1.470 9	1.524 6	1.552 8	1.672 3	0.961 9	1.472 2
海口	1.490 3	1.525 1	0.760 0	1.388 4	1.411 9	1.404 9	1.368 4	1.335 6
重庆	1.326 0	1.301 6	1.102 1	1.021 4	1.093 1	1.046 5	1.093 0	1.140 5
成都	0.892 4	1.021 0	1.111 1	1.109 1	1.020 0	1.048 6	0.501 4	0.957 7
贵阳	0.530 3	0.516 8	0.491 5	0.465 3	0.594 1	0.625 0	0.674 5	0.556 8
昆明	1.892 6	2.121 8	1.851 1	1.717 0	0.971 6	1.068 3	0.863 6	1.498 0
西安	1.181 8	1.164 2	1.272 7	1.293 4	1.362 4	1.318 2	1.324 1	1.273 8
兰州	1.457 6	1.641 7	1.090 9	0.553 2	0.613 4	0.638 4	0.632 1	0.946 7
西宁	1.833 7	2.056 2	2.153 2	2.041 7	1.954 6	1.892 5	1.586 4	1.931 2

城市	2004 年	2005 年	2006 年	2007 年	2008 年	2009 年	2010 年	平均值
银川	0.446 3	0.468 0	0.457 8	0.463 1	0.493 2	0.471 6	0.468 2	0.466 9
乌鲁木齐	1.541 7	1.676 7	1.999 5	1.967 0	1.932 7	1.982 2	2.181 7	1.897 4

说明：依据 EPS 数据平台的数据计算，EPS 数据来源于年度《中国统计年鉴》、《中国区域经济统计年鉴》、《中国城市统计年鉴》等。拉萨数据不全，故未考虑。

附表 5-3　　2004—2010 年全国 30 个中心城市信息传输、计算机服务和软件业区位熵（全市口径）

城市	2004 年	2005 年	2006 年	2007 年	2008 年	2009 年	2010 年	平均值
北京	3.435 1	2.371 3	6.731 9	4.224 5	4.381 8	4.191 3	4.426 8	4.251 8
天津	0.775 8	1.042 1	0.952 1	0.936 2	0.943 2	0.881 7	0.747 2	0.896 9
石家庄	0.667 8	0.695 3	0.865 9	0.675 5	0.635 3	0.789 9	0.741 8	0.724 5
太原	0.860 2	1.076 3	1.170 1	1.017 6	0.907 7	0.865 7	0.891 5	0.969 9
呼和浩特	0.969 3	1.380 6	2.321 5	1.920 9	1.974 5	1.906 3	1.829 2	1.757 5
沈阳	0.986 5	1.146 9	1.257 5	0.974 1	0.795 0	0.885 7	0.944 3	0.998 6
长春	1.051 3	2.540 6	2.073 1	1.540 5	1.704 5	1.689 7	1.574 3	1.739 1
哈尔滨	0.981 7	1.018 9	1.273 9	1.099 0	1.187 7	0.980 5	1.162 1	1.100 5
上海	0.939 5	1.213 1	1.672 5	1.110 8	1.116 3	1.212 8	1.171 6	1.205 2
南京	0.916 3	0.960 1	2.088 4	1.042 1	0.826 0	0.767 7	1.326 7	1.132 5
杭州	1.342 8	1.447 9	4.159 6	1.984 2	2.009 1	1.946 9	1.913 1	2.114 8
合肥	1.354 7	1.464 5	1.766 2	1.261 6	1.307 9	0.971 4	0.935 8	1.294 6
福州	1.024 7	0.881 1	1.131 2	0.955 7	0.874 0	0.762 7	0.774 0	0.914 8
南昌	1.074 6	1.229 2	0.937 9	0.968 8	0.842 9	0.746 0	0.677 6	0.925 3
济南	0.680 1	0.897 6	1.416 1	1.179 2	0.874 4	0.924 8	0.928 6	0.985 8
郑州	0.710 3	0.862 7	0.868 4	0.731 1	0.574 6	0.937 8	0.632 2	0.759 6
武汉	0.897 7	1.283 5	1.195 7	0.814 3	0.728 4	0.909 7	0.853 3	0.954 7
长沙	1.193 8	1.197 9	1.816 8	0.878 1	0.949 2	0.878 0	1.048 6	1.137 5
广州	1.349 1	1.667 0	2.116 5	1.644 2	1.542 0	1.524 3	1.472 9	1.616 6
南宁	1.077 0	1.211 4	1.203 4	0.916 4	0.906 2	0.954 9	0.875 1	1.020 6
海口	1.514 6	2.358 3	0.488 8	1.700 6	1.139 9	1.152 6	1.078 0	1.347 5
重庆	0.833 3	0.930 8	0.961 8	0.857 3	0.832 3	0.734 9	0.703 2	0.836 2
成都	0.791 8	0.909 1	0.779 7	0.597 2	0.605 8	0.574 9	0.522 3	0.683 0
贵阳	1.230 0	0.524 4	1.560 2	0.832 5	1.025 3	0.993 4	1.111 7	1.039 7
昆明	1.497 8	1.407 7	1.813 3	1.670 2	1.459 5	1.411 5	1.220 0	1.497 1
西安	0.739 9	1.030 1	3.273 0	0.998 2	1.023 1	2.172 2	2.414 1	1.664 4
兰州	1.249 1	1.531 9	0.789 2	0.948 6	0.885 5	1.168 9	0.721 2	1.042 1
西宁	1.880 6	2.123 9	2.163 5	2.079 6	1.880 4	1.620 4	1.388 7	1.876 7
银川	0.901 8	0.858 0	1.151 6	0.727 7	0.980 7	1.015 2	0.935 0	0.938 6

续表

城市	2004 年	2005 年	2006 年	2007 年	2008 年	2009 年	2010 年	平均值
乌鲁木齐	0.735 0	1.033 7	0.981 6	0.837 3	0.819 1	0.798 3	0.770 7	0.853 7

说明：依据 EPS 数据平台的数据计算，EPS 数据来源于年度《中国统计年鉴》、《中国区域经济统计年鉴》、《中国城市统计年鉴》等。拉萨数据不全，故未考虑。

附表 5-4　　　　2004—2010 年全国 30 个中心城市信息传输、
计算机服务和软件业区位熵（市区口径）

城市	2004 年	2005 年	2006 年	2007 年	2008 年	2009 年	2010 年	平均值
北京	2.519 8	2.475 2	2.624 7	3.164 1	3.286 6	3.083 3	3.244 7	2.914 1
天津	0.713 9	0.828 8	0.766 5	0.720 1	0.722 5	0.663 3	0.011 5	0.632 4
石家庄	0.709 7	0.628 5	0.615 6	0.601 4	0.579 2	0.742 4	0.688 1	0.652 1
太原	0.818 2	0.898 0	0.800 6	0.805 8	0.697 0	0.652 0	0.666 2	0.762 5
呼和浩特	0.998 5	1.286 1	1.619 5	1.745 7	1.812 5	1.718 6	1.759 8	1.562 9
沈阳	0.917 3	0.941 7	0.779 7	0.768 2	0.625 3	0.678 9	0.666 1	0.768 2
长春	1.068 2	2.417 1	1.392 4	1.219 1	1.377 8	1.314 3	1.232 9	1.431 7
哈尔滨	0.955 6	0.866 3	0.855 9	0.936 8	0.889 6	0.836 9	0.942 8	0.897 7
上海	0.825 0	0.930 6	0.828 1	0.817 0	0.825 9	0.880 1	0.845 5	0.850 3
南京	0.811 4	0.747 9	0.764 3	0.781 5	0.623 2	0.573 4	1.006 5	0.758 3
杭州	1.236 5	1.195 7	1.544 1	1.649 1	1.646 5	1.546 9	1.521 6	1.477 2
合肥	1.288 9	1.269 1	1.178 3	1.048 5	1.084 8	0.833 4	0.793 1	1.070 8
福州	1.271 8	1.124 8	1.316 9	1.155 9	1.079 0	0.927 6	0.925 4	1.114 5
南昌	1.124 3	1.130 0	1.233 5	0.905 6	0.781 0	0.688 2	0.622 6	0.926 5
济南	0.690 3	0.845 4	0.933 9	1.107 1	0.834 2	0.858 0	0.860 0	0.875 5
郑州	0.745 5	0.805 6	0.689 8	0.672 8	0.478 7	0.932 9	0.634 6	0.708 6
武汉	0.778 1	0.969 6	1.614 9	0.727 3	0.685 9	0.843 8	0.777 0	0.913 8
长沙	1.254 0	1.112 8	1.040 8	0.803 0	0.886 7	0.911 5	1.130 7	1.019 9
广州	1.198 7	1.306 4	1.468 7	1.267 6	1.193 8	1.154 6	1.114 9	1.243 5
南宁	1.344 2	1.155 5	1.326 6	0.848 7	0.845 0	0.869 2	0.787 0	1.025 2
海口	1.312 8	1.781 4	1.419 9	1.242 3	0.835 1	0.828 6	0.770 3	1.170 1
重庆	0.856 3	0.827 3	0.749 0	0.682 2	0.669 4	0.580 6	0.552 2	0.702 4
成都	0.857 0	0.807 3	0.635 9	0.590 1	0.594 9	0.548 8	0.490 3	0.646 3
贵阳	1.181 5	0.439 9	0.273 9	0.683 4	0.854 8	0.811 6	0.905 8	0.735 8
昆明	1.578 1	1.292 2	1.364 7	1.562 3	0.627 6	0.562 8	0.616 1	1.086 3
西安	0.664 0	0.814 1	0.789 0	0.764 5	0.783 1	1.671 8	1.852 9	1.048 5
兰州	0.954 5	1.264 5	0.858 0	0.751 8	0.718 9	0.921 9	0.563 7	0.861 9
西宁	2.281 6	2.227 5	2.195 7	2.092 1	1.861 1	1.392 9	1.101 8	1.879 0
银川	0.883 2	0.753 9	0.701 1	0.614 3	0.823 6	0.859 3	0.812 4	0.778 3
乌鲁木齐	0.647 4	0.774 5	0.793 4	0.604 8	0.593 8	0.578 9	0.555 9	0.649 8

说明：依据 EPS 数据平台的数据计算，EPS 数据来源于年度《中国统计年鉴》、《中国区域经济统计年鉴》、《中国城市统计年鉴》等。拉萨数据不全，故未考虑。

附表 5-5　　2004—2010 年全国 30 个中心城市金融业区位熵（全市口径）

城市	2004 年	2005 年	2006 年	2007 年	2008 年	2009 年	2010 年	平均值
北京	0.591 3	0.588 9	1.667 9	1.163 7	1.148 4	1.143 8	1.162 6	1.066 6
天津	0.832 1	0.863 1	1.121 2	0.842 6	0.888 1	0.924 6	0.932 7	0.914 9
石家庄	1.057 4	1.108 1	1.603 4	1.314 1	1.379 7	1.454 0	1.456 1	1.339 0
太原	0.779 9	0.898 0	1.033 5	0.830 8	0.803 1	0.785 2	0.834 7	0.852 2
呼和浩特	1.375 8	1.834 3	2.087 4	1.726 6	1.634 8	1.687 6	1.743 5	1.727 1
沈阳	1.304 2	1.339 4	1.343 9	1.264 3	1.197 3	1.111 5	1.069 7	1.232 9
长春	0.991 2	0.726 7	1.248 6	0.973 3	0.931 1	0.971 1	1.005 1	0.978 1
哈尔滨	0.572 4	0.747 2	1.005 0	0.696 7	0.760 3	0.815 8	0.971 9	0.795 6
上海	1.293 5	1.183 2	2.235 6	1.599 1	1.580 7	1.572 2	1.659 9	1.589 2
南京	1.053 8	1.001 7	1.017 7	0.929 2	0.726 5	0.621 5	0.685 3	0.862 2
杭州	1.494 1	1.266 9	1.829 3	1.040 3	0.964 0	0.932 8	0.891 8	1.202 8
合肥	1.128 4	1.013 5	1.658 6	1.018 1	1.137 6	1.067 9	0.931 6	1.136 5
福州	0.812 5	0.926 2	1.104 1	0.849 7	0.795 4	0.825 7	0.800 7	0.873 5
南昌	0.959 9	0.908 8	1.184 8	0.752 7	0.669 2	0.892 3	0.907 3	0.896 4
济南	1.342 7	1.155 9	1.845 4	1.077 4	1.106 1	1.313 4	1.282 7	1.303 4
郑州	1.148 1	1.143 1	1.367 9	1.198 4	1.115 0	1.049 8	1.055 6	1.154 0
武汉	0.779 5	0.815 2	1.124 3	1.101 0	0.769 1	0.883 0	0.850 5	0.903 2
长沙	1.257 0	1.049 4	2.166 6	1.072 6	0.949 5	1.267 3	1.325 5	1.298 3
广州	1.060 5	1.000 9	1.208 6	0.915 9	0.900 0	0.877 2	0.891 7	0.979 3
南宁	0.954 0	1.026 4	1.329 6	1.008 5	0.947 7	1.014 3	1.024 9	1.043 6
海口	1.160 2	1.104 8	0.446 0	1.076 0	1.110 2	0.987 2	1.042 5	0.989 6
重庆	1.038 4	1.087 0	1.395 8	1.066 8	1.084 6	1.094 0	1.081 7	1.121 2
成都	0.992 1	1.074 5	1.181 5	0.886 7	0.837 1	0.820 7	0.838 9	0.947 4
贵阳	0.750 9	0.681 9	0.919 4	0.697 7	0.730 8	0.675 8	0.694 5	0.735 9
昆明	0.927 5	0.910 0	1.157 5	0.814 4	0.821 9	0.846 6	0.825 5	0.900 5
西安	1.015 4	0.984 5	1.481 1	0.848 0	0.825 3	1.061 8	1.158 0	1.053 5
兰州	0.800 0	0.997 9	1.164 9	0.872 2	1.167 0	1.082 3	1.128 4	1.030 4
西宁	1.246 2	1.237 4	1.769 7	1.268 7	1.159 2	1.139 6	1.204 1	1.289 3
银川	1.479 7	1.618 8	1.790 9	1.674 9	1.673 9	1.543 3	1.541 4	1.617 5
乌鲁木齐	1.629 9	1.023 1	1.216 2	0.963 1	0.992 0	0.998 1	1.012 2	1.119 2

说明：依据 EPS 数据平台的数据计算，EPS 数据来源于年度《中国统计年鉴》、《中国区域经济统计年鉴》、《中国城市统计年鉴》等。拉萨数据不全，故未考虑。

附表 5-6　　2004—2010 年全国 30 个中心城市金融业区位熵（市区口径）

城市	2004 年	2005 年	2006 年	2007 年	2008 年	2009 年	2010 年	平均值
北京	0.899 4	0.937 2	1.045 8	1.046 5	1.021 4	0.983 8	0.991 1	0.989 3
天津	0.758 3	0.778 6	0.755 6	0.744 3	0.778 1	0.785 0	0.016 1	0.659 4

续表

城市	2004 年	2005 年	2006 年	2007 年	2008 年	2009 年	2010 年	平均值
石家庄	0.882 2	0.934 0	1.241 1	1.244 0	1.307 1	1.398 7	1.392 1	1.199 9
太原	0.765 3	0.877 5	0.850 1	0.789 7	0.731 0	0.687 5	0.726 1	0.775 3
呼和浩特	1.277 6	1.805 8	1.793 5	1.685 7	1.568 0	1.571 9	1.727 7	1.632 9
沈阳	1.258 0	1.138 8	1.081 0	1.056 1	1.000 3	0.994 7	0.946 9	1.068 0
长春	0.854 7	0.753 9	0.829 6	0.805 7	0.762 2	0.786 2	0.823 2	0.802 2
哈尔滨	0.550 8	0.634 9	0.626 4	0.575 7	0.674 4	0.674 1	0.836 6	0.653 3
上海	1.173 9	1.072 0	1.476 4	1.411 7	1.385 0	1.330 9	1.394 4	1.320 6
南京	0.939 5	0.870 8	0.815 6	0.798 8	0.616 3	0.514 9	0.569 2	0.732 2
杭州	1.471 9	1.200 4	1.051 8	0.939 0	0.864 4	0.816 2	0.778 4	1.017 5
合肥	0.897 3	0.907 6	1.179 0	0.930 4	1.079 8	1.014 9	0.853 5	0.980 4
福州	0.799 6	1.004 2	0.977 7	0.906 9	0.852 2	0.839 3	0.810 2	0.884 3
南昌	1.006 2	1.000 0	1.011 1	0.844 5	0.745 5	0.961 2	0.970 5	0.934 2
济南	1.262 6	1.167 7	1.186 9	1.127 2	1.167 0	1.422 8	1.382 9	1.245 3
郑州	1.091 5	1.106 2	1.121 4	1.270 1	1.231 0	1.066 9	1.074 2	1.137 3
武汉	0.700 9	0.728 3	0.741 9	1.180 2	0.863 8	0.960 7	0.913 8	0.869 9
长沙	1.288 5	1.139 2	1.137 8	1.190 4	1.058 5	1.476 0	1.598 1	1.269 8
广州	0.974 8	0.905 5	0.890 1	0.823 9	0.805 8	0.758 5	0.777 7	0.848 0
南宁	0.924 0	0.987 9	0.988 9	1.013 4	0.924 2	0.935 2	0.953 2	0.960 9
海口	1.043 2	0.987 0	0.261 1	0.943 5	0.964 2	0.828 6	0.867 2	0.842 1
重庆	0.989 2	1.033 5	0.884 5	0.952 7	0.970 9	0.949 6	0.930 5	0.958 8
成都	0.929 0	0.953 6	0.859 2	0.830 3	0.765 4	0.721 2	0.742 1	0.828 7
贵阳	0.728 6	0.668 8	0.735 3	0.684 4	0.708 6	0.628 0	0.634 5	0.684 0
昆明	0.878 5	0.842 0	0.798 0	0.798 9	0.186 1	0.232 9	0.267 4	0.572 0
西安	0.926 8	0.889 9	0.850 0	0.759 5	0.727 1	0.919 8	1.013 8	0.869 6
兰州	0.717 9	0.881 8	0.825 6	0.810 8	1.026 7	0.931 3	0.951 3	0.877 9
西宁	1.338 9	1.238 9	1.295 8	1.313 1	1.256 7	1.278 1	1.108 9	1.261 5
银川	1.385 3	1.546 9	1.280 8	1.576 2	1.570 6	1.381 5	1.364 0	1.443 6
乌鲁木齐	1.464 1	0.916 4	0.891 5	0.846 3	0.864 2	0.840 1	0.844 8	0.952 5

说明：依据 EPS 数据平台的数据计算，EPS 数据来源于年度《中国统计年鉴》、《中国区域经济统计年鉴》、《中国城市统计年鉴》等。拉萨数据不全，故未考虑。

附表 5-7   2004—2010 年全国 30 个中心城市房地产业区位熵（全市口径）

城市	2004 年	2005 年	2006 年	2007 年	2008 年	2009 年	2010 年	平均值
北京	2.889 6	2.605 2	4.433 9	3.341 0	3.383 5	3.099 5	2.892 5	3.235 0
天津	1.026 9	0.859 4	1.337 2	0.862 2	1.037 5	0.985 1	1.041 0	1.021 3
石家庄	0.370 0	0.320 8	0.340 0	0.304 1	0.284 3	0.266 9	0.288 9	0.310 7
太原	0.593 9	0.445 9	0.472 8	0.428 9	0.406 1	0.420 1	0.357 3	0.446 4

续表

城市	2004 年	2005 年	2006 年	2007 年	2008 年	2009 年	2010 年	平均值
呼和浩特	0.461 0	0.453 2	0.505 8	0.507 5	0.447 0	0.403 1	0.395 4	0.453 3
沈阳	1.255 7	1.155 8	1.636 5	1.101 9	1.031 9	1.083 2	1.219 1	1.212 0
长春	1.282 8	1.167 3	1.823 5	1.728 4	1.517 6	1.500 7	1.373 8	1.484 9
哈尔滨	1.090 7	1.291 8	1.323 4	1.391 8	1.260 7	1.100 7	1.197 7	1.236 7
上海	1.966 5	1.768 9	2.422 0	1.795 5	1.891 3	1.896 5	1.683 1	1.917 7
南京	1.195 5	1.170 3	1.520 4	1.218 2	1.060 5	1.022 8	0.958 2	1.163 7
杭州	1.177 8	1.208 3	3.379 1	1.305 8	1.247 5	1.236 9	1.541 8	1.585 3
合肥	0.773 1	0.677 1	2.522 9	1.106 1	1.251 1	1.421 0	1.326 2	1.296 8
福州	1.443 8	1.265 6	2.211 9	1.548 6	1.257 0	1.696 6	1.501 3	1.560 7
南昌	0.842 0	0.821 6	0.524 5	0.805 2	0.446 2	0.364 9	0.375 9	0.597 2
济南	0.853 6	1.521 1	2.018 6	1.320 0	1.370 7	1.244 9	1.313 2	1.377 5
郑州	0.818 7	1.029 4	1.831 5	1.419 7	1.462 5	1.273 9	1.322 7	1.308 2
武汉	1.295 3	1.917 2	1.370 5	0.739 9	0.926 6	0.942 0	0.970 3	1.166 0
长沙	1.512 8	2.276 5	3.897 2	1.979 6	2.177 6	2.326 7	2.231 4	2.343 1
广州	1.874 6	1.990 7	3.183 3	2.052 8	1.997 1	1.957 7	2.197 6	2.179 1
南宁	1.388 3	1.488 2	1.910 9	1.454 8	1.570 5	1.401 2	1.378 5	1.513 2
海口	3.449 8	3.097 4	1.695 7	3.446 4	3.662 8	3.480 4	3.709 8	3.220 3
重庆	1.036 6	1.047 5	1.604 1	1.268 7	1.276 4	1.249 1	1.163 4	1.235 1
成都	0.940 7	0.876 1	1.193 0	0.948 1	0.804 5	0.808 4	0.792 8	0.909 1
贵阳	2.492 7	2.729 6	3.101 0	3.034 3	2.238 3	2.396 0	2.192 0	2.597 7
昆明	1.109 9	0.984 8	1.885 4	1.338 3	1.363 8	1.348 5	1.258 4	1.327 0
西安	0.715 7	0.831 6	1.963 1	0.731 1	0.792 8	1.384 8	1.436 4	1.122 2
兰州	0.570 7	0.655 3	0.751 5	1.198 5	0.751 4	0.734 3	0.681 2	0.763 3
西宁	0.403 9	0.589 7	1.820 4	0.735 2	1.384 1	1.415 9	1.159 1	1.072 6
银川	1.173 8	1.161 0	1.199 3	0.968 9	0.993 0	0.966 0	0.966 0	1.061 2
乌鲁木齐	1.902 0	1.610 4	1.210 5	2.084 8	1.968 9	1.036 2	0.942 9	1.536 5

说明：依据 EPS 数据平台的数据计算，EPS 数据来源于年度《中国统计年鉴》、《中国区域经济统计年鉴》、《中国城市统计年鉴》等。拉萨数据不全，故未考虑。

附表 5-8　　2004—2010 年全国 30 个中心城市房地产业区位熵（市区口径）

城市	2004 年	2005 年	2006 年	2007 年	2008 年	2009 年	2010 年	平均值
北京	2.687 3	2.534 2	2.552 8	2.488 3	2.525 5	2.328 4	2.208 2	2.475 0
天津	0.818 4	0.672 9	0.627 6	0.656 7	0.794 0	0.753 4	0.016 7	0.619 9
石家庄	0.346 7	0.290 1	0.275 4	0.265 3	0.252 2	0.241 0	0.274 8	0.277 9
太原	0.479 7	0.355 3	0.353 3	0.321 3	0.294 7	0.307 1	0.263 9	0.339 3
呼和浩特	0.383 5	0.407 1	0.383 6	0.433 8	0.378 9	0.340 6	0.365 7	0.384 7
沈阳	0.976 6	0.893 7	0.886 5	0.825 3	0.777 5	0:816 1	0.943 3	0.874 2

续表

城市	2004 年	2005 年	2006 年	2007 年	2008 年	2009 年	2010 年	平均值
长春	1.167 3	0.913 8	1.348 3	1.462 7	1.277 1	1.327 6	1.159 3	1.236 6
哈尔滨	1.097 0	1.150 4	1.174 2	1.191 9	1.082 4	0.943 2	1.064 6	1.100 5
上海	1.508 1	1.346 1	1.259 4	1.321 9	1.394 8	1.400 1	1.261 5	1.356 0
南京	0.924 3	0.896 1	0.891 8	0.913 8	0.798 1	0.771 1	0.735 5	0.847 2
杭州	0.968 3	0.960 8	0.913 3	1.031 4	0.961 1	0.940 7	1.159 1	0.990 7
合肥	0.600 2	0.538 4	0.799 7	0.912 0	0.941 9	1.241 2	1.118 1	0.878 8
福州	1.625 8	1.431 8	1.474 5	1.681 2	1.292 1	1.874 8	1.614 2	1.570 6
南昌	0.639 2	0.574 9	0.616 8	0.560 3	0.261 7	0.200 5	0.219 3	0.439 0
济南	0.763 3	1.345 9	1.086 4	1.147 8	1.211 5	1.094 8	1.177 7	1.118 2
郑州	0.789 1	0.992 9	0.918 6	1.224 2	1.413 4	1.305 5	1.332 0	1.139 4
武汉	0.987 5	1.444 7	0.989 1	0.622 2	0.813 8	0.781 6	0.814 7	0.922 0
长沙	1.377 6	2.091 3	2.037 2	1.744 5	1.954 5	2.127 4	2.101 9	1.919 2
广州	1.519 5	1.580 1	1.616 2	1.576 4	1.550 6	1.509 9	1.684 0	1.576 7
南宁	1.415 7	1.373 3	1.449 2	1.297 2	1.386 0	1.209 2	1.207 0	1.334 0
海口	2.630 1	2.334 1	1.818 7	2.533 4	2.705 3	2.574 5	2.783 5	2.482 8
重庆	1.003 0	1.003 6	0.903 8	1.075 8	1.113 9	1.090 9	1.030 6	1.031 6
成都	0.799 3	0.735 5	0.698 6	0.710 3	0.602 6	0.595 6	0.612 4	0.679 2
贵阳	2.145 4	2.325 8	2.211 6	2.464 8	1.756 5	1.854 3	1.753 6	2.073 1
昆明	1.013 6	0.875 6	1.008 1	1.235 2	1.363 6	0.468 3	1.295 8	1.037 2
西安	0.570 1	0.658 8	0.621 6	0.564 2	0.604 9	1.072 1	1.146 6	0.748 3
兰州	0.258 2	0.366 7	0.948 2	1.011 2	0.603 8	0.582 5	0.550 3	0.617 3
西宁	0.391 8	0.548 4	0.565 7	0.684 7	1.376 1	1.414 4	0.957 6	0.848 4
银川	1.076 4	1.052 9	0.908 4	0.854 7	0.887 5	0.842 7	0.863 3	0.926 5
乌鲁木齐	1.473 7	1.225 5	0.937 8	1.546 4	1.467 7	0.773 3	0.714 0	1.162 6

说明：依据 EPS 数据平台的数据计算，EPS 数据来源于年度《中国统计年鉴》、《中国区域经济统计年鉴》、《中国城市统计年鉴》等。拉萨数据不全，故未考虑。

附表 5-9　　　　　**2004—2010 年全国 30 个中心城市租赁和**
商务服务业区位熵（全市口径）

城市	2004 年	2005 年	2006 年	2007 年	2008 年	2009 年	2010 年	平均值
北京	4.117 4	3.906 4	7.277 5	4.901 9	4.821 2	5.052 5	5.063 4	5.020 1
天津	1.337 7	1.513 8	1.712 7	1.643 5	1.599 4	1.562 9	1.422 1	1.541 7
石家庄	0.547 3	0.454 0	0.468 9	0.528 9	0.449 3	0.473 1	0.425 0	0.478 1
太原	0.704 7	0.641 2	0.888 1	0.841 5	0.824 5	0.780 4	0.715 9	0.770 9
呼和浩特	1.167 1	1.109 2	1.490 2	1.300 1	1.127 7	1.291 3	1.242 3	1.246 8
沈阳	1.050 0	0.948 2	2.211 1	0.982 2	1.018 7	1.048 8	1.756 8	1.288 0
长春	0.799 9	1.132 1	1.749 3	1.191 3	1.227 0	1.349 3	1.405 5	1.264 9

续表

城市	2004 年	2005 年	2006 年	2007 年	2008 年	2009 年	2010 年	平均值
哈尔滨	0.593 4	0.504 7	0.870 8	0.612 1	0.556 7	0.557 4	0.840 5	0.647 9
上海	2.199 5	2.787 5	2.693 8	2.336 1	2.128 2	2.005 3	1.996 5	2.306 7
南京	0.821 7	0.937 2	1.978 2	1.103 8	1.492 3	1.412 3	1.329 6	1.296 4
杭州	1.586 6	1.757 0	2.757 2	1.798 0	1.595 8	1.609 4	1.341 7	1.778 0
合肥	0.543 7	0.508 2	1.087 3	0.599 6	0.422 3	0.533 9	0.609 6	0.615 0
福州	0.731 4	0.615 1	3.367 5	0.770 3	2.169 4	2.331 8	2.437 7	1.774 7
南昌	0.396 5	0.493 8	0.600 6	0.529 5	0.479 4	0.492 1	0.459 1	0.493 0
济南	0.405 6	0.769 2	1.347 8	0.902 1	0.816 7	1.038 1	0.935 1	0.887 8
郑州	0.792 6	0.786 0	1.072 5	0.762 4	0.847 3	0.945 8	0.826 1	0.861 8
武汉	1.152 7	0.786 6	0.658 9	0.484 7	0.526 5	0.493 5	0.497 5	0.657 2
长沙	1.227 8	0.996 1	1.327 6	0.741 6	0.691 9	0.705 4	0.810 7	0.928 7
广州	1.680 5	1.607 2	2.303 4	1.840 4	1.723 4	1.760 2	1.696 0	1.801 6
南宁	0.963 6	1.290 5	2.503 2	1.684 4	1.819 4	1.877 3	1.926 5	1.723 7
海口	1.378 8	1.245 9	0.485 1	2.295 6	1.986 2	1.242 6	1.131 8	1.395 1
重庆	0.351 1	0.368 2	0.940 4	0.755 1	0.751 5	0.742 2	0.727 4	0.662 3
成都	0.652 6	0.689 0	1.024 9	0.984 5	0.945 4	0.881 7	0.726 4	0.843 5
贵阳	1.761 3	1.102 0	1.475 9	1.465 4	1.378 2	1.572 0	1.112 7	1.409 6
昆明	0.934 1	0.778 9	2.144 4	1.571 9	1.510 2	1.626 8	1.526 5	1.441 8
西安	0.652 1	0.479 6	0.633 8	0.508 6	0.451 6	0.427 3	0.494 6	0.521 1
兰州	0.979 3	0.648 6	0.991 4	1.454 1	1.036 5	1.067 2	0.958 6	1.019 5
西宁	1.300 1	1.178 3	1.038 1	1.309 4	1.207 0	0.986 2	0.705 0	1.103 4
银川	0.356 5	0.367 6	1.661 0	1.085 0	0.891 2	1.013 4	1.426 9	0.971 6
乌鲁木齐	1.103 6	0.998 6	1.385 3	1.348 3	1.353 5	1.222 8	1.150 8	1.223 3

说明：依据 EPS 数据平台的数据计算，EPS 数据来源于年度《中国统计年鉴》、《中国区域经济统计年鉴》、《中国城市统计年鉴》等。拉萨数据不全，故未考虑。

附表 5-10　　2004—2010 年全国 30 个中心城市租赁和商务服务业区位熵（市区口径）

城市	2004 年	2005 年	2006 年	2007 年	2008 年	2009 年	2010 年	平均值
北京	3.717 8	3.443 2	3.615 7	3.654 4	3.607 8	3.728 7	3.754 8	3.646 0
天津	1.159 4	1.299 2	1.231 2	1.244 4	1.216 3	1.180 7	0.022 0	1.050 5
石家庄	0.654 3	0.542 9	0.529 7	0.550 4	0.434 8	0.440 2	0.374 4	0.503 8
太原	0.602 6	0.523 3	0.599 1	0.619 4	0.589 5	0.548 5	0.498 1	0.568 6
呼和浩特	1.157 2	1.116 5	1.004 0	1.200 2	1.040 2	1.185 2	1.171 4	1.125 0
沈阳	0.895 6	0.803 2	0.802 9	0.725 8	0.775 6	0.779 2	1.331 6	0.873 4
长春	0.794 2	1.105 6	0.778 4	1.001 8	1.051 3	1.137 4	1.190 8	1.008 5
哈尔滨	0.630 6	0.484 0	0.519 9	0.471 1	0.432 2	0.435 7	0.739 1	0.530 4
上海	1.817 2	2.298 2	1.818 6	1.704 5	1.571 8	1.468 9	1.465 8	1.735 0
南京	0.652 0	0.788 6	0.880 7	0.821 3	1.139 3	1.070 2	1.004 3	0.908 1

续表

城市	2004 年	2005 年	2006 年	2007 年	2008 年	2009 年	2010 年	平均值
杭州	1.375 4	1.590 1	1.765 1	1.483 7	1.239 5	1.232 5	1.035 9	1.388 9
合肥	0.481 0	0.466 5	0.366 9	0.513 6	0.359 0	0.482 4	0.519 1	0.455 5
福州	0.862 3	0.737 4	0.755 4	0.756 1	2.483 4	2.694 1	2.884 5	1.596 2
南昌	0.363 2	0.388 8	0.297 9	0.287 1	0.262 6	0.279 4	0.250 9	0.304 3
济南	0.388 2	0.755 3	0.609 2	0.820 6	0.762 3	0.946 4	0.855 1	0.733 9
郑州	0.738 8	0.742 4	0.725 5	0.646 6	0.711 9	0.874 4	0.734 5	0.739 2
武汉	0.963 8	0.646 4	0.614 8	0.403 4	0.408 5	0.409 7	0.412 1	0.551 2
长沙	1.263 9	0.910 6	0.762 2	0.686 0	0.710 0	0.683 5	0.782 1	0.828 3
广州	1.486 9	1.381 7	1.390 2	1.413 8	1.335 7	1.344 8	1.284 3	1.376 8
南宁	1.093 7	1.323 4	1.425 0	1.553 6	1.691 8	1.717 4	1.777 6	1.511 8
海口	1.152 9	1.023 9	1.468 6	1.677 7	1.463 0	0.908 2	0.827 7	1.217 4
重庆	0.286 5	0.323 2	0.371 4	0.713 9	0.663 5	0.642 6	0.630 2	0.518 8
成都	0.729 7	0.755 7	0.981 1	0.962 4	0.918 1	0.840 7	0.682 1	0.838 6
贵阳	1.683 1	1.032 4	1.086 2	1.220 3	1.134 5	1.303 9	0.921 0	1.197 3
昆明	0.879 1	0.720 8	1.193 2	1.338 8	1.331 5	1.580 7	1.198 2	1.177 5
西安	0.583 3	0.419 9	0.409 8	0.313 9	0.349 6	0.308 7	0.384 6	0.395 7
兰州	0.896 6	0.517 2	1.194 3	1.083 0	0.765 7	0.790 1	0.741 2	0.855 4
西宁	1.406 7	1.298 0	1.458 5	1.276 6	0.789 9	0.644 0	0.574 0	1.064 0
银川	0.322 6	0.333 3	0.775 7	0.937 1	0.780 8	0.880 6	1.256 4	0.755 2
乌鲁木齐	0.909 4	0.804 1	1.357 3	0.971 6	0.985 3	0.874 6	0.823 0	0.960 8

说明：依据 EPS 数据平台的数据计算，EPS 数据来源于年度《中国统计年鉴》、《中国区域经济统计年鉴》、《中国城市统计年鉴》等。拉萨数据不全，故未考虑。

附表 5-11　　**2004—2010 年全国 30 个中心城市科学研究、技术服务和地质勘察业区位熵（全市口径）**

城市	2004 年	2005 年	2006 年	2007 年	2008 年	2009 年	2010 年	平均值
北京	0.302 1	1.878 9	4.420 0	3.207 1	3.300 9	3.258 6	3.137 1	2.786 4
天津	0.519 0	1.426 3	1.647 3	1.430 0	1.495 3	1.351 4	1.395 3	1.323 5
石家庄	1.695 2	1.246 7	1.271 0	1.197 4	1.174 1	1.225 9	1.175 3	1.283 7
太原	0.829 4	2.070 5	2.013 5	1.937 5	1.869 4	1.796 6	1.655 8	1.739 0
呼和浩特	5.643 6	2.179 0	2.268 1	2.021 7	1.926 1	1.985 1	1.928 9	2.564 6
沈阳	1.647 3	1.707 3	2.274 6	1.864 5	1.802 7	1.761 7	1.843 6	1.843 1
长春	1.823 1	1.269 6	2.355 4	1.981 7	2.000 5	1.966 5	1.930 5	1.903 9
哈尔滨	2.849 7	1.135 7	1.429 5	1.140 8	1.087 6	1.171 6	1.407 6	1.460 3
上海	0.461 8	1.573 2	3.471 5	2.093 6	2.256 2	2.501 6	2.624 6	2.140 4
南京	1.538 2	1.882 6	2.244 6	1.715 7	1.622 9	1.504 9	1.539 0	1.721 1
杭州	1.132 5	1.552 4	3.271 1	1.332 7	1.191 5	1.182 3	1.623 7	1.612 3

续表

城市	2004 年	2005 年	2006 年	2007 年	2008 年	2009 年	2010 年	平均值
合肥	2.122 4	2.338 3	2.835 9	2.005 8	2.066 4	1.712 7	1.621 8	2.100 5
福州	1.223 0	1.047 9	1.742 5	0.970 0	0.994 3	1.144 6	1.286 7	1.201 3
南昌	1.833 5	1.823 9	1.241 0	1.524 6	1.080 4	0.973 5	0.967 7	1.349 2
济南	1.935 9	1.049 3	1.225 8	0.936 3	0.969 2	0.897 8	0.867 6	1.126 0
郑州	2.549 6	1.726 7	1.539 8	1.458 3	1.569 1	1.210 8	1.209 9	1.609 2
武汉	0.913 4	1.646 4	1.851 9	1.553 7	1.539 5	1.492 9	1.426 5	1.489 2
长沙	3.470 7	1.736 4	2.453 5	1.639 4	1.668 2	1.611 5	1.528 3	2.015 4
广州	0.515 1	1.357 3	1.840 6	1.293 1	1.290 4	1.264 8	1.382 5	1.277 7
南宁	0.559 0	1.795 6	2.034 4	1.647 5	1.706 4	1.602 2	1.596 7	1.563 1
海口	11.715 9	1.335 4	0.546 2	1.602 1	1.398 4	1.334 4	1.300 1	2.747 5
重庆	1.308 4	1.224 0	1.217 9	1.103 1	1.027 3	0.999 1	0.961 0	1.120 1
成都	0.675 6	2.204 0	2.442 4	2.006 4	1.910 1	1.817 9	1.765 7	1.831 7
贵阳	3.154 3	1.271 7	1.377 3	1.314 9	1.237 6	1.298 0	1.059 3	1.530 4
昆明	5.304 0	2.229 6	2.197 0	1.744 3	1.771 4	1.815 7	1.595 4	2.379 7
西安	1.222 7	3.394 5	3.599 7	3.087 0	2.931 0	3.001 7	2.865 7	2.871 7
兰州	0.680 8	2.458 1	2.267 5	2.056 1	2.242 2	2.283 0	2.236 5	2.032 1
西宁	2.331 5	1.876 6	3.150 6	1.780 9	1.770 3	2.118 1	2.182 7	2.172 9
银川	3.128 7	1.594 1	1.581 5	1.633 1	1.522 6	1.492 4	1.385 9	1.762 6
乌鲁木齐	0.000 0	1.930 7	2.185 7	1.861 9	1.834 6	1.866 1	1.852 2	1.647 3

说明：依据 EPS 数据平台的数据计算，EPS 数据来源于年度《中国统计年鉴》、《中国区域经济统计年鉴》、《中国城市统计年鉴》等。拉萨数据不全，故未考虑。

附表 5-12　　2004—2010 年全国 30 个中心城市科学研究、技术服务和地质勘察业区位熵（市区口径）

城市	2004 年	2005 年	2006 年	2007 年	2008 年	2009 年	2010 年	平均值
北京	2.149 8	2.330 8	2.381 8	2.345 6	2.420 2	2.379 7	2.299 8	2.329 7
天津	0.971 8	1.012 8	1.001 2	1.048 2	1.095 3	0.982 1	0.020 9	0.876 0
石家庄	1.184 9	1.241 5	1.201 0	1.203 6	1.177 2	1.259 7	1.211 2	1.211 3
太原	1.549 1	1.589 6	1.572 7	1.489 7	1.393 6	1.332 6	1.228 9	1.450 9
呼和浩特	1.687 2	1.879 4	1.806 9	1.797 1	1.705 2	1.727 0	1.792 5	1.770 7
沈阳	1.363 3	1.275 2	1.409 7	1.419 3	1.366 3	1.320 2	1.388 6	1.363 2
长春	1.533 2	0.986 5	1.623 4	1.637 4	1.658 7	1.597 8	1.579 0	1.516 6
哈尔滨	0.806 4	0.913 7	0.936 2	0.931 0	0.886 9	0.954 3	1.176 4	0.943 5
上海	1.235 5	1.117 4	1.528 3	1.510 3	1.636 9	1.805 6	1.900 5	1.533 5
南京	1.289 6	1.380 8	1.340 2	1.287 7	1.229 4	1.139 5	1.178 8	1.263 7
杭州	1.364 0	1.238 4	1.144 3	1.086 7	0.950 0	0.923 8	1.295 3	1.143 2
合肥	2.069 5	2.011 8	1.770 4	1.741 5	1.807 6	1.505 1	1.399 2	1.757 9

续表

城市	2004年	2005年	2006年	2007年	2008年	2009年	2010年	平均值
福州	1.145 3	1.212 9	1.240 0	1.125 7	1.161 0	1.373 4	1.564 7	1.260 4
南昌	1.567 3	1.561 4	1.509 0	1.379 7	0.984 7	0.876 7	0.882 3	1.251 6
济南	1.089 9	0.881 2	0.875 3	0.833 7	0.880 0	0.806 7	0.779 1	0.878 0
郑州	1.644 6	1.636 1	1.597 9	1.441 2	1.600 9	1.206 5	1.199 3	1.475 2
武汉	1.197 9	1.156 0	1.379 2	1.321 2	1.316 2	1.294 9	1.236 7	1.271 7
长沙	1.731 5	1.557 6	1.640 7	1.541 3	1.585 4	1.566 0	1.549 9	1.596 1
广州	0.941 3	1.001 0	0.988 9	0.983 8	0.988 3	0.959 1	1.057 6	0.988 6
南宁	1.754 4	1.469 0	1.413 3	1.424 4	1.469 8	1.375 6	1.382 5	1.469 9
海口	0.921 2	0.937 6	0.414 6	1.150 3	1.007 4	0.956 9	0.934 5	0.903 3
重庆	1.440 6	1.270 0	1.036 7	0.971 7	0.897 9	0.859 8	0.829 0	1.043 7
成都	2.006 4	2.014 6	1.944 6	1.852 8	1.748 4	1.642 3	1.614 8	1.832 0
贵阳	1.193 6	0.989 8	1.003 4	1.030 8	0.973 1	1.019 3	0.839 3	1.007 0
昆明	2.174 6	1.793 8	1.695 4	1.526 0	1.762 1	1.848 6	1.720 0	1.788 7
西安	2.502 2	2.555 3	2.503 1	2.371 5	2.236 0	2.263 3	2.192 3	2.374 8
兰州	1.940 6	1.890 0	1.686 4	1.763 9	1.759 1	1.774 5	1.756 9	1.795 9
西宁	1.897 3	1.759 9	1.678 9	1.678 8	1.713 5	1.456 3	1.738 0	1.703 2
银川	1.409 5	1.271 3	1.309 6	1.349 7	1.256 7	1.223 6	1.133 9	1.279 2
乌鲁木齐	1.434 3	1.369 0	1.342 6	1.349 6	1.334 0	1.350 0	1.343 7	1.360 4

说明：依据 EPS 数据平台的数据计算，EPS 数据来源于年度《中国统计年鉴》、《中国区域经济统计年鉴》、《中国城市统计年鉴》等。拉萨数据不全，故未考虑。

附表 5-13   **2004—2010 年全国 30 个中心城市批发和零售业区位熵（全市口径）**

城市	2004年	2005年	2006年	2007年	2008年	2009年	2010年	平均值
北京	2.132 9	2.350 5	1.509 6	1.582 1	1.713 5	1.882 1	1.985 2	1.879 4
天津	1.002 4	1.014 4	1.203 7	1.430 9	1.510 1	1.365 4	1.396 5	1.274 8
石家庄	1.200 3	1.370 1	1.691 5	1.808 5	1.762 0	1.675 1	1.677 5	1.597 8
太原	1.105 2	1.000 2	1.031 4	0.962 3	0.908 6	1.044 1	0.961 2	1.001 9
呼和浩特	0.540 5	0.556 3	0.680 6	0.727 6	0.719 3	0.779 6	0.831 5	0.690 8
沈阳	0.938 0	0.905 9	1.129 0	0.980 8	1.007 8	0.995 9	1.188 1	1.020 8
长春	0.998 8	1.889 6	0.998 7	1.090 1	1.000 1	1.069 1	1.121 4	1.166 8
哈尔滨	1.590 6	1.206 4	1.512 6	1.711 8	1.631 6	1.685 6	1.750 8	1.584 2
上海	1.290 0	2.448 4	1.406 7	1.396 9	1.431 1	1.531 2	1.559 4	1.580 5
南京	0.840 8	0.808 1	1.060 4	1.149 2	1.417 0	1.607 4	1.606 9	1.212 8
杭州	0.949 1	0.840 6	0.998 0	0.957 9	1.135 4	1.231 3	1.279 9	1.056 0
合肥	1.042 8	0.856 1	7.141 7	7.048 0	6.188 3	1.385 2	1.506 2	3.595 5
福州	0.651 1	0.594 4	0.734 0	0.827 0	0.873 8	0.965 1	0.859 3	0.786 4

续表

城市	2004 年	2005 年	2006 年	2007 年	2008 年	2009 年	2010 年	平均值
南昌	0.647 8	0.518 9	0.675 1	0.573 9	0.597 1	0.588 6	0.509 2	0.587 2
济南	0.837 0	1.259 0	1.415 2	1.549 7	1.526 1	1.862 3	1.275 0	1.389 2
郑州	1.029 9	0.897 7	1.196 3	1.109 3	1.202 0	1.180 0	1.098 1	1.101 9
武汉	0.918 2	1.044 6	1.138 4	1.160 7	1.320 2	1.478 1	1.597 6	1.236 8
长沙	1.245 7	1.041 3	1.362 3	1.504 7	1.413 1	1.462 1	1.394 2	1.346 2
广州	0.998 2	0.980 8	1.130 0	1.154 3	1.088 1	1.178 7	1.148 8	1.097 0
南宁	1.119 4	1.101 1	1.385 7	1.390 9	1.435 5	1.433 0	1.478 5	1.334 9
海口	0.819 4	0.813 6	3.716 0	1.390 8	1.388 3	1.419 4	1.562 1	1.587 1
重庆	0.736 4	0.718 3	0.964 7	0.983 4	1.030 0	1.043 3	1.040 9	0.931 0
成都	0.751 6	0.780 0	0.910 0	0.921 8	0.994 5	1.067 1	1.176 0	0.943 0
贵阳	1.312 5	1.311 3	1.829 1	1.902 1	1.740 5	1.735 1	1.690 5	1.645 9
昆明	1.077 9	0.804 0	1.083 6	1.336 2	1.356 7	1.585 0	1.651 3	1.270 7
西安	1.387 6	1.364 7	1.697 9	1.762 8	1.748 8	1.036 3	1.022 2	1.431 5
兰州	0.861 3	0.837 8	0.888 6	0.843 0	0.982 6	0.817 7	0.857 5	0.869 8
西宁	0.802 0	0.733 6	0.851 6	0.803 2	1.089 6	1.245 1	1.124 6	0.950 0
银川	0.611 6	0.605 0	0.698 9	0.730 0	0.695 4	0.720 7	0.655 0	0.673 8
乌鲁木齐	0.876 9	0.795 9	0.993 0	1.002 5	0.985 6	0.935 3	1.002 5	0.941 7

说明：依据 EPS 数据平台的数据计算，EPS 数据来源于年度《中国统计年鉴》、《中国区域经济统计年鉴》、《中国城市统计年鉴》等。拉萨数据不全，故未考虑。

附表 5-14　　2004—2010 年全国 30 个中心城市批发和零售业区位熵（市区口径）

城市	2004 年	2005 年	2006 年	2007 年	2008 年	2009 年	2010 年	平均值
北京	1.465 4	1.287 5	1.351 8	1.406 5	1.470 0	1.593 0	1.687 9	1.466 0
天津	1.041 1	1.021 3	1.088 7	1.289 0	1.314 0	1.169 3	0.024 7	0.992 6
石家庄	1.227 8	1.464 9	1.693 4	1.843 4	1.770 7	1.755 0	1.784 6	1.648 5
太原	1.195 3	1.019 6	0.926 4	0.863 7	0.765 4	0.873 5	0.807 8	0.921 7
呼和浩特	0.624 3	0.664 4	0.725 1	0.773 4	0.733 4	0.787 7	0.883 8	0.741 7
沈阳	0.999 7	0.919 4	1.040 8	0.887 5	0.880 1	0.845 9	1.025 8	0.942 7
长春	0.908 1	1.742 0	1.006 3	1.089 3	0.965 5	1.016 2	1.071 8	1.114 2
哈尔滨	1.749 8	1.379 9	1.551 0	1.738 3	1.595 7	1.626 7	1.740 6	1.626 0
上海	1.338 2	2.447 5	1.244 1	1.222 6	1.211 8	1.282 2	1.308 5	1.436 4
南京	0.875 2	0.801 9	0.942 7	1.017 9	1.232 7	1.373 0	1.389 4	1.090 4
杭州	1.010 1	0.878 1	0.947 1	0.915 0	1.024 6	1.079 3	1.133 1	0.998 2
合肥	1.015 9	0.808 2	4.009 8	4.211 0	3.763 4	1.379 6	1.483 8	2.381 7
福州	0.842 9	0.771 8	0.874 0	0.979 1	1.009 9	1.149 0	1.028 6	0.950 7
南昌	0.706 6	0.542 1	0.590 1	0.558 9	0.578 5	0.563 5	0.494 3	0.576 3
济南	0.957 0	1.415 9	1.341 6	1.475 7	1.439 5	1.770 4	1.154 4	1.364 9

续表

城市	2004 年	2005 年	2006 年	2007 年	2008 年	2009 年	2010 年	平均值
郑州	1.104 7	0.978 1	1.186 5	1.095 6	1.215 4	1.164 0	1.083 7	1.118 3
武汉	0.952 7	1.032 7	1.182 2	1.219 2	1.385 1	1.534 7	1.636 6	1.277 6
长沙	1.554 0	1.336 0	1.617 7	1.798 3	1.674 6	1.674 1	1.685 3	1.620 0
广州	1.091 5	1.021 0	1.059 6	1.075 5	0.976 0	1.042 2	1.021 1	1.041 0
南宁	1.404 3	1.260 7	1.487 6	1.516 3	1.502 1	1.484 2	1.554 9	1.458 6
海口	0.850 3	0.804 3	3.287 8	1.218 6	1.174 2	1.185 9	1.311 4	1.404 7
重庆	0.766 9	0.731 2	0.901 2	0.925 2	0.930 6	0.945 2	0.947 5	0.878 3
成都	0.963 5	0.938 6	1.035 8	1.054 0	1.097 1	1.135 3	1.273 8	1.071 2
贵阳	1.503 3	1.426 5	1.787 1	1.828 0	1.605 3	1.613 0	1.575 2	1.619 8
昆明	1.190 5	0.835 8	1.022 0	1.281 5	1.402 3	1.702 3	1.554 0	1.284 0
西安	1.486 7	1.399 6	1.570 8	1.619 3	1.550 9	0.891 4	0.900 2	1.345 5
兰州	0.915 4	0.846 4	0.862 1	0.885 0	0.895 3	0.733 1	0.776 9	0.844 9
西宁	0.934 2	0.912 5	0.987 0	0.796 1	1.096 7	1.233 9	1.042 3	1.000 4
银川	0.669 7	0.623 8	0.687 4	0.686 7	0.624 7	0.647 3	0.574 2	0.644 8
乌鲁木齐	0.917 1	0.787 1	0.878 8	0.882 1	0.837 3	0.784 2	0.849 3	0.848 0

说明：依据 EPS 数据平台的数据计算，EPS 数据来源于年度《中国统计年鉴》、《中国区域经济统计年鉴》、《中国城市统计年鉴》等。拉萨数据不全，故未考虑。

附表 5-15   2004—2010 年全国 30 个中心城市住宿和餐饮业区位熵（全市口径）

城市	2004 年	2005 年	2006 年	2007 年	2008 年	2009 年	2010 年	平均值
北京	2.820 1	3.166 9	2.875 6	2.832 6	2.747 2	2.760 4	2.586 1	2.827 0
天津	0.953 3	0.847 1	1.064 6	1.099 3	1.115 2	1.223 2	1.404 7	1.101 1
石家庄	0.934 9	0.921 8	0.993 6	0.996 1	0.981 8	0.962 9	0.909 7	0.957 3
太原	1.153 4	1.077 5	1.134 1	1.305 9	1.456 0	1.399 8	1.349 7	1.268 0
呼和浩特	1.611 5	1.581 7	1.755 8	1.632 0	2.090 6	1.645 8	1.329 1	1.663 8
沈阳	0.951 1	0.897 4	1.002 8	1.282 7	1.010 6	1.068 7	1.115 8	1.047 0
长春	1.049 7	1.103 3	1.179 8	1.209 4	1.202 4	1.289 2	1.211 5	1.177 9
哈尔滨	0.666 6	0.743 0	0.853 1	0.796 1	0.833 2	0.881 4	1.084 0	0.836 8
上海	1.429 9	1.287 0	1.397 9	1.387 2	1.574 6	1.697 2	1.776 6	1.507 2
南京	1.533 8	1.459 3	1.500 0	1.604 5	1.754 6	1.978 2	1.855 6	1.669 6
杭州	2.386 7	1.836 7	1.816 0	1.666 9	2.171 9	2.132 9	2.081 8	2.013 2
合肥	0.896 0	0.719 8	3.510 3	4.013 0	3.769 5	1.156 5	1.076 7	2.163 1
福州	1.062 9	0.984 3	0.944 1	1.138 8	1.050 7	1.139 3	1.190 8	1.073 0
南昌	0.617 9	0.539 6	0.582 7	0.424 7	0.354 1	0.282 6	0.282 2	0.440 5
济南	0.917 6	1.727 9	1.876 9	1.835 7	1.755 0	1.657 6	1.216 8	1.569 7
郑州	1.646 7	1.856 2	2.061 1	1.869 8	1.377 8	1.436 4	1.593 1	1.691 6
武汉	2.173 1	1.199 4	1.648 0	1.108 1	1.461 1	1.441 4	1.571 8	1.514 7

续表

城市	2004 年	2005 年	2006 年	2007 年	2008 年	2009 年	2010 年	平均值
长沙	1.909 4	2.396 3	2.700 5	2.537 7	2.567 3	2.239 3	2.380 2	2.390 1
广州	2.567 1	2.409 2	2.696 7	2.681 1	2.574 7	2.421 8	2.454 3	2.543 6
南宁	1.021 8	1.258 5	1.406 0	1.312 4	1.405 8	1.312 9	1.212 3	1.275 7
海口	2.691 0	2.339 8	2.491 9	2.735 8	2.652 6	2.721 4	2.638 9	2.610 2
重庆	0.665 3	0.778 2	0.867 6	0.963 8	0.913 0	1.032 9	1.021 9	0.891 8
成都	0.964 8	1.087 2	1.112 7	1.089 7	1.054 3	1.076 1	1.084 6	1.067 1
贵阳	1.366 3	1.301 5	1.559 1	1.409 9	1.344 4	1.596 0	1.479 5	1.436 7
昆明	1.456 3	1.516 7	1.753 0	1.889 2	1.774 9	1.769 4	1.722 5	1.697 4
西安	1.188 6	1.321 0	1.451 5	1.337 9	1.267 3	1.582 2	1.772 5	1.417 3
兰州	0.964 7	1.066 3	1.110 0	1.138 9	1.095 5	1.069 9	0.815 1	1.037 2
西宁	0.530 2	0.574 4	0.599 3	0.553 0	0.586 9	0.771 4	0.793 3	0.629 8
银川	0.770 4	0.772 0	0.758 9	0.719 4	0.624 2	0.570 7	0.477 2	0.670 4
乌鲁木齐	1.758 8	1.701 6	2.028 8	1.774 8	1.683 3	1.411 0	1.306 0	1.666 3

说明：依据 EPS 数据平台的数据计算，EPS 数据来源于年度《中国统计年鉴》、《中国区域经济统计年鉴》、《中国城市统计年鉴》等。拉萨数据不全，故未考虑。

附表 5-16　　2004—2010 年全国 30 个中心城市住宿和餐饮业区位熵（市区口径）

城市	2004 年	2005 年	2006 年	2007 年	2008 年	2009 年	2010 年	平均值
北京	0.289 6	2.211 1	2.148 4	2.130 9	2.041 7	2.047 4	1.934 4	1.829 1
天津	0.306 3	0.717 0	0.815 4	0.841 4	0.840 2	0.925 1	0.022 0	0.638 2
石家庄	1.169 6	0.989 8	0.952 6	0.980 5	0.948 5	0.961 5	0.898 1	0.985 8
太原	0.538 5	0.919 8	0.855 5	1.037 0	1.108 0	1.062 1	1.037 5	0.936 9
呼和浩特	2.904 6	1.486 7	1.445 6	1.359 6	1.830 2	1.412 3	1.191 5	1.661 5
沈阳	0.763 4	0.787 7	0.800 7	1.027 7	0.791 1	0.829 7	0.869 2	0.838 5
长春	1.168 1	1.073 4	1.046 2	1.068 2	1.050 9	1.134 8	1.065 9	1.086 8
哈尔滨	2.867 2	0.745 3	0.733 2	0.716 8	0.737 0	0.778 8	0.993 5	1.081 7
上海	0.328 7	1.071 9	1.041 2	1.037 8	1.168 2	1.256 3	1.328 2	1.033 2
南京	1.682 2	1.230 8	1.147 2	1.227 8	1.346 0	1.517 3	1.449 9	1.371 6
杭州	0.385 9	1.662 0	1.466 5	1.360 8	1.752 2	1.687 6	1.680 1	1.427 9
合肥	1.804 0	0.685 9	2.610 7	3.100 7	2.950 0	1.030 5	0.948 3	1.875 7
福州	0.542 1	1.090 6	0.932 3	1.076 6	0.976 7	1.101 3	1.115 9	0.976 5
南昌	1.254 7	0.546 7	0.538 9	0.405 3	0.308 0	0.258 4	0.227 4	0.505 6
济南	1.652 6	1.720 2	1.667 1	1.689 3	1.623 2	1.505 0	1.103 9	1.565 9
郑州	3.672 0	1.921 0	2.051 1	1.813 1	1.384 9	1.302 6	1.479 9	1.946 4
武汉	0.697 6	0.986 6	1.475 2	0.974 9	1.268 9	1.266 8	1.373 1	1.149 0
长沙	7.776 7	2.487 1	2.571 9	2.517 8	2.589 9	2.185 5	2.436 4	3.223 6
广州	0.223 8	2.075 7	2.092 4	2.095 9	1.997 6	1.868 2	1.902 7	1.750 9

续表

城市	2004 年	2005 年	2006 年	2007 年	2008 年	2009 年	2010 年	平均值
南宁	1.410 1	1.238 0	1.269 0	1.216 7	1.229 4	1.134 1	1.033 1	1.218 6
海口	3.734 7	1.924 7	1.848 9	2.040 2	1.956 7	2.003 1	1.960 4	2.209 8
重庆	0.605 1	0.828 5	0.770 1	0.842 6	0.797 0	0.897 1	0.895 8	0.805 2
成都	0.672 6	0.948 9	0.962 1	0.967 9	0.973 7	0.977 3	0.960 0	0.923 2
贵阳	1.404 0	1.185 0	1.274 7	1.135 6	1.094 9	1.326 9	1.228 0	1.235 6
昆明	1.911 3	1.346 2	1.432 3	1.628 4	1.671 9	1.704 5	1.743 5	1.634 0
西安	0.407 3	1.143 7	1.133 5	1.048 1	0.975 5	1.235 3	1.407 0	1.050 1
兰州	0.161 5	0.941 6	0.927 9	1.017 4	0.875 3	0.845 1	0.655 5	0.774 9
西宁	1.157 2	0.627 4	0.617 1	0.567 9	0.569 6	0.734 9	0.658 7	0.704 7
银川	2.704 9	0.764 2	0.674 6	0.624 9	0.557 2	0.506 7	0.431 0	0.894 8
乌鲁木齐	0.000 0	1.413 5	1.520 3	1.335 5	1.253 2	1.038 2	0.979 1	1.077 1

说明：依据 EPS 数据平台的数据计算，EPS 数据来源于年度《中国统计年鉴》、《中国区域经济统计年鉴》、《中国城市统计年鉴》等。拉萨数据不全，故未考虑。

附表 5-17　　　　**2004—2010 年全国 30 个中心城市水利、环境和公共设施管理业区位熵（全市口径）**

城市	2004 年	2005 年	2006 年	2007 年	2008 年	2009 年	2010 年	平均值
北京	0.603 2	0.535 4	0.948 9	0.931 3	0.891 1	0.880 0	0.818 8	0.801 2
天津	1.331 7	1.238 4	1.160 6	1.107 7	1.113 7	1.109 5	1.043 3	1.157 8
石家庄	1.252 0	1.268 2	1.179 0	1.150 5	1.210 9	1.295 0	1.213 8	1.224 2
太原	1.082 9	1.118 8	1.074 0	1.155 2	1.226 3	1.222 3	1.142 5	1.146 0
呼和浩特	3.161 0	3.145 1	2.811 5	3.169 7	2.906 1	2.950 8	2.974 1	3.016 9
沈阳	1.688 1	1.799 9	1.645 2	1.735 3	1.678 1	1.636 0	1.724 2	1.701 0
长春	1.736 5	1.123 0	1.719 7	1.711 6	1.782 8	1.743 7	1.693 2	1.644 3
哈尔滨	0.754 7	1.094 1	1.063 7	1.118 1	1.140 1	1.182 1	1.292 3	1.092 2
上海	0.982 1	0.774 8	1.014 3	0.920 3	0.947 3	1.001 3	0.901 5	0.934 5
南京	1.258 9	1.302 7	1.170 1	1.127 8	1.093 8	0.929 6	0.851 5	1.104 9
杭州	0.859 9	0.872 7	0.676 5	0.711 2	0.634 7	0.690 3	1.137 6	0.797 6
合肥	1.308 1	1.141 6	8.398 1	8.090 2	8.013 0	1.010 5	0.892 6	4.122 0
福州	0.774 5	0.794 1	0.719 8	0.748 7	0.764 0	0.868 9	0.767 9	0.776 8
南昌	1.751 7	1.561 2	1.659 6	1.475 3	1.569 5	1.471 4	1.434 6	1.560 5
济南	0.995 0	0.767 9	0.644 9	0.685 6	0.799 1	0.700 8	0.624 3	0.745 4
郑州	1.130 9	1.184 2	1.175 7	1.185 2	0.893 0	0.890 7	0.974 8	1.062 1
武汉	1.270 9	1.510 6	1.297 7	1.066 9	0.826 1	0.813 3	0.782 3	1.081 1
长沙	0.720 5	0.686 4	0.789 4	0.731 3	0.852 0	1.021 0	0.940 3	0.820 1
广州	0.826 5	0.889 2	0.835 5	0.817 3	0.771 4	0.769 0	0.824 3	0.819 0
南宁	1.186 0	1.274 0	1.237 5	1.343 5	1.363 0	1.340 6	1.293 6	1.291 2

续表

城市	2004 年	2005 年	2006 年	2007 年	2008 年	2009 年	2010 年	平均值
海口	1.954 5	2.409 9	0.503 3	1.712 4	1.669 1	1.598 6	1.534 3	1.626 0
重庆	0.688 2	0.827 2	0.807 8	0.864 4	0.812 9	0.844 4	0.821 3	0.809 5
成都	0.963 2	1.026 9	0.896 9	0.897 0	0.856 8	0.819 2	0.839 6	0.900 0
贵阳	0.817 1	0.744 2	0.827 0	0.692 6	0.782 5	0.743 3	0.893 6	0.785 8
昆明	0.749 4	0.783 9	0.819 5	0.716 3	0.688 2	0.727 5	0.739 0	0.746 3
西安	0.627 6	0.621 1	0.542 2	0.577 8	0.593 1	0.920 9	0.977 4	0.694 3
兰州	1.240 1	1.322 4	0.972 6	0.968 1	1.124 1	1.136 9	1.047 4	1.115 9
西宁	1.460 0	1.369 0	1.283 9	1.230 8	1.421 2	1.268 7	1.371 3	1.343 6
银川	1.557 3	1.491 1	1.353 4	1.354 6	1.382 1	1.341 0	1.406 5	1.412 3
乌鲁木齐	0.748 1	0.814 4	0.750 8	0.868 3	0.712 2	0.718 6	0.679 1	0.755 9

说明：依据 EPS 数据平台的数据计算，EPS 数据来源于年度《中国统计年鉴》、《中国区域经济统计年鉴》、《中国城市统计年鉴》等。拉萨数据不全，故未考虑。

附表 5-18　　**2004—2010 年全国 30 个中心城市水利、环境和公共设施管理业区位熵（市区口径）**

城市	2004 年	2005 年	2006 年	2007 年	2008 年	2009 年	2010 年	平均值
北京	0.826 8	0.864 2	0.913 5	0.890 6	0.863 3	0.850 9	0.790 5	0.857 1
天津	1.307 5	1.182 7	1.143 3	1.088 2	1.097 6	1.100 9	0.021 1	0.991 6
石家庄	1.177 6	1.188 1	1.139 4	1.117 6	1.162 0	1.342 8	1.241 8	1.195 6
太原	1.080 2	1.083 0	1.091 3	1.142 0	1.174 3	1.155 1	1.062 6	1.112 7
呼和浩特	2.455 8	2.616 6	2.490 7	3.137 0	2.854 9	2.846 4	3.082 4	2.783 4
沈阳	1.527 8	1.627 0	1.540 3	1.635 3	1.592 8	1.544 9	1.645 9	1.587 7
长春	1.617 4	1.031 1	1.498 2	1.546 5	1.629 7	1.613 3	1.505 6	1.491 7
哈尔滨	0.778 6	0.947 9	0.991 4	1.035 5	1.061 7	1.101 7	1.260 7	1.025 4
上海	0.947 0	0.745 0	1.009 3	0.914 2	0.954 2	1.005 7	0.903 3	0.925 5
南京	1.219 2	1.259 1	1.167 3	1.125 6	1.126 5	0.955 5	0.874 1	1.103 9
杭州	0.787 2	0.829 3	0.626 2	0.684 5	0.583 6	0.638 8	1.096 3	0.749 4
合肥	1.273 5	1.023 4	5.844 1	5.749 8	5.759 0	1.073 4	0.909 4	3.090 4
福州	0.993 8	1.024 7	0.973 1	0.985 0	1.011 1	1.226 2	1.089 1	1.043 3
南昌	1.687 1	1.469 2	1.668 6	1.332 4	1.441 1	1.346 7	1.304 4	1.464 2
济南	0.919 4	0.736 4	0.632 2	0.729 3	0.881 1	0.735 2	0.660 4	0.756 3
郑州	1.152 8	1.222 8	1.330 6	1.332 0	0.871 1	0.823 0	0.894 7	1.089 6
武汉	1.234 2	1.462 1	1.415 0	1.226 5	0.962 6	0.933 1	0.889 3	1.160 4
长沙	0.598 9	0.766 5	0.849 2	0.816 9	0.989 3	1.174 3	1.137 1	0.904 6
广州	0.801 3	0.852 6	0.837 2	0.820 1	0.778 1	0.769 1	0.823 3	0.811 7
南宁	1.094 6	1.187 5	1.199 7	1.327 9	1.391 9	1.375 2	1.337 8	1.273 5
海口	1.898 1	2.332 5	0.507 5	1.724 8	1.700 5	1.627 2	1.559 6	1.621 5

续表

城市	2004 年	2005 年	2006 年	2007 年	2008 年	2009 年	2010 年	平均值
重庆	0.636 6	0.812 3	0.795 8	0.804 7	0.733 9	0.719 2	0.698 5	0.743 0
成都	0.861 4	0.890 9	0.761 5	0.752 1	0.703 5	0.647 3	0.683 3	0.757 1
贵阳	0.829 4	0.745 4	0.851 6	0.685 3	0.795 7	0.773 6	0.984 6	0.809 4
昆明	0.579 6	0.590 3	0.682 8	0.629 1	0.678 8	0.763 0	0.809 9	0.676 2
西安	0.539 1	0.525 7	0.458 6	0.502 4	0.528 9	0.883 0	0.939 4	0.625 3
兰州	1.052 6	1.099 7	0.666 9	0.786 3	0.836 5	0.852 2	0.853 1	0.878 2
西宁	1.309 0	1.144 7	1.157 8	1.113 4	1.313 5	1.773 0	1.557 2	1.338 4
银川	1.555 5	1.442 8	1.453 3	1.455 3	1.517 4	1.440 6	1.440 3	1.472 2
乌鲁木齐	0.738 4	0.796 0	0.750 1	0.868 9	0.718 6	0.737 9	0.696 6	0.758 1

说明：依据 EPS 数据平台的数据计算，EPS 数据来源于年度《中国统计年鉴》、《中国区域经济统计年鉴》、《中国城市统计年鉴》等。拉萨数据不全，故未考虑。

附表 5-19   2004—2010 年全国 30 个中心城市居民服务和其他服务业区位熵（全市口径）

城市	2004 年	2005 年	2006 年	2007 年	2008 年	2009 年	2010 年	平均值
北京	6.479 4	6.027 8	3.494 6	3.357 9	2.408 3	2.546 8	2.356 0	3.810 1
天津	3.063 9	2.345 6	4.617 7	5.519 9	6.505 0	7.196 1	6.830 7	5.154 1
石家庄	0.513 7	0.396 9	0.640 9	0.742 6	0.757 6	0.818 1	0.778 7	0.664 1
太原	1.128 1	0.872 5	1.155 6	1.019 9	0.864 3	1.005 0	0.943 5	0.998 4
呼和浩特	1.572 1	0.970 9	1.741 5	1.471 7	1.449 4	1.507 1	1.950 2	1.523 3
沈阳	0.649 0	0.584 4	1.438 0	1.397 9	1.368 8	1.200 1	2.540 6	1.311 2
长春	0.415 6	1.006 6	0.697 9	0.839 2	0.802 5	0.929 3	0.904 6	0.799 4
哈尔滨	1.754 3	1.505 2	2.417 3	2.510 4	2.321 2	2.428 7	2.954 1	2.270 2
上海	1.429 3	3.285 9	2.020 1	2.033 4	2.213 0	2.073 2	1.714 8	2.110 0
南京	0.473 7	0.338 9	0.373 5	0.410 7	0.338 2	0.457 4	0.537 8	0.418 6
杭州	0.307 8	0.372 8	0.584 9	0.615 8	0.817 6	0.840 7	0.730 3	0.610 0
合肥	0.329 6	0.188 0	1.622 1	1.791 0	1.998 5	0.561 0	0.518 4	1.001 2
福州	0.795 0	0.412 6	0.640 3	0.694 1	0.929 4	0.776 0	0.543 6	0.684 4
南昌	0.424 9	0.228 7	0.608 3	0.447 8	0.394 6	0.437 0	0.483 0	0.432 0
济南	0.199 8	0.489 8	1.191 6	1.507 3	1.597 3	1.830 5	1.826 6	1.234 7
郑州	0.365 4	0.393 8	0.792 5	0.979 2	0.330 7	0.497 8	0.585 1	0.563 5
武汉	0.238 1	0.934 3	0.702 0	0.953 5	0.984 4	0.883 4	0.814 7	0.787 2
长沙	0.417 5	0.356 6	0.654 0	1.054 8	1.075 5	0.865 7	0.963 1	0.769 6
广州	1.198 1	1.096 3	2.034 2	2.273 4	2.544 0	2.544 1	2.535 0	2.032 2
南宁	0.305 7	0.210 3	0.377 7	0.440 7	0.413 0	0.389 6	0.464 4	0.371 6
海口	0.249 5	0.210 3	11.499 5	0.708 7	0.717 5	1.331 2	1.794 6	2.358 8
重庆	0.268 2	0.286 7	0.499 9	0.505 6	0.617 0	0.640 8	0.633 9	0.493 2

续表

城市	2004 年	2005 年	2006 年	2007 年	2008 年	2009 年	2010 年	平均值
成都	0.368 9	0.378 5	0.594 9	0.615 5	0.692 4	0.540 7	0.595 1	0.540 9
贵阳	0.740 0	0.858 1	1.427 4	1.753 6	1.373 0	2.355 1	2.125 1	1.518 9
昆明	0.795 3	0.469 7	0.716 3	0.844 6	0.871 0	1.101 5	1.220 8	0.859 9
西安	1.391 4	1.534 4	2.648 8	2.336 4	2.437 9	2.090 8	2.144 4	2.083 4
兰州	0.546 4	0.057 0	0.635 1	0.709 2	0.422 8	0.411 6	0.319 0	0.443 0
西宁	0.237 9	0.098 8	0.243 1	0.255 8	0.336 0	0.301 9	0.428 8	0.271 8
银川	0.172 9	0.074 5	0.122 1	0.137 0	0.143 0	0.139 6	0.136 2	0.132 2
乌鲁木齐	0.189 2	0.120 2	0.201 2	0.170 3	0.133 4	0.310 3	0.303 9	0.204 1

说明：依据 EPS 数据平台的数据计算，EPS 数据来源于年度《中国统计年鉴》、《中国区域经济统计年鉴》、《中国城市统计年鉴》等。拉萨数据不全，故未考虑。

附表 5-20　　　**2004—2010 年全国 30 个中心城市居民服务和其他服务业区位熵（市区口径）**

城市	2004 年	2005 年	2006 年	2007 年	2008 年	2009 年	2010 年	平均值
北京	3.090 3	2.485 4	2.597 3	2.534 4	1.862 2	1.920 2	1.803 2	2.327 6
天津	3.656 2	2.743 6	3.559 8	4.288 5	5.146 4	5.553 4	0.111 9	3.580 0
石家庄	0.730 7	0.517 5	0.565 9	0.616 8	0.629 0	0.695 6	0.673 9	0.632 8
太原	1.335 5	1.021 0	0.877 3	0.801 7	0.685 9	0.757 9	0.754 3	0.890 5
呼和浩特	1.515 0	0.907 6	1.120 6	0.826 7	0.822 6	0.860 1	0.677 1	0.961 4
沈阳	0.725 3	0.655 4	1.086 4	1.057 5	1.032 2	0.867 7	1.991 3	1.059 4
长春	0.599 9	1.338 1	0.608 7	0.714 7	0.693 5	0.821 0	0.787 5	0.794 8
哈尔滨	2.663 0	2.016 6	2.159 7	2.228 1	2.089 7	2.148 5	2.765 9	2.295 9
上海	1.612 8	3.684 6	1.491 5	1.517 6	1.667 3	1.541 8	1.319 8	1.833 6
南京	0.562 5	0.396 8	0.287 6	0.320 8	0.254 9	0.359 6	0.440 1	0.374 6
杭州	0.264 8	0.422 3	0.468 0	0.517 4	0.683 3	0.694 9	0.603 6	0.522 1
合肥	0.404 9	0.225 0	0.938 7	0.993 1	1.203 4	0.427 4	0.404 2	0.656 7
福州	1.396 7	0.638 4	0.680 0	0.700 3	0.956 8	0.793 9	0.642 4	0.829 8
南昌	0.406 7	0.261 6	0.389 9	0.273 8	0.351 4	0.355 1	0.385 8	0.346 3
济南	0.258 4	0.649 6	1.050 0	1.407 5	1.541 3	1.713 2	1.762 2	1.197 5
郑州	0.525 7	0.557 9	0.822 0	1.022 4	0.348 9	0.475 7	0.570 0	0.617 5
武汉	0.268 7	1.041 1	0.587 8	0.820 8	0.892 6	0.755 6	0.713 8	0.725 8
长沙	0.610 8	0.545 8	0.593 7	0.934 6	1.046 9	0.804 7	0.908 1	0.777 8
广州	1.448 3	1.296 8	1.582 0	1.792 8	2.041 7	1.984 4	2.043 3	1.741 3
南宁	0.406 0	0.255 1	0.306 9	0.371 0	0.345 6	0.315 2	0.404 4	0.343 5
海口	0.281 6	0.234 4	8.446 9	0.526 7	0.543 4	0.983 3	1.372 0	1.769 8
重庆	0.397 5	0.461 7	0.452 1	0.451 8	0.570 7	0.571 5	0.585 1	0.498 6
成都	0.517 3	0.483 0	0.556 2	0.584 8	0.670 0	0.508 8	0.576 2	0.556 6

续表

城市	2004 年	2005 年	2006 年	2007 年	2008 年	2009 年	2010 年	平均值
贵阳	0.950 8	1.119 2	1.226 0	1.455 6	1.169 3	1.921 3	1.766 4	1.372 7
昆明	1.116 3	0.636 5	0.646 0	0.772 8	0.911 0	1.146 5	0.935 8	0.880 7
西安	1.651 1	1.828 1	2.081 1	1.840 5	1.958 5	1.637 2	1.749 7	1.820 9
兰州	0.673 1	0.046 7	0.541 3	0.350 7	0.354 8	0.337 7	0.271 7	0.368 0
西宁	0.375 9	0.152 8	0.247 9	0.261 8	0.349 4	0.306 1	0.374 3	0.295 5
银川	0.234 7	0.099 9	0.107 4	0.122 2	0.131 0	0.124 4	0.126 6	0.135 2
乌鲁木齐	0.217 0	0.135 3	0.149 3	0.127 7	0.102 0	0.231 2	0.234 5	0.171 0

说明：依据 EPS 数据平台的数据计算，EPS 数据来源于年度《中国统计年鉴》、《中国区域经济统计年鉴》、《中国城市统计年鉴》等。拉萨数据不全，故未考虑。

附表5-21　　2004—2010 年全国 30 个中心城市教育业区位熵（全市口径）

城市	2004 年	2005 年	2006 年	2007 年	2008 年	2009 年	2010 年	平均值
北京	0.387 5	0.365 4	0.581 5	0.578 0	0.570 0	0.564 0	0.531 9	0.511 2
天津	0.676 8	0.711 9	0.681 3	0.670 5	0.681 1	0.688 4	0.677 5	0.683 9
石家庄	1.143 0	1.165 5	1.144 5	1.146 0	1.170 4	1.238 8	1.243 5	1.178 8
太原	0.713 6	0.727 3	0.726 8	0.708 5	0.779 9	0.793 1	0.755 4	0.743 5
呼和浩特	1.148 8	1.231 6	1.203 4	1.228 0	1.177 7	1.196 7	1.259 9	1.206 6
沈阳	0.886 5	0.899 1	0.878 7	0.888 7	0.842 5	0.878 7	0.879 3	0.879 1
长春	1.114 1	0.809 0	1.160 5	1.170 9	1.176 7	1.194 8	1.150 3	1.110 9
哈尔滨	0.563 4	0.744 8	0.761 2	0.782 0	0.826 3	0.884 6	1.009 4	0.796 0
上海	0.606 8	0.477 1	0.614 7	0.576 9	0.584 6	0.581 8	0.564 2	0.572 3
南京	1.010 2	0.948 8	0.916 2	0.933 2	0.897 2	0.820 7	0.778 9	0.900 7
杭州	0.980 1	0.834 6	0.675 3	0.617 4	0.539 8	0.524 2	0.525 1	0.670 9
合肥	1.062 2	1.101 7	10.149 6	9.808 9	9.595 5	0.975 5	0.913 6	4.801 0
福州	0.810 8	0.829 9	0.786 9	0.750 9	0.809 2	0.810 2	0.764 6	0.794 7
南昌	0.967 6	0.989 1	0.985 9	0.930 4	0.946 9	0.825 5	0.903 9	0.935 6
济南	0.875 7	0.806 1	0.773 9	0.684 7	0.679 5	0.691 6	0.686 7	0.742 6
郑州	0.863 7	0.895 2	0.867 6	0.907 9	0.915 1	0.952 3	1.001 2	0.914 7
武汉	0.881 8	0.893 7	0.823 1	0.839 8	0.759 6	0.798 9	0.803 0	0.828 6
长沙	0.995 2	0.930 7	0.884 7	0.905 6	0.949 3	0.878 9	0.842 2	0.912 4
广州	0.601 9	0.632 7	0.609 5	0.600 2	0.606 2	0.619 5	0.630 2	0.614 3
南宁	1.250 0	1.186 3	1.179 7	1.179 9	1.185 8	1.174 8	1.174 3	1.190 1
海口	0.758 0	0.802 6	0.278 9	0.806 4	0.882 3	1.024 2	1.012 3	0.794 9
重庆	1.153 3	1.180 2	1.157 9	1.144 5	1.124 4	1.138 3	1.151 6	1.150 0
成都	0.891 5	0.902 6	0.832 7	0.846 5	0.807 2	0.791 3	0.804 4	0.839 5
贵阳	0.631 5	0.687 9	0.683 7	0.662 4	0.728 2	0.753 1	0.713 7	0.694 4
昆明	0.832 0	0.852 3	0.834 1	0.763 5	0.761 6	0.773 5	0.796 1	0.801 9

城市	2004 年	2005 年	2006 年	2007 年	2008 年	2009 年	2010 年	平均值
西安	0.842 3	0.883 8	0.850 2	0.854 6	0.858 9	0.975 8	0.975 6	0.891 6
兰州	0.720 2	0.770 7	0.739 9	0.756 9	0.950 2	0.943 4	0.937 8	0.831 3
西宁	0.941 4	0.946 0	0.920 9	0.891 1	0.871 2	0.886 2	0.864 3	0.903 0
银川	0.631 6	0.654 6	0.645 1	0.663 5	0.696 4	0.726 3	0.747 1	0.680 7
乌鲁木齐	0.667 6	0.724 1	0.726 7	0.774 7	0.809 1	0.845 4	0.852 1	0.771 4

说明：依据 EPS 数据平台的数据计算，EPS 数据来源于年度《中国统计年鉴》、《中国区域经济统计年鉴》、《中国城市统计年鉴》等。拉萨数据不全，故未考虑。

附表 5-22　2004—2010 年全国 30 个中心城市教育业区位熵（市区口径）

城市	2004 年	2005 年	2006 年	2007 年	2008 年	2009 年	2010 年	平均值
北京	0.852 3	0.845 9	0.840 8	0.827 5	0.811 9	0.791 3	0.750 3	0.817 1
天津	0.926 3	0.941 8	0.906 3	0.879 9	0.886 8	0.882 2	0.017 9	0.777 3
石家庄	0.901 9	0.908 3	0.932 4	0.932 8	0.952 7	1.061 4	1.080 7	0.967 2
太原	0.969 2	0.976 7	0.997 2	0.944 2	0.995 5	0.995 0	0.953 2	0.975 9
呼和浩特	1.509 9	1.637 3	1.747 7	1.692 8	1.602 8	1.549 2	1.809 3	1.649 8
沈阳	1.150 8	1.163 2	1.150 5	1.151 2	1.083 3	1.110 9	1.121 0	1.133 0
长春	1.295 3	0.982 5	1.318 8	1.325 4	1.314 9	1.289 9	1.265 6	1.256 1
哈尔滨	0.713 2	0.821 9	0.910 9	0.923 5	0.983 7	1.038 2	1.226 9	0.945 5
上海	0.876 5	0.679 5	0.882 5	0.818 1	0.826 8	0.808 5	0.788 3	0.811 5
南京	1.442 6	1.329 0	1.301 5	1.313 8	1.267 5	1.148 2	1.102 1	1.272 1
杭州	1.219 7	1.056 7	0.875 1	0.799 9	0.689 6	0.664 3	0.672 1	0.853 9
合肥	1.075 9	1.185 0	6.709 5	6.463 1	6.401 4	1.139 3	1.035 3	3.429 9
福州	0.872 4	0.938 6	0.928 4	0.744 4	0.902 8	0.827 5	0.821 2	0.862 2
南昌	1.145 9	1.178 3	1.223 5	1.160 8	1.186 2	1.143 5	1.115 2	1.164 8
济南	1.144 7	1.073 8	1.037 6	0.940 0	0.936 5	0.939 2	0.932 7	1.000 7
郑州	0.897 6	0.959 9	0.995 0	1.135 8	1.063 2	1.114 1	1.170 4	1.048 0
武汉	1.295 0	1.292 8	1.137 2	1.141 3	1.141 8	1.055 3	1.086 2	1.164 2
长沙	1.102 2	1.259 7	1.160 3	1.198 6	1.218 2	1.162 0	1.142 2	1.177 6
广州	0.842 6	0.873 9	0.856 2	0.822 8	0.829 2	0.823 9	0.841 4	0.841 5
南宁	1.176 9	1.234 0	1.279 5	1.323 1	1.326 3	1.316 3	1.343 6	1.285 7
海口	1.113 2	1.161 1	0.408 7	1.166 4	1.270 7	1.449 7	1.439 0	1.144 1
重庆	1.198 6	1.134 2	1.255 6	1.223 5	1.207 3	1.204 1	1.223 4	1.206 7
成都	1.106 8	1.178 8	1.067 0	1.058 4	1.010 6	0.968 3	1.000 3	1.055 7
贵阳	0.833 7	0.862 0	0.837 1	0.812 3	0.918 3	0.940 2	0.906 8	0.872 9
昆明	0.982 7	0.974 5	1.003 9	0.938 0	1.051 3	1.075 2	1.027 4	1.007 6
西安	1.077 7	1.135 5	1.109 2	1.103 4	1.114 8	1.269 4	1.294 0	1.157 7
兰州	0.939 1	0.965 8	1.043 9	1.131 4	1.328 2	1.268 2	1.263 3	1.134 3

续表

城市	2004 年	2005 年	2006 年	2007 年	2008 年	2009 年	2010 年	平均值
西宁	1.061 3	0.886 7	0.827 7	0.986 8	0.985 4	0.985 7	1.360 6	1.013 5
银川	0.799 1	0.793 8	0.797 5	0.811 0	0.866 2	0.882 9	0.906 3	0.836 7
乌鲁木齐	0.968 1	1.026 1	1.044 0	1.100 5	1.145 7	1.179 0	1.194 1	1.093 9

说明：依据 EPS 数据平台的数据计算，EPS 数据来源于年度《中国统计年鉴》、《中国区域经济统计年鉴》、《中国城市统计年鉴》等。拉萨数据不全，故未考虑。

附表 5-23　　　　　2004—2010 年全国 30 个中心城市卫生、
社会保障和社会福利业区位熵（全市口径）

城市	2004 年	2005 年	2006 年	2007 年	2008 年	2009 年	2010 年	平均值
北京	0.506 7	0.521 4	0.756 5	0.729 2	0.717 9	0.699 6	0.669 8	0.657 3
天津	0.907 9	0.931 0	0.897 1	0.886 0	0.911 2	0.905 8	0.915 0	0.907 7
石家庄	0.959 1	0.973 5	0.936 8	0.953 9	0.961 9	0.981 7	0.973 6	0.962 9
太原	0.764 0	0.763 9	0.752 2	0.713 3	0.748 1	0.763 3	0.727 8	0.747 5
呼和浩特	0.978 6	1.041 8	1.014 8	1.034 0	1.066 6	1.069 3	1.117 5	1.046 1
沈阳	1.189 3	1.249 7	1.149 8	1.149 7	1.173 3	1.190 0	1.146 2	1.178 3
长春	1.011 6	0.628 6	1.098 6	1.101 9	1.086 4	1.086 6	1.056 6	1.010 0
哈尔滨	0.612 0	0.783 6	0.771 6	0.805 8	0.833 2	0.837 9	0.985 9	0.804 3
上海	1.051 3	0.849 1	1.065 8	0.985 6	0.927 9	0.926 7	0.891 8	0.956 9
南京	0.991 3	1.005 6	0.951 4	0.973 1	0.928 2	0.832 0	0.787 2	0.924 1
杭州	1.420 3	1.220 8	0.981 5	0.868 8	0.758 2	0.707 5	0.698 7	0.950 8
合肥	1.215 6	1.167 4	8.983 9	8.738 2	8.639 2	1.076 9	0.957 8	4.397 0
福州	0.864 4	0.853 0	0.832 6	0.765 4	0.850 7	0.891 5	0.770 8	0.832 6
南昌	0.992 2	1.042 5	0.986 1	0.988 8	0.949 8	0.986 4	0.936 0	0.983 1
济南	1.090 2	1.013 3	0.906 1	0.781 6	0.776 0	0.755 8	0.760 8	0.869 1
郑州	0.899 5	0.886 5	0.883 4	0.861 8	0.973 2	1.007 9	1.019 7	0.933 1
武汉	0.937 6	1.003 8	0.896 5	0.846 0	0.810 1	0.789 6	0.764 4	0.864 0
长沙	1.138 5	1.117 9	1.122 8	1.126 5	1.115 2	1.135 4	1.084 1	1.120 1
广州	0.908 0	0.996 3	0.957 6	0.922 4	0.950 4	0.958 9	0.952 5	0.949 4
南宁	1.242 8	1.231 8	1.225 6	1.347 0	1.260 6	1.298 9	1.315 7	1.274 6
海口	1.009 0	1.037 0	0.322 2	1.000 3	0.994 5	0.968 5	0.962 5	0.899 1
重庆	0.933 4	0.959 2	0.950 0	0.957 9	0.934 8	0.941 9	0.917 3	0.942 1
成都	1.115 8	1.130 2	1.083 1	1.064 8	1.024 2	0.999 9	1.059 5	1.068 2
贵阳	0.688 7	0.772 4	0.785 5	0.789 1	0.828 8	0.825 3	0.834 1	0.789 1
昆明	0.977 5	0.950 0	0.930 3	0.905 1	0.872 0	0.870 1	0.889 3	0.913 5
西安	0.710 4	0.733 7	0.746 1	0.677 6	0.686 8	0.791 5	0.832 9	0.739 9
兰州	0.633 4	0.624 4	0.580 4	0.579 9	0.787 4	0.834 2	0.803 7	0.691 9
西宁	1.191 5	1.334 9	1.258 1	1.270 3	1.262 1	1.231 4	1.287 2	1.262 2

续表

城市	2004 年	2005 年	2006 年	2007 年	2008 年	2009 年	2010 年	平均值
银川	0.817 2	0.837 5	0.825 1	0.882 6	0.907 6	0.899 5	0.954 3	0.874 8
乌鲁木齐	0.915 9	0.992 8	1.052 9	1.115 8	1.223 6	1.308 4	1.292 7	1.128 9

说明：依据 EPS 数据平台的数据计算，EPS 数据来源于年度《中国统计年鉴》、《中国区域经济统计年鉴》、《中国城市统计年鉴》等。拉萨数据不全，故未考虑。

附表 5-24　　**2004—2010 年全国 30 个中心城市卫生、社会保障和社会福利业区位熵（市区口径）**

城市	2004 年	2005 年	2006 年	2007 年	2008 年	2009 年	2010 年	平均值
北京	0.810 8	0.843 8	0.860 4	0.826 6	0.815 5	0.794 2	0.765 5	0.816 7
天津	0.963 3	0.999 9	0.978 9	0.962 0	0.990 7	0.985 4	0.020 7	0.843 0
石家庄	0.866 5	0.897 1	0.871 8	0.887 7	0.881 0	0.904 2	0.888 2	0.885 2
太原	0.872 5	0.851 9	0.854 5	0.808 6	0.823 0	0.843 6	0.806 5	0.837 2
呼和浩特	1.118 4	1.225 7	1.227 6	1.271 9	1.313 4	1.323 9	1.510 8	1.284 5
沈阳	1.260 7	1.343 5	1.250 0	1.243 2	1.272 0	1.270 9	1.241 9	1.268 9
长春	0.976 9	0.605 8	1.068 0	1.072 8	1.072 7	1.089 1	1.053 3	0.991 3
哈尔滨	0.685 3	0.758 9	0.802 8	0.810 3	0.838 3	0.850 4	1.050 7	0.828 1
上海	1.173 4	0.943 1	1.204 0	1.108 5	1.037 3	1.035 0	1.001 8	1.071 9
南京	1.100 5	1.111 7	1.063 4	1.081 5	1.035 1	0.934 2	0.888 7	1.030 7
杭州	1.500 5	1.290 0	1.054 0	0.945 6	0.806 4	0.751 9	0.754 9	1.014 7
合肥	1.208 7	1.215 6	6.102 3	6.150 0	6.055 5	1.163 5	1.040 7	3.276 7
福州	1.049 8	1.054 0	1.084 7	0.942 7	1.108 6	1.204 5	1.004 4	1.064 1
南昌	1.028 9	1.099 7	1.062 4	1.117 1	1.040 4	1.080 4	1.045 8	1.067 8
济南	1.210 1	1.134 7	1.011 2	0.895 4	0.897 8	0.862 6	0.886 8	0.985 5
郑州	0.904 9	0.886 7	0.948 8	0.915 1	1.153 8	1.189 4	1.188 9	1.026 8
武汉	1.062 1	1.132 9	1.022 6	0.998 5	0.991 9	0.968 5	0.946 7	1.017 6
长沙	1.184 3	1.185 4	1.259 5	1.307 0	1.307 9	1.211 4	1.221 1	1.239 5
广州	1.002 3	1.099 2	1.081 2	1.039 4	1.074 6	1.075 0	1.079 9	1.064 5
南宁	1.324 6	1.296 3	1.293 4	1.471 3	1.289 2	1.322 7	1.351 4	1.335 5
海口	1.143 0	1.170 4	0.369 8	1.144 3	1.136 5	1.107 0	1.106 5	1.025 4
重庆	0.823 6	0.820 6	0.909 7	0.905 3	0.889 4	0.893 2	0.874 9	0.873 8
成都	1.146 4	1.194 2	1.145 1	1.109 1	1.052 0	1.022 9	1.114 1	1.112 0
贵阳	0.735 6	0.845 4	0.879 4	0.878 4	0.916 1	0.910 5	0.910 0	0.867 9
昆明	1.118 7	1.054 7	1.054 4	1.066 0	1.179 8	1.026 2	0.923 1	1.060 4
西安	0.751 4	0.782 1	0.807 5	0.720 4	0.730 3	0.844 6	0.908 7	0.792 1
兰州	0.733 6	0.685 5	0.667 1	0.769 5	0.866 8	0.917 8	0.867 6	0.786 8
西宁	1.483 2	1.857 5	1.632 5	1.625 2	1.631 6	1.587 7	1.635 9	1.636 2
银川	0.904 0	0.907 8	0.924 6	1.001 0	1.035 3	1.030 1	1.110 0	0.987 5
乌鲁木齐	1.042 8	1.113 7	1.208 9	1.271 6	1.395 1	1.492 8	1.484 3	1.287 0

说明：依据 EPS 数据平台的数据计算，EPS 数据来源于年度《中国统计年鉴》、《中国区域经济统计年鉴》、《中国城市统计年鉴》等。拉萨数据不全，故未考虑。

附表 5-25　　　　2004—2010 年全国 30 个中心城市文化、
体育和娱乐业区位熵（全市口径）

城市	2004 年	2005 年	2006 年	2007 年	2008 年	2009 年	2010 年	平均值
北京	1.820 7	2.459 8	2.510 9	2.532 9	3.319 9	2.486 2	2.329 3	2.494 2
天津	0.913 4	0.795 1	0.886 6	0.878 0	1.085 5	0.844 7	0.840 5	0.892 0
石家庄	1.410 3	1.412 5	1.337 5	1.332 7	1.420 6	1.457 1	1.666 7	1.433 9
太原	1.439 0	1.524 2	1.615 8	1.664 7	2.348 1	1.853 8	1.715 4	1.737 3
呼和浩特	2.515 0	2.661 9	2.882 4	2.952 7	3.789 0	2.927 1	2.916 0	2.949 1
沈阳	1.481 8	1.479 1	1.453 6	1.421 7	1.705 1	1.452 3	1.502 7	1.499 5
长春	1.773 1	0.899 1	1.897 7	2.046 8	2.145 6	1.747 8	1.755 9	1.752 3
哈尔滨	0.807 6	0.882 1	1.009 0	1.044 2	1.276 9	1.094 7	1.286 0	1.057 2
上海	1.240 8	0.993 1	1.263 1	1.146 2	1.473 7	1.154 1	1.184 1	1.207 9
南京	1.277 9	1.197 2	1.237 3	1.306 2	1.759 1	1.373 2	1.360 0	1.358 8
杭州	1.673 9	1.334 6	1.177 0	1.181 5	1.130 6	0.985 9	0.861 6	1.192 1
合肥	2.109 0	2.075 9	7.245 1	6.998 1	6.179 3	1.536 1	1.444 7	3.941 2
福州	1.456 5	1.363 4	1.444 0	1.379 6	1.710 7	1.577 8	1.376 6	1.472 7
南昌	1.526 3	1.441 7	1.888 4	2.019 0	2.460 2	1.761 4	1.820 1	1.845 3
济南	1.507 6	1.213 5	1.261 9	1.133 4	1.402 0	1.160 8	1.267 4	1.278 1
郑州	1.866 7	1.205 9	2.215 1	2.399 6	2.875 8	2.125 3	1.893 4	2.083 1
武汉	1.730 2	1.270 7	1.215 0	1.214 8	1.322 6	1.124 3	1.140 1	1.288 2
长沙	2.052 2	1.897 5	2.303 3	2.212 1	2.453 4	1.676 6	1.715 2	2.044 3
广州	1.307 4	1.381 9	1.578 4	1.448 6	1.965 1	1.448 7	1.447 2	1.511 0
南宁	1.831 9	1.597 0	1.667 3	1.643 6	2.003 9	1.564 2	1.596 0	1.700 6
海口	2.164 2	2.190 3	1.161 6	2.186 5	3.194 5	2.816 7	2.328 1	2.291 7
重庆	0.650 9	0.736 5	0.846 6	0.951 6	1.070 4	0.943 0	0.956 9	0.879 4
成都	1.159 5	1.140 0	1.106 6	1.058 2	1.210 4	1.040 7	1.050 5	1.109 4
贵阳	1.683 6	1.481 5	1.442 9	1.406 3	1.640 2	1.448 1	1.305 6	1.486 9
昆明	1.524 3	1.577 5	1.389 8	1.300 1	1.242 9	1.439 9	1.557 0	1.433 1
西安	1.296 5	1.176 9	1.284 3	1.204 4	1.801 2	1.679 1	1.780 2	1.460 4
兰州	1.135 5	1.468 3	1.474 6	1.498 0	2.483 9	1.935 4	2.019 2	1.716 4
西宁	1.141 8	1.446 5	1.564 6	1.457 0	1.610 2	1.383 9	1.482 4	1.440 9
银川	1.474 9	1.545 1	1.369 1	1.626 1	2.033 2	1.640 8	1.641 7	1.618 7
乌鲁木齐	1.710 4	1.720 8	1.973 7	1.899 3	2.503 0	2.084 2	2.114 8	2.000 9

　　说明：依据 EPS 数据平台的数据计算，EPS 数据来源于年度《中国统计年鉴》、《中国区域经济统计年鉴》、《中国城市统计年鉴》等。拉萨数据不全，故未考虑。

附表 5-26　　　　2004—2010 年全国 30 个中心城市文化、
体育和娱乐业区位熵（市区口径）

城市	2004 年	2005 年	2006 年	2007 年	2008 年	2009 年	2010 年	平均值
北京	2.040 0	2.237 8	2.141 6	2.147 9	2.110 5	2.049 6	1.965 3	2.098 9
天津	0.787 3	0.725 0	0.750 2	0.741 6	0.707 3	0.689 3	0.014 5	0.630 7
石家庄	1.482 3	1.555 6	1.307 7	1.313 5	1.362 2	1.441 2	1.738 4	1.457 2
太原	1.284 9	1.454 7	1.446 9	1.472 4	1.527 7	1.549 6	1.452 2	1.455 5
呼和浩特	2.494 8	2.877 1	2.940 1	3.013 2	2.982 9	2.895 9	3.306 3	2.930 0
沈阳	1.225 3	1.324 0	1.193 4	1.160 2	1.136 2	1.147 8	1.227 8	1.202 1
长春	1.695 6	0.916 9	1.735 5	1.868 9	1.614 8	1.594 8	1.569 1	1.570 8
哈尔滨	0.850 2	0.828 2	0.901 5	0.939 9	0.959 9	0.973 0	1.202 7	0.950 8
上海	1.043 9	0.896 8	1.056 7	0.951 3	0.923 8	0.933 5	0.982 5	0.969 8
南京	1.122 3	1.121 8	1.080 4	1.135 9	1.154 6	1.182 1	1.197 5	1.142 1
杭州	1.500 6	1.257 0	1.044 7	1.052 8	0.808 1	0.831 0	0.747 6	1.034 5
合肥	2.050 3	2.214 0	5.016 2	4.839 6	4.722 3	1.454 8	1.372 3	3.095 6
福州	1.603 8	1.562 2	1.543 9	1.491 3	1.773 6	1.768 4	1.646 1	1.627 0
南昌	1.492 3	1.492 4	1.876 5	2.056 7	1.959 1	1.747 6	1.854 3	1.782 7
济南	1.472 4	1.288 3	1.252 2	1.154 2	1.133 2	1.169 5	1.317 0	1.255 3
郑州	1.983 7	1.310 2	2.548 9	2.721 4	2.842 0	2.330 0	2.061 6	2.256 8
武汉	1.455 6	1.141 6	1.151 6	1.171 4	1.061 7	1.092 4	1.118 4	1.170 4
长沙	2.192 5	2.192 7	2.478 3	2.363 4	2.202 0	1.736 8	1.964 1	2.161 4
广州	1.159 6	1.299 1	1.384 4	1.262 5	1.311 6	1.215 5	1.248 7	1.268 8
南宁	2.053 7	1.740 3	1.696 7	1.678 9	1.624 3	1.543 8	1.607 8	1.706 5
海口	1.820 7	1.967 8	0.975 2	1.822 8	1.983 0	2.292 2	1.937 5	1.828 5
重庆	0.610 4	0.780 4	0.746 2	0.880 4	0.872 1	0.838 1	0.869 7	0.799 6
成都	1.249 7	1.325 6	1.184 5	1.123 8	1.040 1	1.067 5	1.098 4	1.155 7
贵阳	1.037 4	1.393 3	1.264 2	1.286 9	1.171 5	1.260 6	1.142 6	1.222 4
昆明	1.406 7	1.544 6	1.215 8	1.175 6	1.154 4	1.446 0	0.957 5	1.271 5
西安	1.100 6	1.060 4	1.090 9	0.999 7	1.201 7	1.375 8	1.524 8	1.193 4
兰州	1.027 4	1.394 1	1.404 0	1.493 5	1.708 6	1.696 8	1.801 2	1.503 7
西宁	1.145 4	1.553 6	1.576 6	1.394 0	1.372 4	1.268 6	1.375 8	1.383 8
银川	1.399 2	1.572 3	1.313 1	1.529 2	1.527 2	1.513 9	1.561 5	1.488 0
乌鲁木齐	1.462 4	1.561 3	1.673 4	1.597 7	1.568 2	1.711 1	1.776 2	1.621 5

　　说明：依据 EPS 数据平台的数据计算，EPS 数据来源于年度《中国统计年鉴》、《中国区域经济统计年鉴》、《中国城市统计年鉴》等。拉萨数据不全，故未考虑。

附表 5-27　　　　2004—2010 年全国 30 个中心城市公共管理和
社会组织业区位熵（全市口径）

城市	2004 年	2005 年	2006 年	2007 年	2008 年	2009 年	2010 年	平均值
北京	0.340 7	0.339 1	0.588 1	0.586 0	0.574 1	0.612 9	0.606 6	0.521 1
天津	0.686 9	0.686 5	0.665 9	0.648 8	0.659 5	0.638 8	0.635 7	0.660 3
石家庄	1.155 8	1.167 9	1.138 4	1.178 4	1.196 6	1.227 8	1.256 2	1.188 7
太原	0.625 7	0.657 5	0.653 2	0.634 6	0.659 3	0.653 5	0.645 3	0.647 0
呼和浩特	1.273 4	1.347 0	1.337 5	1.386 9	1.358 9	1.355 2	1.382 3	1.348 8
沈阳	0.838 8	0.860 9	0.822 1	0.826 1	0.818 3	0.794 8	0.759 3	0.817 2
长春	0.781 6	0.670 7	0.841 7	0.827 8	0.801 5	0.788 4	0.774 7	0.783 8
哈尔滨	0.576 2	0.675 7	0.671 4	0.679 5	0.683 4	0.674 2	0.755 2	0.673 6
上海	0.516 8	0.418 9	0.515 5	0.479 5	0.451 0	0.449 5	0.453 8	0.469 3
南京	0.737 8	0.732 5	0.696 9	0.705 3	0.671 8	0.651 9	0.620 2	0.688 1
杭州	0.916 5	0.776 5	0.751 8	0.646 8	0.572 9	0.533 7	0.474 3	0.667 5
合肥	1.269 7	1.150 4	9.170 6	8.828 3	8.576 2	0.892 8	0.789 7	4.382 5
福州	0.713 4	0.706 0	0.649 4	0.627 5	0.619 5	0.616 5	0.574 0	0.643 8
南昌	0.829 0	0.840 8	0.766 0	0.734 9	0.783 6	0.881 8	0.772 9	0.801 3
济南	0.968 4	0.947 3	0.912 2	0.979 0	0.951 9	0.925 7	0.920 5	0.943 6
郑州	0.982 7	1.022 0	0.999 3	1.003 1	1.076 3	1.057 3	1.052 6	1.027 6
武汉	0.699 2	0.671 1	0.619 8	0.583 9	0.564 0	0.521 8	0.521 2	0.597 3
长沙	1.030 0	0.931 8	0.876 8	0.825 7	0.804 9	0.746 7	0.738 4	0.850 6
广州	0.599 5	0.622 5	0.592 1	0.612 2	0.616 5	0.607 5	0.605 8	0.608 0
南宁	1.038 3	1.013 3	0.994 9	0.978 2	0.950 4	0.901 5	1.284 5	1.023 0
海口	1.194 4	1.202 4	0.349 2	1.089 1	1.139 9	1.037 8	1.018 7	1.004 5
重庆	0.904 6	0.920 7	0.931 3	0.923 7	0.904 0	0.892 2	0.897 5	0.910 6
成都	0.855 9	0.859 7	0.836 3	0.850 1	0.834 4	0.835 0	0.845 8	0.845 3
贵阳	0.782 1	0.874 7	0.883 7	0.855 5	0.885 7	0.868 1	0.833 5	0.854 8
昆明	1.039 5	1.074 8	1.032 2	0.938 7	0.906 8	0.892 1	0.920 5	0.972 1
西安	0.600 6	0.591 2	0.573 7	0.566 8	0.564 0	0.636 1	0.644 2	0.596 7
兰州	0.763 8	0.731 1	0.955 7	0.967 0	1.096 0	1.092 9	1.128 5	0.962 1
西宁	1.112 1	1.032 5	1.018 5	1.002 5	0.975 5	0.934 4	0.926 6	1.000 3
银川	0.853 3	0.868 1	0.944 6	0.999 4	0.992 8	0.976 1	0.996 8	0.947 3
乌鲁木齐	0.956 3	0.951 7	0.944 1	0.974 0	0.989 7	1.016 3	1.026 3	0.979 8

说明：依据 EPS 数据平台的数据计算，EPS 数据来源于年度《中国统计年鉴》、《中国区域经济统计年鉴》、《中国城市统计年鉴》等。拉萨数据不全，故未考虑。

附表 5-28　　　　2004—2010 年全国 30 个中心城市公共管理和
社会组织业区位熵（市区口径）

城市	2004 年	2005 年	2006 年	2007 年	2008 年	2009 年	2010 年	平均值
北京	0.722 4	0.735 0	0.743 4	0.721 4	0.709 7	0.744 6	0.737 4	0.730 6
天津	0.840 0	0.834 6	0.817 2	0.789 0	0.796 4	0.761 5	0.015 6	0.693 5
石家庄	1.042 3	1.044 6	1.041 3	1.096 5	1.110 0	1.186 5	1.232 2	1.107 6
太原	0.752 6	0.795 1	0.800 5	0.759 9	0.764 8	0.749 8	0.749 4	0.767 4
呼和浩特	1.562 1	1.676 3	1.699 0	1.766 9	1.720 4	1.688 4	1.880 1	1.713 3
沈阳	1.026 9	1.030 7	0.990 4	0.998 2	0.987 2	0.941 4	0.904 8	0.982 8
长春	0.927 4	0.686 9	0.978 2	0.942 2	0.899 7	0.870 4	0.863 8	0.881 2
哈尔滨	0.623 6	0.688 4	0.710 0	0.708 5	0.707 0	0.671 5	0.788 4	0.699 6
上海	0.679 4	0.540 5	0.682 6	0.630 9	0.590 7	0.583 0	0.592 8	0.614 3
南京	0.927 0	0.914 3	0.873 5	0.888 6	0.837 6	0.816 6	0.790 2	0.864 0
杭州	1.047 0	0.884 6	0.904 4	0.768 5	0.668 2	0.619 9	0.551 5	0.777 7
合肥	1.371 0	1.275 7	6.579 4	6.263 8	6.190 2	1.053 1	0.913 5	3.378 1
福州	0.889 6	0.899 6	0.847 0	0.781 3	0.794 4	0.811 5	0.755 0	0.825 5
南昌	0.959 5	0.952 5	0.871 8	0.874 4	0.964 6	0.929 2	0.939 0	0.927 3
济南	1.166 1	1.099 4	1.089 1	1.128 0	1.097 4	1.056 4	1.071 3	1.101 1
郑州	0.983 3	1.043 1	1.081 0	1.083 3	1.233 3	1.162 2	1.165 5	1.107 4
武汉	0.926 9	0.884 2	0.794 2	0.770 9	0.786 6	0.718 3	0.724 3	0.800 8
长沙	1.229 9	1.044 6	1.025 9	0.973 1	0.984 2	0.924 2	0.919 8	1.014 5
广州	0.771 0	0.785 3	0.761 5	0.787 6	0.793 8	0.770 6	0.777 2	0.778 1
南宁	1.226 1	1.202 6	1.201 8	1.175 1	1.120 1	1.025 9	1.702 2	1.236 3
海口	1.583 3	1.584 2	0.466 7	1.449 7	1.512 6	1.363 3	1.348 0	1.329 7
重庆	0.912 7	0.907 9	0.981 6	0.951 1	0.936 0	0.917 7	0.929 9	0.933 8
成都	0.953 3	0.984 2	0.943 5	0.962 1	0.918 1	0.895 3	0.893 8	0.935 8
贵阳	0.944 9	1.054 2	1.082 9	1.042 4	1.066 9	1.023 7	0.979 5	1.027 8
昆明	1.082 4	1.118 4	1.127 2	1.059 2	1.128 8	1.185 0	1.166 0	1.123 9
西安	0.676 4	0.658 7	0.653 1	0.643 2	0.626 1	0.740 8	0.763 0	0.680 2
兰州	0.983 7	0.904 3	0.634 7	1.211 6	1.314 2	1.286 1	1.337 9	1.096 1
西宁	1.556 5	1.470 8	1.427 1	1.372 6	1.358 0	1.285 7	1.359 7	1.404 3
银川	0.999 6	1.032 3	1.170 1	1.212 0	1.199 6	1.166 4	1.230 9	1.144 4
乌鲁木齐	1.241 4	1.218 8	1.227 6	1.258 0	1.278 6	1.303 8	1.322 0	1.264 3

　　说明：依据 EPS 数据平台的数据计算，EPS 数据来源于年度《中国统计年鉴》、《中国区域经济统计年鉴》、《中国城市统计年鉴》等。拉萨数据不全，故未考虑。

参考文献

［1］汪素芹. 国际服务贸易［M］. 北京：机械工业出版社，2012.

［2］〔美〕富克斯. 服务经济学［M］. 北京：商务印书馆，1987.

［3］程大中. 生产者服务论［M］. 上海：文汇出版杜，2006.

［4］李慧中. 国际服务贸易［M］. 北京：高等教育出版社，2012.

［5］毛传新. 国际服务贸易［M］. 南京：东南大学出版社，2009.

［6］刘曙华. 生产性服务业集聚与区域空间重构［M］. 北京：经济科学出版社，2012.

［7］夏杰长，尚铁力. 西方现代服务经济研究综述［J］. 国外社会科学，2006（3）.

［8］来有为，苏爱珍. 中国现代服务业差距何在［J］. 科学决策，2004（07）.

［9］晁钢令. 服务产业与现代服务业［M］. 上海：上海财经大学出版社，2004.

［10］顾乃华. 对现代服务业基本内涵与发展政策的几点思考［J］. 学习与探索，2007（3）.

［11］刘荣明. 现代服务业统计指标体系及调查方法研究［M］. 上海：上海交通大学出版社，2006.

［12］任英华，邱碧槐，朱凤梅. 现代服务业发展评价指标体系及其应用［J］. 统计与决策，2009（7）.

［13］任英华. 现代服务业集聚统计模型及其应用［M］. 长沙：湖南大

学出版社，2011.

［14］〔德〕阿尔弗雷德·韦伯（Alfred Weber）. 工业区位论［M］. 李刚剑，陈志人，张英保，译. 北京：商务印书馆，1997.

［15］〔美〕迈克尔·波特（Michael E. PoIter）. 国家竞争优势［M］. 李明轩，邱如美，译. 北京：中信出版社，2007.

［16］王曼怡. 北京金融产业集聚效应研究［M］. 北京：中国金融出版社，2010.

［17］陶纪明. 上海生产性服务业的空间集聚［M］. 上海：格致出版社，上海人民出版社，2009.

［18］梁琦. 产业集聚论［M］. 北京：商务印书馆，2004.

［19］王缉慈，等. 创新的空间：企业集群与区域发展［M］. 北京：北京大学出版社，2005.

［20］安虎森. 新区域经济学［M］. 大连：东北财经大学出版社，2008.

［21］张世晓. 区域金融集聚演化机制实证研究［M］. 武汉：湖北长江出版集团，湖北人民出版社，2011.

［22］杨向阳，陈媛. 中国服务业集聚的理论与实证研究［M］. 南京：南京大学出版社，2012.

［23］段华君. 国家级开发区与现代服务业互动关系研究［D］. 上海：同济大学，2008.

［24］高运胜. 上海生产性服务业集聚区发展模式研究［M］. 北京：对外经济贸易大学出版社，2009.

［25］包晓雯. 大都市现代服务业集聚区理论与实践——以上海为例［M］. 北京：中国建筑工业出版社，2011.

［26］宁越敏. 上海市区生产服务业及办公楼区位研究［J］. 城市规划，2000（8）.

［27］刘强，李文雅. 创意产业的城市基础［J］. 同济大学学报（社会科学版），2008（4）.

［28］王萍. 上海外资 R&D 机构区位类型研究［D］. 上海：华东师范大学，2007.

［29］董路宁. 上海企业研发机构的空间集聚特征［D］. 上海：华东师范大学，2007.

［30］赵群毅. 北京生产者服务业空间变动的特征与模式——基于单位普查数据的分析［J］. 城市发展研究，2007（4）.

[31] 李蕾蕾，张晓东，胡灵玲. 城市广告业集聚模式——以深圳为例 [J]. 地理学报，2005（2）.

[32] 陈建军，陈国亮，黄洁. 新经济地理学视角下的生产性服务业集聚及其影响因素研究——来自中国 222 个城市的经验证据 [J]. 管理世界，2009（4）.

[33] 乔彬，李国平，杨妮妮. 产业聚集测度方法的演变和新发展 [J]. 数量经济技术经济研究，2007（4）.

[34] 杨向阳，陈媛. 中国服务业集聚的理论与实证研究 [M]. 南京：南京大学出版社，2012.

[35] 黄春燕. 工业园区向生产者服务业功能区转型中商业配套服务的发展研究 [D]. 上海：华东理工大学，2012.

[36] 何健. 企业群理论的形成与演进 [J]. 经济与管理，2001（10）.

[37] 顾强，王缉慈. 产业集群、工业园区发展与新型工业化（国家经贸委行业规划司新型工业化研究报告之六）[R]. 2003.

[38] 蔡宁，杨闩柱. 基于企业集群的工业园区发展研究 [J]. 中国农村经济，2003（1）.

[39] 程玉鸿，阎小培，林耿. 珠江三角洲工业园区发展的问题、成因与对策——基于企业集群的思考 [J]. 城市规划，2003（6）.

[40] 雷鹏. 产业集聚与工业园区发展研究 [M]. 南京：东南大学出版社，2009.

[41] 陈凯. 工业园区生产者服务业发展和空间布局研究 [D]. 苏州：苏州科技学院，2011.

[42] 邓丽姝. 开发区发展服务业的战略思考——以北京经济技术开发区和天津经济技术开发区为例 [J]. 特区经济，2007（6）.

[43] 叶勤. 产品服务增值扩展战略的兴起与发展 [J]. 商业经济与管理，2002（6）.

[44] 郭跃. 进论制造业的服务化经营趋势 [J]. 中国工业经济，1999（3）.

[45] 刘继国. 国外制造业服务化问题研究综述 [J]. 经济学家，2007（3）.

[46] 孙林岩，李刚，江志斌，郑力，何哲. 21 世纪的先进制造模式——服务型制造 [J]. 中国机械工程，2007.

[47] 陈少杰. 制造业服务化的成因及动力机制分析 [J]. 商业时代，

2010（26）.

［48］周艳春，赵守国. 制造企业服务化的理论依据及动因分析［J］. 科技管理研究，2010（3）.

［49］来有为. "制造企业服务化"的发展路径和典型模式［J］. 中国发展观察，2009（3）.

［50］唐茂华. 制造业服务化转型的新动向［J］. 经济界，2011（3）.

［51］戴志强. 关注制造企业服务化动向［J］. 中国国情国力，2007（9）.

［52］吴斌. 制造企业服务化转型及其影响因素研究［D］. 哈尔滨：哈尔滨工业大学，2010.

［53］颜芳芳. 城市功能区发展模式研究［J］. 经济研究导刊，2010（12）.

［54］包晓雯，冯筱. "现代服务业集聚区"概念之辨［J］. 经济师，2011（11）.

［55］秦立栓，秦晓雨，牛英华. 世界城市 CBD 比较与北京 CBD 的发展策略［J］. 全国商情（理论研究），2012（21）.

［56］张杰. 探索中央商务区现代服务业发展路径［EB/OL］. http://views. ce. cn/view/ent/201205/31/t20120531_23367762. shtml,2012-5-31.

［57］蒋三庚，王曼怡，张杰. 中央商务区现代服务业集聚路径研究［M］. 北京：首都经济贸易大学出版社，2009.

［58］郑晓光. 浅谈国际 CBD 比较和相关评价指标体系的构建［EB/OL］. http://www. chystats. gov. cn/item/2010-09-20/100012314. html,2010-9-20.

［59］姚林青. 文化创意产业集聚与发展——北京地区研究报告［M］. 北京：中国传媒大学出版社，2013.

［60］孙艳. CBD 传媒走廊产值三年实现翻番［EB/OL］. http://media. workercn. cn/sites/media/ldwb/2012_12/25/GR0807. htm,2012-12-25.

［61］陈洁民，尹秀艳. 北京文化创意产业发展现状分析［J］. 北京城市学院学报，2009（4）.

［62］宗刚，胡利红. 基于区位熵理论的北京第三产业发展研究［J］. 中国市场，2010（13）.

［63］鲁琳，曹磊. 集聚资源提供优惠政策，北外滩建设航运金融"双重承载区"［EB/OL］. http://sh. eastday. com/m/20120712/u1a6699261. html，2012-7-12.

[64] 王家辉. 上海与主要国际金融中心城市的实力比较 [J]. 上海金融，2012 (12).

[65] 林江鹏，黄永明. 金融产业集聚与区域经济发展——兼论金融中心建设 [J]. 金融理论与实践，2008 (6).

[66] 陈铭仁. 金融机构集聚论——金融中心形成的新视角 [M]. 北京：中国金融出版社，2010.

[67] 朱桦. 上海现代服务业集聚区发展模式探讨 [J]. 上海经济研究，2012 (8).

[68] 耿旭静. 广州今年投 135 亿元建设六大现代服务业功能区 [EB/OL]. http：//www. gd. xinhuanet. com/newscenter/2013 - 05/11/c_115725611. htm，2013-5-11.

[69] 张强，卢晓媚，陈翠兰. 加快广州现代服务业集聚区优化发展的对策研究 [A]. 刘江华，张强，欧开培. 迈向服务经济——广州的实践与思考 (2011) [M]. 广州：中山大学出版社，2011.

[70] 李林，赵文丹. 国家中心城市的选择与功能定位 [J]. 学术交流，2012 (4).

[71] 王利军. 武汉市现代服务业区域经济辐射力研究 [D]. 武汉：武汉理工大学，2002.

[72] 陈泽鹏，李文秀. 区域中心城市服务业空间布局实证研究 [J]. 广东社会科学，2008 (1).

[73] 黄永兴，刘莉. 中国地区经济增长：生产性服务业与产业集聚 [J]. 统计教育，2007 (6).

[74] 祝佳. 产业集聚效应的行业差异分析——基于广东服务业的实证研究 [J]. 中央财经大学学报，2012 (6).

[75] 马鹏，李文秀. 服务业的空间集聚与城市经济发展实证研究 [J]. 中南财经政法大学学报 2010 (3).

[76] 马鹏，李文秀. 服务业的空间集聚与城市经济发展实证研究 [J]. 中南财经政法大学学报 2010 (3).

[77] 吴涛，李姗姗. 服务业对中国经济增长效应的实证研究 [J]. 北京工商大学学报（社会科学版），2009 (3).

[78] 王悦威. 李克强营改增是深化财税体制改革"重头戏" [EB/OL]. http：//news. qq. com/a/20130802/018536. htm，2013-8-2.

[79] 刘再起，陈春. 低碳经济与产业结构调整研究 [J]. 国外社会科学，2010 (3).

[80] 刘新宇. 上海低碳经济发展及城市间比较 [J]. 环境经济，2010 (6).

[81] 刘志彪. 发展现代生产者服务业与调整优化制造业结构 [J]. 南京大学学报：哲学·人文科学·社会科学，2006 (5).

[82] 高传胜. 生产者服务与制造业互动发展：经济增长新动力——基于长三角的分析 [J]. 现代经济探讨，2006 (1).

[83] 胡丹. 北京市生产性服务业与制造业互动的空间结构研究 [D]. 北京：首都师范大学经济学院，2009.

[84] 顾乃华. 生产性服务业对工业获利能力的影响和渠道——基于城市面板数据和 SFA 模型的实证研究 [J]. 中国工业经济，2010 (5).

[85] 顾乃华. 我国城市生产性服务业集聚对工业的外溢效应及其区域边界——基于 HLM 模型的实证研究 [J]. 财贸经济，2011 (5).

[86] 李强. 基于城市视角下的生产性服务业与制造业双重集聚研究 [J]. 商业经济与管理，2013 (1).

[87] 王硕. FDI 与中国服务业集聚的发展——基于行业层面数据的分析 [J]. 国际经济合作，2012 (5).

[88] 何骏. 服务业集聚与引进服务业 FDI 的关系——基于我国东部主要城市面板数据的分析 [J]. 中国经济问题，2012 (6).

[89] 刘乃全，等. 空间集聚论 [M]. 上海：上海财经大学出版社，2012.

[90] 陈景辉. 中国开发区产业集聚研究——基于跨国公司嵌入视角 [M]. 北京：人民出版社，2010.

[91] 臧新. 产业集聚的行业特性研究——基于中国行业的实证分析 [M]. 北京：经济科学出版社，2011.

[92] 李君华. 产业集聚与布局理论——以中国制造业为例 [M]. 北京：经济科学出版社，2010.

[93] 钟韵. 区域中心城市与生产性服务业发展 [M]. 北京：商务印书馆，2007.

[94] 罗勇. 产业集聚经济增长与区域差距基于中国的实证 [M]. 北京：中国社会科学出版社，2007.

[95] 苏惠香. 软件产业集聚经济效应及管理模式研究——论道软件园 [M]. 北京：科学出版社，2011.

[96] 毛才盛. 服务外包产业园集群创新能力评价研究 [M]. 杭州：浙江大学出版社，2012.

[97] 夏杰长. 高新技术与现代服务业融合发展研究 [M]. 北京：经济管理出版社，2008.

[98] 姜长云. 中国服务业：发展与转型 [M]. 太原：山西出版传媒集团，山西经济出版社，2012.

[99] 韩坚. 生产性服务业、城镇化与中国经济发展 [M]. 哈尔滨：黑龙江人民出版社，2011.

[100] 贺灿飞，等. 经济转型与服务业跨国公司区位战略 [M]. 北京：科学出版社，2012.

[101] 陈秋玲. 中国服务业研究 [M]. 北京：经济管理出版社，2010.

[102] 原毅军 中国高端服务业发展研究 [M]. 北京：科学出版社，2011.

[103] 冯薇. 产业集聚、循环经济与区域经济发展 [M]. 北京：经济科学出版社，2008.

[104] 何德旭，夏杰长. 服务经济学 [M]. 北京：中国社会科学出版社，2009.

[105] 张祥. 转型与崛起：全球视野下的中国服务经济 [M]. 北京：社会科学文献出版社，2012.

[106] 郭岚. 上海现代服务经济发展研究 [M]. 上海：上海社会科学院出版社，2011.

[107] 周振华. 服务经济发展与制度环境：案例篇 [M]. 上海：格致出版社，上海人民出版社，2011.

[108] OCHEL W, WEGNER M. Service economy in Europe: opportunities for growth [M]. Boulder: West view Press, 1987.

[109] BROWNING H, SINGELMAN J. The emergence of a service society: demographic and sociological: aspects of the sectoral transformation of the labor force in the USA [M]. Springfield, VA: National Technical: Information Service, 1975.

[110] FOOTE N, HATT P. Social mobility and economic advancement [M]. American Economic Review, 1953, 43: 364−378.

[111] KATOUZIAN M. The development of service sector: a new approach [M]. Oxford Economic Papers, 1970, 22: 362−382.

［112］Krugman P. Geography and Trade ［M］. Cambridge，M A：MIT Press，1991：1−156.

［113］Markusen A. Sticky places in slippery space：a typology of industrial districts ［J］. Economic geography，1996，72（3）：293−313.

［114］Pandit N R，Cook G. The benefits of industrial clustering：Insights from the British financial services industry at three locations ［J］. Journal of Financial Services Marketing，2003，7（3）：230−245.

［115］Taylor P J. Financial services clustering and its significance for London ［M］. London：Corporation of London，2003：1−112.

［116］Gilles Duranton，Diego Puga. Diversity and Specialation in Cities：Why，Where and When Does it Matter? Urban Studies，2000，（7）：533−555.

［117］Gilles Duranton，Henry G Overman. Testing for Localization Using Micro-Geographic Data，Review of Economic Studies，2005（10）：1077−1106.

［118］Vandermerwe，S. and Rada，J. Servitization of Business：Adding Value by Adding Services ［J］. European Management Journal，1988，6（4）：314−324.

［119］BERGER S，LESTER R. Made by Hong Kong ［M］. Oxford University Press，1997.

［120］KIMW CHAN，MAUBORGNE，，RENEEA. Value Innovation：The Strategic Logic of High Growth ［J］. Harvard Business Review，Vol75，Issue 1. 2004.

［121］Porter. M. E. Clusters and new economics of competition，Harvard Business Review，1998，11：77−92.

［122］DRUCKER P F. The Future of Manufacturing ［J］. Interview for Industry Week，21. 1998.

［123］OLIV R，KALLENBERG R. Managing the Transition from Products to Services ［J］. International Journal of Service Industry Management，2003，14（2）：160−172.

［124］Daniels，P. W，0′Connor，K，Hutton，T. A. The Planning Response to Urban Service Sector Growth：An Inter-national Comparison. Growth and Change ［J］，1991：3−26.

[125] Marshall J. N, Wood P. A. The Role of Services in Urban and Regional Development: Recent Debates and New Directory [J]. Environment and Planning, 1992, 23 (24): 1225-1275.

[126] Kellerman A. Telecommunications and Geography [M]. London: Belhaven Press, 1993: 47-48.

[127] Daniels P W. Service Industries in the World Economy [M]. Oxford: Blackwell Press, 1993: 24-26.

[128] Coffey W. J, Polese M. Intrafirm Trade in Business Services: Implication for the Location of Office Based A-tivities [J]. Regional Science Association, 1987, 23 (7), 13-25.

[129] Keeble E D, Bryson J, Wood P. A. Small Firms, Business Services Growth and Regional Development in the U K: Some Empirical Findings [J]. Regional Studies, 1991. 25 (5): 439-460.

[130] ROGER MARK SELYAR. Taiwan as a Service Economy [J]. Geoforum, 1994, 25 (3): 305-322.

[131] RICHARD G W. Factors Associated with the Development of Nonmetropolitan Growth Nodes in Producer Services Industries: 1980—1990 [J]. Rural Sociology, 2002, 67 (3) : 416-441.

[132] DESMET K, FAFCHAMPS M. Changes in the Spatial Concentration of Employment Across US Counties: A Sectoral Analysis 1972—2000 [J]. Journal of Economic Geography, 2005, 5 (3): 261-284.

[133] ANDERSSON M. Co-location of Manufacturing &. Producer Services: A Simultaneous Equation Approach [C] //Entrepreneurship and Dynamics in the Knowledge Economy, New York: Routledge, 2006: 94-124.